Les PAGES VERTES de la BIBLE

La Bible lue par deux environnementalistes

74 capsules parcourant une année liturgique :
Avent, Noël et Épiphanie, Carême,
Semaine sainte et Pâques, temps de Pâques,
Pentecôte et temps ordinaire, Action de grâce.

NOVALIS

INTRODUCTION

Ce livre est le résultat d'une étroite collaboration et d'une stimulante complicité entre deux amoureux de la Terre. Idéalistes, nous sommes de deux générations différentes, nous provenons de deux traditions religieuses différentes – l'Église catholique et l'Église unie du Canada – et nous avons étudié dans deux domaines différents. Peut-être justement à cause de nos différences, cette complicité a créé des étincelles, des petits – et des grands – éclairs, des illuminations surprenantes et enrichissantes que nous vous présentons avec autant de plaisir que nous avons eu à les vivre.

Assez étrangement, ce n'est pas la cause écologique qui nous a fait nous rencontrer la première fois, mais un projet œcuménique, le camp de jour Feux d'artifice, que Norman avait créé dans sa paroisse catholique de Saint-Hubert. Et, comme deux bons larrons, nous nous sommes croisés en diverses occasions, notamment lors de la célébration interreligieuse de la Conférence des Nations Unies sur les changements climatiques, à l'oratoire Saint-Joseph en décembre 2005, lors des assemblées du ROJeP (Réseau œcuménique Justice et Paix) et enfin au projet Églises vertes.

Le point de départ de ce livre a été une série de réflexions bibliques que Norman proposait régulièrement sur son site Internet *Gardiens de la Création*. David, qui se vouait déjà aux valeurs écologiques et à la protection de l'environnement, alors que Norman était encore « aux couches », ne voulait pas s'en laisser imposer. Il a donc proposé à Norman de prendre le relais : pourquoi ne pas étoffer ces méditations d'un contexte théologique plus approfondi ? Pourquoi ne pas les rassembler et même en faire un livre ? Et voilà le projet en marche. Nous avons certes puisé dans nos traditions respectives, dans les textes de théologiens de diverses tendances de Jean Calvin à Jean-Paul II, mais nous avons surtout utilisé nos expériences réciproques.

Ce livre présente donc 74 réflexions bibliques à caractère écologique. Chacune d'elles se présente en trois parties : un passage biblique, une réflexion théologique et une actualisation écologique du passage, et enfin quelques objectifs, une mise en pratique concrète de cet enseignement, des conseils, des trucs, des actions à entreprendre individuellement ou collectivement.

Pourquoi 74 textes ? Tout d'abord parce que nous en proposons un pour les 52 dimanches de l'année. Nous parcourons ainsi les six saisons de la vie des Églises chrétiennes : Avent, Noël, Épiphanie, Carême, Pâques, Pentecôte, et quelques fêtes qui ne sont pas célébrées les dimanches, comme Noël, le Vendredi saint, le Jeudi saint, etc. À cela, nous avons voulu ajouter un certain nombre de journées internationales en faveur de l'environnement décrétées par les Nations Unies comme le Jour de la Terre, de l'air pur, de la biodiversité, des océans, ou encore la Semaine nationale de la réduction des déchets.

Nous vous invitons à lire ces textes en communauté et à les mettre en pratique collectivement pour en surmultiplier les impacts, les conseils et les objectifs qui concluent chaque réflexion. Si l'écologie nécessite une prise de conscience, une *metanoia* individuelle, elle est aussi une affaire de famille, de communauté : comme la foi, on ne peut la vivre tout seul dans son coin, l'interdépendance, comme on le sait, est un concept clé de l'écologie.

La protection de l'environnement est certes l'affaire des communautés chrétiennes. Plus que jamais, après ce parcours de découverte des pages (nombreuses !) vertes de la Bible, nous croyons fermement prendre soin de la Création. Cette Création si belle est un appel que Dieu lance impérieusement à toutes les Églises, et si celles-ci n'y répondent pas, personne ne le fera à leur place ; si elles ne montrent pas le chemin spirituel de la protection de la Création, qui le fera ?

La protection de l'environnement, c'est sérieux, et il faut prendre au sérieux la crise écologique, crise qui menace même la vie sur terre et à laquelle nous faisons face avec espérance et pugnacité. Toute la collectivité, les communautés religieuses, les familles, les enfants, les jeunes, les parents, les grands-parents, les dirigeants laïques et religieux, les pasteurs et les prêtres sont interpellés, c'est dire !

En terminant, nous voulons souligner que ce projet n'aurait pu être mené à bon terme sans le soutien du réseau des Églises vertes et sans l'appui indéfectible des ministères en français de l'Église unie du Canada et de son responsable Pierre Goldberger qui a cru en ce projet et qui l'a appuyé depuis le début.

Norman Lévesque
David Fines

Norman Lévesque est un catholique romain engagé en Église depuis 1998. Il a œuvré en pastorale auprès des jeunes à Longueuil, et il termine une maîtrise en théologie pratique sur la pastorale de la Création à l'Université de Montréal. Il a travaillé à la Biosphère, musée de l'environnement, à Montréal, il a une formation en enseignement des sciences (UQÀM) ainsi qu'en météorologie. En Église ou en météo, il a les yeux rivés vers le ciel !

Après des études en psychologie, en praxéologie pastorale et en théologie, **David Fines** a été consacré pasteur de l'Église unie du Canada, en 1991. Dès ses premières années de ministère, il s'est efforcé de conscientiser les paroissiens aux questions environnementales. Durant les quinze dernières années, il a travaillé en tant que rédacteur en chef de la revue *Aujourd'hui Credo* et responsable des communications publiques du secteur francophone de l'Église unie où il était aussi responsable des relations œcuméniques et interreligieuses ainsi que des dossiers écologiques.

1re PARTIE

Avent, Noël, Épiphanie

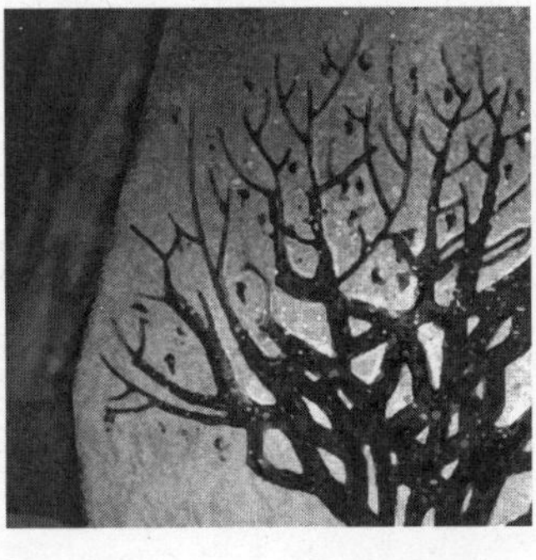

1re SEMAINE DE L'AVENT

Au commencement...

> *Lorsque Dieu commença la création du ciel et de la terre, la terre était déserte et vide, et la ténèbre à la surface de l'abîme ; le souffle de Dieu planait à la surface des eaux, et Dieu dit : « Que la lumière soit ! » Et la lumière fut. Dieu vit que la lumière était bonne. Dieu sépara la lumière de la ténèbre. Dieu appela la lumière « jour » et la ténèbre il l'appela « nuit ». Il y eut un soir, il y eut un matin : premier jour.* [...] *Dieu vit tout ce qu'il avait fait. Voilà c'était très bon.*
>
> *GENÈSE* 1, 1-5.31A

C'est avec l'Avent, la première des six saisons liturgiques, que commence l'année chrétienne ; suivent, dans l'ordre, les autres saisons : Noël, Épiphanie, Carême, Pâques et Pentecôte. C'est donc avec ce premier dimanche de l'Avent que cette année de réflexion écologique se met en route, et la commencer par le récit de la Création « du ciel et de la terre », par les tout premiers mots de la Bible, nous a semblé aller de soi.

On retrouve plusieurs autres récits de Création dans la Bible que ce soit en *Genèse* 2 ou dans les *Psaumes* (les *psaumes* 8, 74, 89 et 104, par exemple) ; de même que dans le livre d'*Ésaïe* (chapitres 27 et 51, 9-10) aussi bien que dans celui de *Job* (chapitres 26 et 38-39), mais c'est le récit de la Création « en sept jours » que l'on connaît le mieux. Pourtant, il a encore beaucoup à nous apprendre dans notre réponse à la crise écologique.

Dans les toutes premières lignes de la Bible, on retrouve une véritable envolée poétique à la puissance et à l'action créatrices de Dieu. Les impératifs de Dieu rendent son action atemporelle : la Création, qui se vit dans le moment présent de Dieu, est toujours actuelle, elle est toujours en train de se faire. Et comment ne pas s'extasier devant le refrain : *Comme c'est bon !* Il a exprimé dans ces mots un plaisir indicible, une satisfaction amoureuse, une émotion irrépressible. Aussi on lira, non plus Dieu *vit* (du verbe voir au passé) que cela est bon, mais Dieu *vit* (du verbe *vivre* au présent) comme c'est bon.

L'un des aspects importants de ce texte poétique qui ouvre la Bible est certes son atmosphère de quiétude. Le déroulement des événements, le dévoilement cosmologique se font de façon apaisante, presque rassurante, surtout si on les compare aux autres descriptions de la création du monde de l'époque où a été écrit ce récit biblique, aux environs du VIe siècle avant notre ère; par exemple, en Babylonie, la Création est décrite comme une lutte sans merci entre la divinité et les puissances du chaos, et Mardouk y triomphe de Tiamat, la déesse des océans. Dans ce récit de la *Genèse*, au contraire, il n'y a aucune lutte, aucun affrontement, la beauté et la bonté triomphent.

Cette quiétude trouve écho également dans l'aspect ritualisé du récit : un travail bien fait avec ordre et méthode, une étape à la fois, qui mérite récompense dans le repos du septième jour, repos consacrant l'achèvement du travail de Dieu, et par anticipation, celui des êtres humains. Observons autour de nous, ouvrons nos yeux et nos oreilles : la Création aujourd'hui est-elle dans un état paisible et serein? Baigne-t-elle dans une bienfaisante quiétude? Ou bien, ne voit-on pas au contraire saccages, destruction, détérioration, contamination, intoxication aux quatre coins du globe? Nous avons toute une année pour nous y attarder.

Enfin, sécurisant aussi est le « souffle » de Dieu (*ruah* que l'on peut aussi traduire par « vent », « atmosphère » ou « Esprit ») qui permettra aux humains d'exister, déjà présent « planant au-dessus des eaux » avant même le début de l'enchaînement créateur. Et sécurisante aussi est la voix de Dieu, parole directe et autoritaire certes, mais pour mieux orchestrer et dominer les éléments naturels autrement menaçants (*Psaume* 29). L'*Évangile de Jean* débute de la même manière, en témoignant que le Verbe de Dieu créa toute chose et que le « Verbe fut chair et il a habité parmi nous (*Jean* 1, 14) ». N'est-ce pas à la célébration de l'Incarnation, l'événement heureux d'une naissance qui demande quiétude et révérence, que nous nous préparons durant ces quatre semaines de l'Avent?

Voici donc matière à méditation pour commencer notre année liturgique de réflexion écologique, en ce dimanche où nous allumons, dans la couronne de l'Avent, la chandelle de la foi. Par une heureuse coïncidence, la Conférence internationale des Nations Unies sur les changements climatiques a toujours lieu en cette période de l'année, durant la première quinzaine du mois de décembre. En 2009, on s'en souviendra, cette conférence s'est tenue à Copenhague, et en 2010, à Cancún, au Mexique. En 2011, la conférence se tiendra à Durban, en Afrique du Sud. Ne nous attardons pas trop sur les déceptions ressenties et vécues par les groupes écologiques; profitons plutôt de cet événement et de ces heures de négociations intenses pour nous informer, communautés chrétiennes engagées, et rendre publics les documents, politiques et actions que nos Églises respectives ont établis pour la sauvegarde de l'environnement. Profitons du moment pour prendre, dans nos paroisses, les décisions qui s'imposent pour des actions concrètes et efficaces. Suivons l'adage qui dit « penser globalement et agir localement » pour agir dans nos paroisses et nos patelins.

Avec l'Avent, la venue du Sauveur approche. De quoi nous sauvera-t-il? Que ce soit avant tout de l'inaction et de l'insouciance, de l'inconscience et de la cupidité afin de devenir avec Dieu des êtres cocréateurs, actifs dans la continuation de la création du monde. Et Dieu vit que c'est bon!

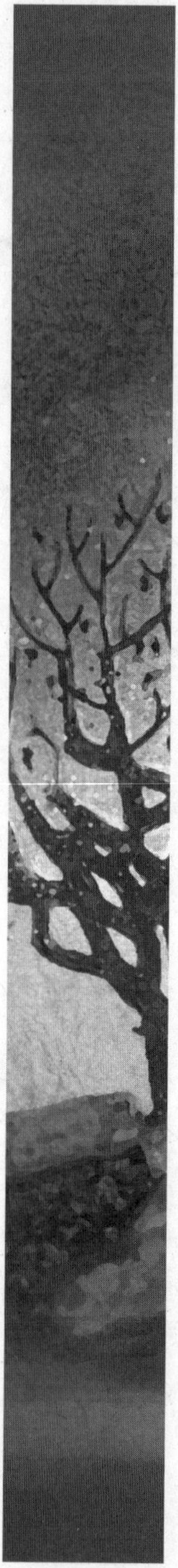

OBJECTIFS

- Rien ne vaut la concertation et un remue-méninges pour faire jaillir la lumière ! Pour bien commencer cette année écologique, la première étape sera donc de former dans sa communauté chrétienne, s'il n'en existe pas déjà, un « comité vert » ; un appel du haut de la chaire aux volontaires de tous âges recevra certainement des échos favorables.

- Ce comité se joindra aux réseaux des Églises vertes. Le site [www.egliseverte.ca] fournira de nombreux textes de réflexion, des histoires de « succès écologiques », ainsi que de remarquables outils d'évaluation et de conscientisation.

- Ce comité se donnera un mandat à la fois réaliste et ambitieux, un énoncé de mission à être partagé durant la messe ou le culte.

- On fera une recherche sur ce qu'a écrit, dit et fait notre Église en tant qu'institution sur les questions écologiques.

2e SEMAINE DE L'AVENT

Vivre l'Alliance

Dieu bénit Noé et ses fils et leur dit : « Soyez féconds et prolifiques. Vous serez craints et redoutés par toutes les bêtes et de la terre et tous les oiseaux du ciel. Tout ce qui remue sur le sol et tous les poissons de la mer sont livrés entre vos mains. Tout ce qui remue et qui vit vous servira de nourriture comme déjà l'herbe mûrissante, je vous donne tout. […] Quant à vous, soyez féconds et prolifiques, pullulez sur la terre et multipliez-vous sur elle. » Dieu dit à Noé accompagné de ses fils : « Je vais établir mon alliance avec vous, avec votre descendance et avec tous les êtres vivants qui sont avec vous : oiseaux, bestiaux, toutes les bêtes sauvages qui sont avec vous, bref, tout ce qui est sorti de l'arche avec vous, même les bêtes sauvages. J'établirai mon alliance avec vous : aucune chair ne sera plus exterminée par les eaux du Déluge, il n'y aura plus de Déluge pour ravager la terre. […] Quand je ferai apparaître des nuages sur la terre et qu'on verra l'arc dans la nuée, je me souviendrai de mon alliance entre moi, vous et tout être vivant quel qu'il soit ; les eaux ne deviendront plus jamais un Déluge qui détruirait toute chair. L'arc sera dans la nuée et je le regarderai pour me souvenir de l'alliance perpétuelle entre Dieu et tout être vivant, toute chair qui est sur terre. »

GENÈSE 9, 1-3.7-11.14-16

Au terme d'un long séjour dans l'arche à endurer que le Déluge passe – déluge qui dure quarante jours, selon la tradition yahviste (*Genèse* 7, 12) ou un an et dix jours, selon la tradition sacerdotale (*Genèse* 7, 11 et 8, 13-14) –, Noé et sa famille voient finalement le soleil briller et peuvent enfin sortir pour se dégourdir les jambes. Après avoir fait sortir « toutes les bêtes qui sont avec toi, de tout ce qui est chair en fait d'oiseaux, bestiaux, toutes les petites bêtes qui remuent sur la terre » (8, 17), Noé élève un autel d'action de grâce à

Yahvé. Le récit se déploie alors en une longue et profonde bénédiction de Dieu où s'entremêlent plusieurs éléments majeurs. Dans un premier temps (8, 21-22), Dieu commence par se promettre de ne plus jamais recommencer, de ne plus jamais maudire « le sol à cause de l'homme », de ne plus jamais maudire les êtres vivants comme cela vient de se produire. Ensuite (9, 1-7), c'est la bénédiction donnée aux êtres humains d'être « féconds et prolifiques », de « pulluler » et de se multiplier sur la terre ainsi que l'ordonnance d'assujettir les animaux. Puis (9, 8-11) Yahvé établit une alliance éternelle et universelle avec le genre humain et les êtres vivants, avec toutes les créatures. Enfin (9, 12-16), l'arc dans la nuée devient le signe visible, spectaculaire, immanquable de l'établissement de cette alliance. Un chapitre complet et plus pour rendre compte de l'état d'esprit de Dieu après ce châtiment sévère contre l'espèce humaine! On se dit que, finalement, l'être humain ne s'en tire pas trop mal, Dieu s'étant repenti de son action draconienne, et que plus jamais ne surviendra une telle catastrophe sur la terre menaçant la vie humaine et la vie tout court.

Regardons de plus près en ouvrant *La Bible, Nouvelle traduction*[1]. Nous lisons au verset 2 :

> *Vous êtes la peur*
> *vous êtes l'épouvante de tous les animaux de la Terre*
> *de tout ce qui vole dans le ciel*
> *et de tout être animé sur le sol*
> *de tous les poissons de la mer.*

N'est-ce pas prophétique? L'espèce humaine est devenue, au sens littéral du mot, l'« épouvante de la Création ». Alerte! Au secours! crient les mille voix des animaux à l'unisson; les humains détruisent la terre! Ils saccagent nos habitats et les écosystèmes! Ils détruisent les sols, polluent les airs, souillent les eaux et les tuent!

En effet, la crise du changement climatique tant médiatisée en cache une autre : la crise de la biodiversité. Près du quart de toutes les

1. Hélène et Jean BASTAIRE, *Pour un Christ vert*, Paris, Éditions Salvator, 2009, 128 pages.

espèces vivantes, animales et végétales, pourrait disparaître d'ici le prochain siècle, sous les pressions des activités humaines. Pas étonnant que l'ONU ait déclaré 2010 l'Année internationale de la biodiversité. Depuis les cent dernières années, nous ne comptons plus les espèces éteintes du fait de la destruction des milieux naturels et des écosystèmes causée par les actions des humains : exploitation minière, industrialisation, agriculture intensive, déforestation, déversement de déchets toxiques, pollution à outrance, ou encore chasse et pêche excessives. Ces espèces vivantes, résultats d'un long processus d'évolution commencée il y a des millions d'années, sont disparues à jamais et ne reviendront pas.

Est-ce là notre façon d'observer, de respecter notre part dans l'alliance universelle établie par notre Dieu ? Croyons-nous qu'une alliance avec la totalité des espèces vivantes ne soit que du domaine des mythes, des fables, des histoires d'un temps révolu ?

L'Avent est la période chrétienne de l'attente (du mot latin *adventus* qui donnera le verbe advenir). Elle permet de faire advenir une Création nouvelle, ou mieux, une Création renouvelée, de reformuler l'alliance de Dieu avec la Terre.

Le Conseil œcuménique des Églises (COE) a été présent en tant qu'organisme non gouvernemental à toutes les conférences internationales des Nations Unies sur les changements climatiques.

À Montréal, en 2005, plusieurs chrétiens écologistes de diverses dénominations avaient préparé une grande célébration œcuménique qui s'est déroulée à l'oratoire Saint-Joseph, rassemblant plus de 2 000 personnes, avec la participation de 10 groupes religieux différents, sous le thème « Les cris de la Terre ». Pour l'occasion, dans l'esprit de cette alliance universelle que Dieu prononce au moment où Noé et sa famille sortent de l'arche, une prière avait été écrite et lue comme un appel, un rappel à écouter le cri des victimes. Cette prière est toujours d'actualité.

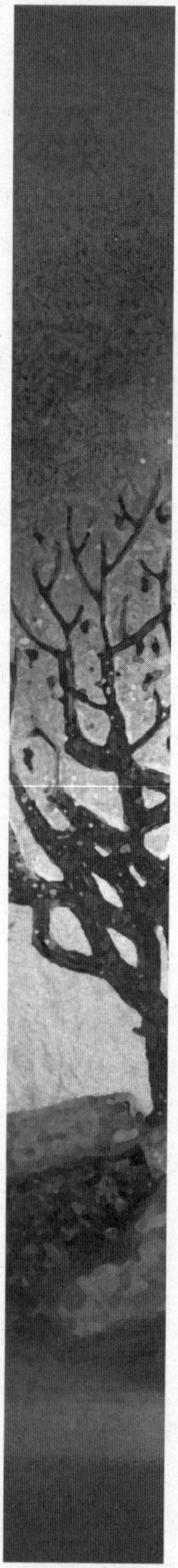

OBJECTIFS

- Proposer une discussion, durant la rencontre après la célébration, sur ce que signifie une foi écologique afin d'enrichir et d'améliorer notre mission commune.

- L'empreinte écologique est l'estimation de la superficie dont la Terre a besoin pour subvenir aux besoins d'une personne, selon son mode de vie. Établir une évaluation de son empreinte écologique collective et individuelle ; consulter le site [www.myfootprint.org].

- Se donner des cibles contraignantes pour l'année qui vient, un beau cadeau pour Noël à faire à la Terre… durant toute l'année.

- Se tenir au courant des activités et des résultats de l'Année internationale sur la biodiversité (voir la capsule du 22 mai).

- Découvrir le Noël vert à la Biosphère d'Environnement Canada ; consulter le site [www.ec.gc.ca/biosphere].

3e SEMAINE DE L'AVENT

Du pain pour tout le monde

Or, ayant levé les yeux, Jésus vit une grande foule qui venait à lui. Il dit à Philippe : « Où achèterons-nous du pain pour qu'ils aient de quoi manger ? » En parlant ainsi il le mettait à l'épreuve, car il savait ce qu'il allait faire. Philippe lui répondit : « Deux cents deniers de pain ne suffiraient pas pour que chacun reçoive un petit morceau. » Un de ses disciples, André, le frère de Simon-Pierre, lui dit : « Il y a là un garçon qui possède cinq pains d'orge et deux petits poissons ; mais qu'est-ce que cela pour tant de gens ? » Jésus dit : « Faites-les assoir. » Comme il y avait de l'herbe à cet endroit, ils purent s'assoir ; ils étaient au nombre d'environ cinq mille. Alors Jésus prit les pains, il rendit grâce et les distribua aux convives. Il fit de même avec les poissons ; il leur en donna autant qu'ils en désiraient. Lorsqu'ils furent repus, Jésus dit à ses disciples : « Rassemblez les morceaux qui restent, de sorte que rien ne soit perdu. » Ils les rassemblèrent et ils remplirent douze paniers avec les morceaux des cinq pains d'orge qui étaient restés à ceux qui avaient mangé.

JEAN 6, 5-13

L'épisode de la multiplication des pains a certes frappé l'imaginaire de ses contemporains au point qu'il se retrouve six fois dans les Évangiles, plus que tout autre miracle. C'est même l'un des rares épisodes en dehors de la Passion que Jean a en commun avec les Évangiles synoptiques. À quelques petites différences près dans le nombre de personnes nourries (4 000 ou 5 000) ou dans le nombre de corbeilles récoltées (12 ou 7), on retrouve cet épisode de la vie de Jésus deux fois dans Matthieu, deux fois dans Marc et une fois dans Luc. Il s'est passé là quelque chose de fantastique, c'est sûr, pour avoir ainsi marqué la mémoire collective !

Parfois, on explique ce qui s'est passé par le miracle du partage. Chaque personne devait bien avoir apporté un petit quelque chose sous son manteau ou sa tunique ; et voilà cette foule qui, à l'initiative de Jésus, s'assoit en petits groupes, quelqu'un offrant un pain, un autre un morceau de saucisse, un troisième un fromage de ses chèvres, et un dernier proposant à boire à la ronde. Et soudain, c'est l'abondance ! Dans une situation où c'était chacun pour soi, chacun dans son coin, Jésus réussit, en faisant assoir les uns et les autres côte à côte, ce qui semblait impossible : tout le monde a quelque chose à manger.

Il y a cependant chez Jean un élément que l'on ne retrouve pas chez les autres évangélistes : l'intervention d'un petit garçon qui, seul, a apporté son pique-nique composé de « cinq pains d'orge et deux petits (!) poissons ». C'est à partir de ce petit goûter que Jésus nourrira 5 000 personnes. Ce détail est particulièrement poignant, car ce sont des enfants qui ont faim. Cela est vrai dans le monde d'aujourd'hui, cela l'a été à toutes les époques et c'était vrai aussi au temps de Jésus. Partout sur terre, des enfants meurent de faim ; ce qui est en soi un scandale. Les images que nous retransmettent les médias dans les temps de grandes disettes nous montrent comment nous ne vivons pas l'Évangile ! Nous faisons le contraire de ce qu'il nous demande ; nous nous accaparons la nourriture des (pays) pauvres pour nous empiffrer d'avantage, pour nous gaver tant et plus et laisser ainsi, dans l'indifférence de nos ventres, 45 000 enfants mourir de faim chaque jour sur la planète, un toutes les 6 secondes, alors qu'il y a bien assez pour nourrir toute l'humanité. La famine n'est pas un problème de production ; c'en est un de distribution, de répartition de la richesse, d'inégalité des moyens, comme les cyniques subventions aux agriculteurs du Nord et les politiques commerciales inéquitables.

Alors que la tradition catholique au Québec connaît bien la guignolée, certaines paroisses protestantes anglophones conservent une tradition qui remonte à 1904, en Ohio, le *White Gift Sunday*, le dimanche des cadeaux blancs. On fait de ce troisième dimanche de l'Avent, un temps du partage ; les enfants apportent à l'église des cadeaux emballés dans du papier blanc, pour qu'ils soient tous pareils, pour qu'il n'y ait pas de différences, et ces cadeaux seront ensuite distribués à ceux qui, autrement, n'en recevraient pas à Noël. Il y a cent ans, ces cadeaux blancs étaient surtout distribués aux orphelins ; aujourd'hui, il y a toujours, dans la communauté, des enfants de familles appauvries ou même, pas très loin de l'église, des organismes sociaux.

Il n'est certes pas innocent de commencer l'éducation des enfants à l'écologie le plus tôt possible ; ce sont eux qui sauveront la planète, mais qui, pour l'instant, sont les victimes. On voudrait bien que les jeunes puissent prendre les commandes, mais les jeunes polluent eux aussi : ils rêvent d'avoir (ou demandent pour Noël) une voiture, des vêtements griffés, un téléphone cellulaire, une console de jeux, et tellement d'autres choses. Noël devient rapidement l'un des pires temps de l'année pour la surconsommation – on parle même maintenant d'*hyperconsommation*. La faute n'en incombe cependant pas aux jeunes ; c'est ainsi qu'ils ont grandi et c'est ce qu'ils voient autour d'eux : surconsommation et gaspillage. Les parents prêchent-ils toujours par l'exemple ?

Après les dimanches de la foi et de la joie, le troisième dimanche de l'Avent est celui de l'amour. Offrir des cadeaux aux enfants qui n'en ont pas, voilà certes un geste d'amour et de partage écologique. Et pourquoi notre cadeau *blanc* ne serait-il pas de travailler à mettre fin à la faim des enfants ?

Le sens du partage fait aussi partie d'une conscience écologique. Partager non seulement le superflu, mais faire en sorte que tous aient suffisamment pour vivre, et bien vivre, sur cette terre.

Selon le mot d'Hervé Kempf, ce sont « les riches qui détruisent la planète ». Alors, sans nous voiler la face, admettons que nous sommes ces riches, que nous sommes responsables – les pays du

Nord et la Chine –, que les enfants meurent de faim. Mais Noël, tel qu'il est vécu dans les pays industrialisés, détruit aussi la planète : par les arbres coupés, le gaspillage de nourriture, la surconsommation d'électricité, le papier d'emballage, les cadeaux jetés à la poubelle. En 2009, dès le 26 décembre, des cadeaux de Noël non appréciés d'une valeur de 40 millions de dollars ont été mis en vente sur eBay. Est-ce là le miracle du partage ?

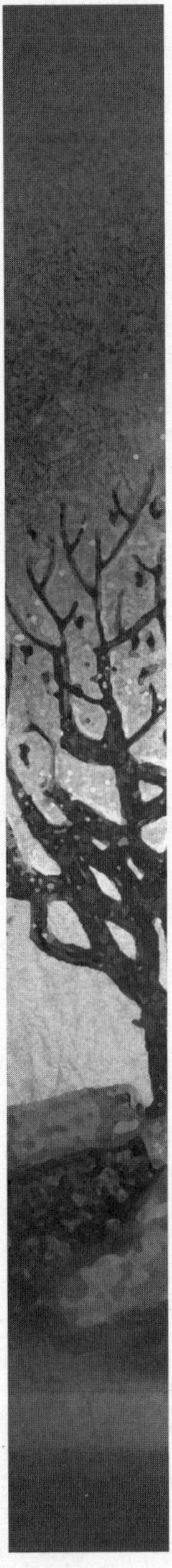

OBJECTIFS

- Instaurer le Noël des *cadeaux blancs* et réfléchir sur le sens du partage.

- Que seraient des *cadeaux blancs* faits à la Terre ? Des décorations uniquement écologiques à l'église et à la maison, réutilisables chaque année, des décorations naturelles (comme des « cocottes », des pommes de pin), des lumières DEL (elles utilisent 95 % moins d'énergie que les autres), une minuterie pour les décorations extérieures, un sapin fait en partie de matières recyclées ou encore en pot, plutôt que naturel ou en plastique, la réduction durant l'hiver de notre consommation d'énergie et de chauffage, le covoiturage, qui réduit les émissions de GES et permet de tisser des liens dans la communauté. Ce ne sont là que quelques exemples.

- Impossible non plus d'ignorer la cohue du magasinage des fêtes, mais on peut décider de rester en marge de cette frénésie et de choisir d'offrir à Noël (et de demander) des cadeaux bons pour la planète : achats locaux, équitables, recyclés ou plus écologiques, cartes de vœux de l'UNICEF, café ou chocolat équitables, savons biodégradables, artisanat de pays en voie de développement, objet réalisé par un artiste récupérateur, calendrier de la Fondation de la faune, ou même confiture de fraises faite à la maison ou biscuits cuisinés avec les enfants. Tous ces cadeaux font plaisir et concrétisent l'alliance de Dieu avec les espèces vivantes de la Terre.

- Pour un choix éclairé, visiter le site [www.ethiquette.ca].

4e SEMAINE DE L'AVENT

La simplicité volontaire de Jésus

> *Comme ils étaient en route, quelqu'un dit à Jésus en chemin : « Je te suivrai partout où tu iras. » Jésus lui dit : « Les renards ont des terriers et les oiseaux du ciel des nids ; le Fils de l'Homme, lui, n'a pas où poser sa tête. »*
>
> *LUC* 9, 57-58

On peut affirmer que Jésus n'a pas renié ses origines humbles. Dans sa façon si belle de raconter l'histoire de la Nativité, l'évangéliste Luc fait naître Jésus dans une étable. Il ne naît pas dans une maison ou dans une cabane, même pas dans une grotte, comme on dit souvent, mais il naît au milieu d'animaux, au milieu de leurs odeurs et de leur fumier. Littéralement, Jésus naît sur la paille ; plus pauvre que ça… ! Si l'on peut certes relever quelques incongruités dans le récit de Luc – comme le fait que Joseph entreprenne un si long voyage à pied avec une femme enceinte de près de neuf mois ! –, l'essentiel du message demeure : Jésus était un pauvre parmi les pauvres. Sa mère était une jeune fille d'une petite bourgade insignifiante de Galilée ; les archéologues qui ont fouillé le site estiment qu'il n'y avait là pas plus d'une quinzaine de maisons. Jésus grandit parmi le petit peuple de la campagne, il n'appartient pas aux classes dirigeantes ou puissantes ; il demeure très loin de l'entourage du roi ; il partage le quotidien de ces « gens sans importance », comme le chantait Yves Duteil, il y a quelques années ; il mange leur nourriture simple ; il connaît leur dur et laborieux quotidien, leurs soucis, leurs problèmes, les impôts et les taxes à payer, les maladies qui les frappent et la mort qui survient sans crier gare, les tourments (et l'affection) des parents pour leurs enfants.

Cela se reflétera dans son enseignement et son comportement. Il parcourra à pied, parfois à dos d'âne, les routes de sa région ; il s'arrêtera au bord des puits, il coupera à travers champs, il croisera les processions funéraires; ses paraboles décriront des scènes de tous les jours : une pièce d'argent perdue à laquelle on tient, une brebis égarée, des vieilles et des nouvelles outres, une pâte qui lève et qui donne un pain, quelqu'un qui frappe à la porte au beau milieu de la nuit, etc.

Jésus a vécu simplement, mais il ne s'est pas privé inutilement pour autant; il ne s'est pas complu dans les privations et les mortifications. Il a bu du vin à des noces à Cana, il a été invité à de nombreux bons repas chez Marthe et Marie, chez Zachée, chez Matthieu, chez Simon le lépreux. Et il a connu la valeur de l'argent.

Contrairement à l'Évangile de Luc qui ne montre jamais Jésus dans une maison qui lui appartiendrait ou qui pourrait appartenir à son groupe, Matthieu et Marc font parfois demeurer Jésus durant quelque temps dans une maison qui est peut-être la sienne (voir *Matthieu* 4, 13 et *Marc* 2,1).

Il est on ne peut plus approprié de s'inspirer de l'exemple de simplicité volontaire que fournit Jésus en ces temps euphoriques de dépenses folles et de surconsommation. Le temps des fêtes bat son plein : le magasinage frénétique dans des magasins ouverts tard le soir, sept jours sur sept, les tsunamis publicitaires et les soirées de bombance bien arrosées : dans les partys de bureaux, d'associations ou de comités, on mange, on boit, on dépense, on s'empiffre à qui mieux mieux.

Noël détruit la planète, mais ce temps nous permet aussi de nous rendre compte de plusieurs choses : il convient de faire attention à la planète, de ne pas trop manger, de ne pas trop dépenser et de développer le sens du partage. Selon sa définition courante, la simplicité volontaire est un mode de vie consistant à réduire volontairement sa consommation. C'est savoir faire la différence entre les besoins et les désirs.

Être écologiste ne veut certes pas dire d'être rabat-joie ou « casseux » de party, mais de réfléchir à nos dépenses qui ne sont pas écologiques. Il faut très certainement changer quelques-unes de nos habitudes. Et comme il est dur de changer les mauvaises ! Qu'en est-il du papier d'emballage (est-il recyclé ?), des cartes de vœux (viennent-elles de l'UNICEF) ? Il faut penser à baisser le chauffage, la nuit, à éteindre les lumières derrière soi, à prendre des douches un peu plus courtes, à ne pas faire tourner inutilement le moteur de la voiture. Ces petits gestes quotidiens ne coûtent rien ; ils ne nécessitent qu'un peu de bonne volonté. Simplicité de la joie ; joie de la simplicité.

Le plaisir de donner et de recevoir est bien sûr légitime, nécessaire même. Qu'est-ce que Noël pour nous, disciples de Jésus Christ ? N'est-ce pas une marche joyeuse vers la crèche plutôt qu'une course frénétique aux cadeaux de dernière minute ? Est-ce seulement fêter ou préparer une réception bien réussie ? Est-ce une période intensive de magasinage ? Où Jésus se retrouve-t-il ? Pour beaucoup – trop – de nos concitoyens, c'est au centre commercial que se retrouve, que se vit « l'esprit de Noël ». Nous savons que les Églises ont perdu la bataille de Noël au détriment des commerçants et du bonhomme joufflu de Coca-Cola.

Un Noël écologique n'est ni austère ni triste ; c'est une fête joyeuse d'allégresse et de louanges. Pourquoi ne pas redécouvrir le sens de la Nativité, une fête volontairement simple, sans extravagances ? N'est-ce pas cela que Jésus, humble parmi les humbles, adepte de la simplicité volontaire avant le terme, aurait préféré ?

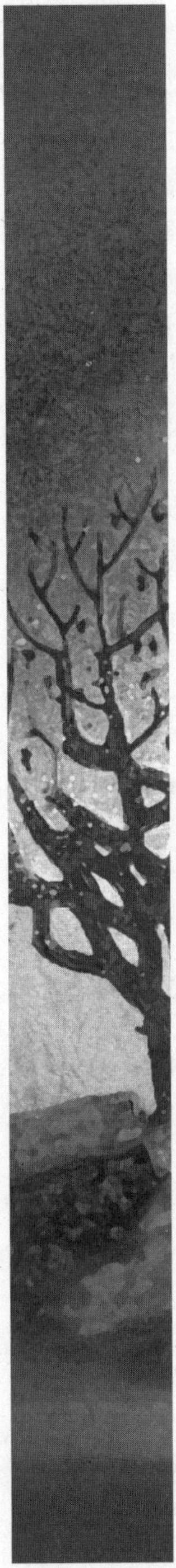

OBJECTIFS

- Installer à la porte de l'église, si ce n'est déjà fait, des bacs à recyclage pour recevoir nos offrandes à la Terre : un pour le papier et le carton, un autre pour les plastiques et un troisième pour le métal.
- Porter attention à notre façon de manger, sainement, à notre façon de dépenser, posément.
- Nous demander ce qui est superflu dans notre style de vie et tenter de nous en passer. Lors d'un achat, nous demander : « Est-ce que j'en ai vraiment besoin, est-ce que cette personne en a vraiment besoin ? »
- Découvrir le mouvement de la simplicité volontaire.

NOËL

Joyeux Noël vert !

> *Tout à coup, il y eut avec l'ange l'armée céleste en masse qui chantait les louanges de Dieu et disait : « Gloire à Dieu au plus haut des cieux et sur la terre paix, pour les hommes, ses bien-aimés. » Or, quand les anges les eurent quittés pour le ciel, les bergers se dirent entre eux : « Allons donc jusqu'à Bethléem et voyons ce qui est arrivé, ce que le Seigneur nous a fait connaître. » Ils y allèrent en hâte et trouvèrent Marie, Joseph et le nouveau-né couché dans la mangeoire. Après avoir vu, ils firent connaître ce qui leur avait été dit au sujet de cet enfant. Et tous ceux qui les entendirent furent étonnés de ce que leur disaient les bergers. Quant à Marie, elle retenait tous ces événements en en cherchant le sens.*
>
> *LUC* 2, 15-19

Comme raconté par l'évangéliste Luc, le merveilleux récit de la Nativité met en scène des gens simples, des marginaux, des exclus, presque des parias : ce sont les bergers. Petits parmi les petits de leur époque, vivant au ban de leur société, ils sont pourtant des gens proches de la nature, habitués qu'ils sont à passer leur vie dehors, sachant trouver les bons pâturages pour faire paître leurs troupeaux, qui sont toute leur richesse, leur unique possession. Sachant lire les signes du temps, la venue de l'orage, de la pluie ou du redoux, la levée des vents chauds qui assécheront les prés ; sachant écouter et distinguer pour la survie des troupeaux les hurlements de bêtes de la nuit, loups, chacals et autres prédateurs ; sachant, d'un coup d'œil sur leurs bêtes, déceler s'il en manque même une seule qui se serait perdue ; sachant lire les périodes de rut et celles des gestations, et surtout celles des accouchements où il faudra prendre soin et mettre à l'abri les brebis et les agneaux nouveau-nés, les bergers sont loin d'être des imbéciles ou des incultes, comme beaucoup les jugeaient alors. Et sans nul doute savent-ils faire preuve de solidarité au sein de leur petite communauté (tenue) à part dans de la société d'alors, n'hésitant pas partager leur sagesse, leurs connaissances et leur science les uns avec les autres et à les transmettre aux générations des plus jeunes.

Et voilà que Luc leur prête un comportement des plus étranges : ils quittent leurs troupeaux, ce qu'ils ont de plus cher, leur gagne-pain ! C'est aberrant, ahurissant ! Quels déplorables bergers que ceux-là ! Sans doute pourrait-on penser que Luc, médecin et citadin, s'est trompé et a commis une surprenante erreur de jugement. Personne n'aurait cru à une telle histoire d'incompétence sauf en la lisant comme une confirmation des stéréotypes que l'on véhicule habituellement au sujet des bergers : de pauvres types un peu demeurés, sans grande jugeote.

Mais peut-être qu'après tout Luc ne s'est pas trompé. Peut-être nous dit-il, dans son récit, que, pour que les bergers laissent ainsi leurs troupeaux, il leur fallait vraiment toute une raison, et toute leur raison ! Et quelle raison meilleure que celle de la naissance du Sauveur du monde ! Rien d'autre n'est plus important !

Relire ainsi ce passage procure paix et espoir.

Et dire que cette histoire a donné naissance, dans notre société, à une période de consommation démesurée : cartes de crédit pleines, stress du magasinage, gaspillage de nourriture, suremballage, à quoi il faut ajouter de l'électricité inutilement dépensée, des arbres coupés, etc. Joyeux Noël ! En vérité, nous sommes loin du récit où l'on trouve une richesse dans la proximité avec la nature et de la joie dans la pauvreté.

I'm dreaming of a white Christmas... Pourquoi ne pas plutôt rêver d'un « Noël vert » ? Les possibilités de « verdir » Noël et de mieux honorer la naissance de Jésus ne manquent pas.

La crèche est un modèle de simplicité. Quand on la regarde, on voit un Sauveur qui a choisi d'être solidaire avec les plus pauvres et qui nous enseigne que le chemin vers Dieu passe par la simplicité. Donc, on peut commencer par faire moins de cadeaux, ou mieux, dépenser moins pour faire des cadeaux. Il suffit d'essayer de trouver des cadeaux plus significatifs et d'éviter ce dont les autres n'ont pas besoin. Ce n'est pas plus compliqué que ça !

Une fois le cadeau choisi, on l'enveloppe dans du papier journal ou du papier recyclé ou réutilisé. La métaphore de Noël est intéressante : Jésus (une grande richesse) se trouve à l'intérieur d'une grange (pauvreté). De la même manière, la couleur du cadeau se trouve à l'intérieur du gris du journal. La simplicité pousse à éviter le gaspillage au réveillon ; on remplace la vaisselle jetable par des assiettes en céramique… et on s'amuse tellement en faisant la vaisselle ensemble ensuite ! Bref, ce sont souvent les choses simples qui nous rendent heureux.

Le don des bergers, c'est avant tout leur présence. Les bergers pauvres avaient très peu à offrir à Jésus. On peut choisir des cadeaux qui font honneur à nos valeurs, et tous ces cadeaux témoignent de notre engagement envers la Création. Mais plus que tout, le récit des bergers montre que le plus grand cadeau, c'est offrir sa présence. Le temps s'écoule trop vite et il faut savoir s'arrêter, laisser tout tomber, et passer du temps avec ceux qu'on aime. Un « chèque-cadeau » d'une journée ensemble rendra certainement bien des personnes heureuses !

Marie médite et trouve la paix. Ce récit nous plonge, finalement, dans ces moments miraculeux de notre vie, celle de la naissance d'un enfant, un événement qui change notre regard sur le monde et nous rappelle « la Création nouvelle », que Jésus incarne. C'est l'occasion de prendre quelques jours de congé, de marcher dehors et d'écouter, les yeux tournés vers le ciel, les mésanges et les cardinaux. Votre cœur sera bouillonnant et vous ne pourrez que chanter « *Gloria, in excelsis Deo* » au Créateur.

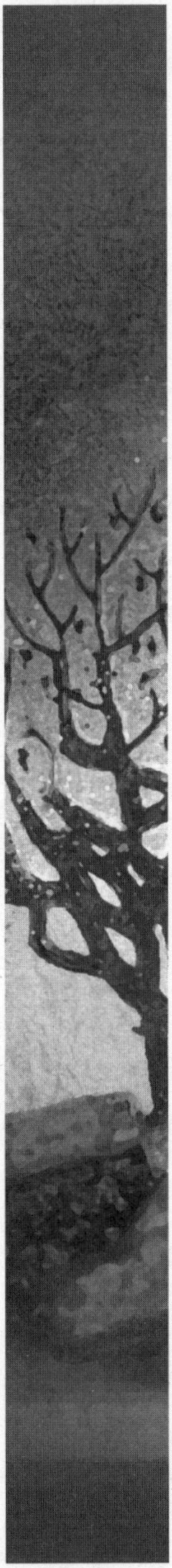

OBJECTIFS

- Penser à ce que l'on peut ajouter à la célébration de la Nativité pour un Noël plus vert.
- Faire un don à un groupe écologiste comme cadeau de Noël.
- Manger dans de la vaisselle lavable ou durable. Non seulement des verres, des assiettes en céramique et des couteaux et fourchettes en métal sont-ils plus agréables pour manger, mais ils sont aussi écologiques. C'est ça, recevoir avec éclat !

DIMANCHE APRÈS NOËL

La Création bénit le Seigneur

Béni sois-tu, Seigneur, Dieu de nos pères,
et loué et exalté à jamais ! [...]
Béni sois-tu dans le firmament du ciel,
et célébré et exalté à jamais !
Toutes les œuvres du Seigneur, bénissez le Seigneur ;
célébrez-le et exaltez-le à jamais !
Cieux, bénissez le Seigneur ; célébrez-le
et exaltez-le à jamais !
Anges du Seigneur, bénissez le Seigneur ; célébrez-le
et exaltez-le à jamais !
Toutes les eaux qui êtes au-dessus du ciel,
bénissez le Seigneur ; célébrez-le et exaltez-le à jamais !
Toutes les armées du Seigneur, bénissez le Seigneur ;
célébrez-le et exaltez-le à jamais !
Soleil et lune, bénissez le Seigneur ; célébrez-le
et exaltez-le à jamais !
Étoiles du ciel, bénissez le Seigneur ; célébrez-le
et exaltez-le à jamais !
Toute pluie et rosée, bénissez le Seigneur ; célébrez-le
et exaltez-le à jamais !
Tous les vents, bénissez le Seigneur ; célébrez-le
et exaltez-le à jamais !
Feu et brûlure, bénissez le Seigneur ; célébrez-le
et exaltez-le à jamais !
Froidure et ardeur, bénissez le Seigneur ; célébrez-le
et exaltez-le à jamais !
Rosées et giboulées, bénissez le Seigneur ; chantez-le,
exaltez-le à jamais !
Nuits et jours, bénissez le Seigneur ; célébrez-le
et exaltez-le à jamais !

Lumière et ténèbres, bénissez le Seigneur ; célébrez-le
et exaltez-le à jamais !
Gel et frimas, bénissez le Seigneur ; célébrez-le
et exaltez-le à jamais !
Glaces et neiges, bénissez le Seigneur ; célébrez-le
et exaltez-le à jamais !
Éclairs et nuées, bénissez le Seigneur ; célébrez-le
et exaltez-le à jamais !
Que la terre bénisse le Seigneur : qu'elle le célèbre
et l'exalte à jamais !
Montagnes et collines, bénissez le Seigneur ; célébrez-le
et exaltez-le à jamais !
Toutes les plantes de la terre, bénissez le Seigneur ;
célébrez-le et exaltez-le à jamais !
Mers et fleuves, bénissez le Seigneur ; célébrez-le
et exaltez-le à jamais !
Sources, bénissez le Seigneur ; célébrez-le
et exaltez-le à jamais !
Gros poissons et faune aquatique, bénissez le Seigneur ;
célébrez-le et exaltez-le à jamais !
Tous les oiseaux du ciel, bénissez le Seigneur ;
célébrez-le et exaltez-le à jamais !
Bêtes sauvages et bestiaux, bénissez le Seigneur ;
célébrez-le et exaltez-le à jamais !
(Enfants) des hommes, bénissez le Seigneur ;
célébrez-le et exaltez-le à jamais ! [...]
Rendez grâces au Seigneur, car il est bon,
car éternelle est sa miséricorde.
Tous les adorateurs du Seigneur, bénissez le Dieu des dieux,
célébrez-le et rendez-lui grâces, car éternelle est sa miséricorde.

DANIEL 3, 52A.56-82.89-90

Il existe un grand nombre de psaumes dans la Bible en dehors du livre des *Psaumes* : à partir du cantique de Moïse (*Genèse* 15), que conclut le chant de Myriam, jusqu'au *Magnificat* (*Luc* 1, 46-55) et au cantique de Syméon (*Luc* 2, 29-32), en passant par le chant de Déborah (*Juges* 5), la prière de Daniel (2, 20-23) et la prière de Jonas (chapitre 2), et d'autres psaumes de David (*2 Samuel* 22 et 23 ; *1 Chroniques* 29, 10-20). Dans le Nouveau Testament, on relira le prologue de l'*Évangile de Jean* (1, 1-18), l'hymne à l'amour (*1 Corinthiens* 13) ou le cantique au Christ, chef de l'Univers, dans l'*Épître aux Colossiens* (1, 12-20). Tous ces psaumes sont peu utilisés dans nos liturgies, et c'est bien dommage.

Par ailleurs, ces autres psaumes sont assez fréquents dans les livres deutérocanoniques (*Tobit* et *Judith*, par exemple), ces livres du corpus biblique qui ont été écrits en grec plutôt qu'en hébreu. Ils font officiellement partie du canon de l'Église catholique romaine alors que, dans les Églises protestantes, ils ne peuvent servir à fonder la foi, même s'ils demeurent utiles à la piété des croyants.

Le psaume, qui ouvre cette capsule du dimanche après Noël, vient de la version grecque plus élaborée du livre de *Daniel* ; il présente une forme de poésie interactive où les gens répondent jusqu'à plus soif : « Bénissez le Seigneur : célébrez-le et exaltez-le à jamais ! » Cependant, s'il a été transmis de génération en génération et qu'il nous est parvenu, c'est sans doute qu'il a touché, au cours des siècles, des croyants fervents dans leur foi simple et humble de son exaltation candidement enthousiaste : tout le monde se doit de louer Dieu, exalter le Seigneur, tout l'univers entier, nul n'en est exempt : le ciel et les astres, le soleil et la lune, les nuits et les jours, les montagnes et les collines, les éclairs et les nuées, les eaux et les vents, y compris les giboulées, le gel et la froidure, les glaces et les neiges ! Cela ne convient-il pas parfaitement à notre pays de poudrerie, « là où la neige au vent se marie », aux horizons des grands espaces blancs glacés et majestueux ? Ces mots auraient pu avoir été écrits chez nous !

Il est singulier de découvrir, dans cette grande bibliothèque constituée dans un pays de déserts chauffés par le climat sec méditerranéen, que l'on a fait 15 fois place à l'hiver et à la neige… pas moins de 24 fois (voir capsule de la 4e semaine de l'Avent).

La lecture de ce psaume révèle plusieurs jolies trouvailles : que dire de l'invitation à louer Dieu faite aux mers et aux rivières redoutables quand les glaces en débâcle du dégel printanier s'y précipitent ? Les rivières de notre Nord sont majestueuses lorsqu'elles font rugir leurs rapides imposants, mais rivières harnachées, domptées, contenues, détournées pour notre seul profit ; saurons-nous protéger la Romaine, la dernière rivière sauvage du Québec ? Tant de nos rivières rurales sont mortes, comme la Yamaska, pleines à déborder de nos déchets, poubelles de tous nos déchets. Jusqu'aux saumons de la Matapédia qui ont presque disparu.

Peut-on passer sous silence que les bélugas du Saguenay se meurent de pollution, empoisonnés qu'ils sont par les produits toxiques les faisant souffrir d'ulcères et de cancers ?

Et que dire de l'invitation faite aux enfants vers la fin de ce psaume ? Utilisons cette invitation non seulement pour bien instruire les enfants de nos commmautés dans l'amour de Dieu et dans le respect de l'environnement, mais en même pour nous faire éduquer par eux.

Chanter et exalter Dieu sans se lasser n'est-il pas, enfin, un antidote à l'hystérie de l'Après-Noël (*Boxing Day*) et des soldes d'après le temps des fêtes ?

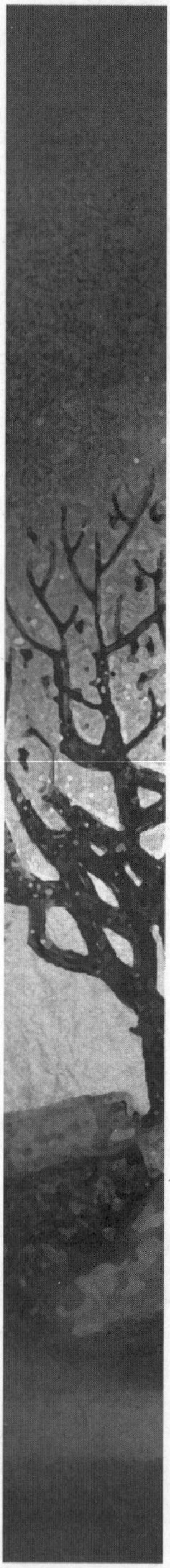

OBJECTIFS

- Utiliser ce passage comme prière et laisser monter ce feu d'amour pour le Créateur. Cette prière peut changer un cœur froid de consommateur en un cœur chaleureux de communion.

- Profiter de ce congé ; réserver une demi-journée pour du repos et disposer son cœur à la louange.

- Faire adopter une rivière ou une baleine par la communauté. Soutenir la Fondation Rivières ; consulter le site [www.fondationrivieres.org].

- Résister aux « soldes » de l'Après-Noël et économiser… du stress.

- Régler tous les thermostats, à l'église et à la maison, à 22 °C et baisser le chauffage dès que possible.

ÉPIPHANIE

Une Terre de justice

> *Vous qui attendez et qui hâtez la venue du jour de Dieu, jour où les cieux enflammés se dissoudront et où les éléments embrasés se fondront. Nous attendons selon sa promesse des cieux nouveaux et une terre nouvelle où la justice habite.*
>
> *2 Pierre* 3, 12-13

Sept cents ans avant l'époque chrétienne, le prophète Ésaïe avait proclamé son espérance : « Le peuple qui marchait dans les ténèbres a vu une grande lumière. Sur ceux qui habitaient le pays de l'ombre, la lumière a resplendi » (9, 1). Et un peu plus loin, nous lisons : « Car un enfant nous est né, un fils nous est donné » (verset 5). À remarquer que tous les verbes sont au passé : un enfant *est* (déjà) *né*, le peuple *a vu*, la lumière *a resplendi*. Ce que chasse la lumière, c'est l'ombre de la mort, celle qui pèse sur les gens, les individus, sur le peuple.

Tout le message de ce livre d'*Ésaïe* est bâti sur des oppositions, des contrastes : l'humiliation et l'honneur, la tristesse qui se change en joie, l'oppression que chasse la victoire, les ténèbres contre la lumière. Ces derniers sont l'expression du malheur, de l'oppression, de la captivité et de la mort, tandis que la lumière est symbole de salut, aujourd'hui, ici et maintenant. On ne saurait oublier de souligner l'importance du lever du soleil dans nombre de traditions religieuses (déjà en Égypte où la représentation du pharaon sur son trône est exprimée par le hiéroglyphe d'un lever de soleil).

Nombreux seront les prophètes à la suite d'Ésaïe à proclamer la venue prochaine d'un jour de libération, où la tristesse se changera en joie, où les larmes n'auront plus cours devant l'allégresse collective, où la nuit fera place au jour. Il faut croire que les temps de malheur et de désespoir ont été nombreux au cours de la destinée du peuple d'Israël. L'auteur de la *Deuxième épître de Pierre* se situe dans cette lignée, mais il va aussi plus loin. Il appelle à une refonte complète des éléments anciens (des cieux nouveaux, une nouvelle Terre), vision qui trouvera son paroxysme dans le livre de *L'Apocalypse* (21, 20); de plus, ce n'est pas seulement la nouveauté, la refondation, la régénération de l'univers actuel qui sont proclamées, c'est l'assurance de l'établissement d'un lieu où la justice habitera.

La différence linguistique entre les deux *Épîtres de Pierre* laisse penser qu'elle ne provient pas de la main propre de l'apôtre Simon-Pierre, le bouillant disciple de Jésus. Cette lettre testamentaire est probablement née au sein d'un « cercle pétrinien » qui s'interrogeait sur la question de la parousie, le retour du Christ pour établir son règne de paix, et surtout sur son retard. Cette épître est un vigoureux et émouvant appel à la patience et à la vigilance, trouvant son inspiration dans les prophéties du Premier Testament dont un bon nombre a trouvé son accomplissement dans la venue de Jésus Christ. Les « sceptiques seront confondus », insiste-t-elle, ceux qui doutent du retour du Christ. Le retard supposé provient de la patience aimante de Dieu, qui veut laisser le temps à chacun de se convertir. Ce que les croyants doivent faire, c'est de vivre dès maintenant dans la sainteté. L'épître insiste sur le fait d'« attendre et (de) hâter » cette refondation du monde.

Alors que nous célébrons l'Épiphanie (d'un mot grec qui signifie « apparition »), est-ce l'apparition de nouveaux cieux, d'une nouvelle Terre que nous attendons, que nous hâtons?

La décennie qui vient tout juste de se terminer a été appelée par les médias « décennie de l'environnement » à cause d'une prise de conscience généralisée (ah oui?) et d'une mobilisation réelle (laquelle?), soulignant que recycler et réutiliser sont maintenant des gestes quotidiens (vraiment?). Nous aurions pu ajouter des points d'exclamation à ces constatations. Pour un regard plus radical en matière environnementale, les constats, à la fin de cette décennie, sont alarmants : augmentation de la température, fonte dramatique des glaces de l'Arctique, gaz à effet de serre en croissance effrénée.

Sur le plan de la politique, ces dix dernières années auront vu la perte totale de crédibilité du Canada : sept prix Fossiles du jour à la Conférence de Copenhague sur les changements climatiques, en 2009, et même le prix dérisoire de Fossile de l'année pour la troisième fois ! L'actuel gouvernement ne propose aucun plan quant à la préservation de l'environnement ; il pratique le « tout à l'économie et aux sables bitumineux ». Incohérence politique qui se retrouve aussi au Québec : si le gouvernement a proposé une intéressante gestion des émissions de GES, il est aussi l'ardent promoteur du projet Rabaska de port méthanier ; il se fait laxiste dans le dossier des mines ou dans celui de l'enfouissement des déchets domestiques géré à vau-l'eau. Et qu'en est-il de l'énergie éolienne ? Ne nous leurrons pas, le Québec ne fait pas mieux en matière environnementale que les autres provinces ; ce qui le sauve, de façon bien involontaire, c'est uniquement son hydroélectricité, énergie dite « propre » facilement accessible, abondante... et que l'on gaspille allègrement : lumières allumées toute la nuit, chauffage excessif, etc. Du point de vue de sa collectivité, le Québec ne fait pas mieux que les autres.

Avec l'Épiphanie, les lumières de Noël s'éteignent ; le temps des fêtes est terminé, c'est la fin des congés et le retour vers la routine. Mais justement, il ne faut pas que la routine revienne ; l'engagement envers les valeurs et les actions écologiques est pris pour de bon. Qu'il n'en soit pas des résolutions écologiques (éviter le gaspillage de l'eau et de l'électricité, préconiser le recyclage et la réutilisation, acheter un bac à compostage, produire moins de GES en utilisant les transports en commun, et surtout, réduire nos déchets domestiques) comme de celles du Nouvel An (faire plus d'exercice, manger moins, visiter ses parents). C'est là une des clés pour qu'arrivent « de nouveaux cieux et une nouvelle Terre ».

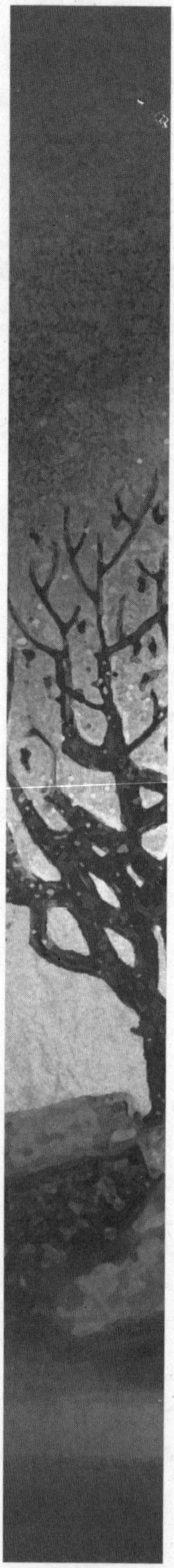

OBJECTIFS

- Comment se défaire écologiquement de son arbre de Noël ? En appelant les services municipaux, car plusieurs municipalités les ramassent afin d'en faire du paillis.
- Que faire de nos déchets de Noël ? S'assurer qu'ils ont été bien triés et minutieusement récupérés.
- Réfléchir en groupe sur notre surutilisation de l'électricité.
- Commencer cette nouvelle année en faisant le tour des ressources, des réseaux et des groupes écologiques locaux. Quelles alliances et collaborations sont possibles ? Qui pourrait venir animer un atelier ? Penser à un calendrier de visites et d'activités en commun.

2e SEMAINE DE JANVIER

Un temps pour chaque chose

Il y a un moment pour tout et un temps pour chaque chose
sous le ciel :
un temps pour enfanter et un temps pour mourir,
un temps pour planter et un temps pour arracher le plant,
un temps pour tuer et un temps pour guérir,
un temps pour saper et un temps pour bâtir,
un temps pour pleurer et un temps pour rire,
un temps pour se lamenter et un temps pour danser,
un temps pour jeter des pierres et un temps pour amasser
des pierres,
un temps pour embrasser et un temps pour éviter d'embrasser,
un temps pour chercher et un temps pour perdre,
un temps pour garder et un temps pour jeter,
un temps pour déchirer et un temps pour coudre,
un temps pour se taire et un temps pour parler,
un temps pour aimer et un temps pour haïr,
un temps de guerre et un temps de paix.

QOHÉLETH 3, 1-8

Un livre « sévère » que celui de *Qohéleth* avec ces douze chapitres sentencieux d'admonestations diverses, de remontrances et de semonces sans discontinuer?

Pourtant, n'est-il pas intéressant de noter que le nom de Qohéleth, mot que l'on retrouve huit fois dans le livre, dériverait de l'hébreu *qahal* qui signifie « assemblée »? (Le mot grec correspondant, traduit en français par « ecclésiaste », d'où le titre du livre dans de nombreuses versions de la Bible, désigne plutôt le chef ou l'orateur de l'assemblée.) Toute l'assemblée, tout le peuple, tout le monde est concerné par ces réflexions, ces méditations à haute voix sur la condition et la destinée de l'humanité, comme d'ailleurs toute la communauté humaine est concernée par les enjeux environnementaux et le sort de la planète.

En outre, on aurait tort de ne voir dans ce recueil d'aphorismes philosophiques qu'une vision pessimiste et défaitiste de notre sort, que les radotages d'un vieux rabat-joie, pète-sec, aigri et maussade. L'auteur (ou le collectif d'auteurs) de ces propos a pris conscience de la relativité de la vie humaine, de sa finitude, et même du caractère éphémère de l'existence. Mais plutôt que d'en désespérer, il l'accepte comme don de Dieu. Et cette vie, on le découvre dans ces lignes, malgré ses limites et ses fatalités, est bonne, et puisqu'elle est don de Dieu, il faut l'accueillir avec joie et reconnaissance. Regardant les êtres humains dans la nécessité de vivre ensemble et dans l'obligation de bâtir des relations justes (avec les autres et avec l'univers), cet auteur réagit donc au conformisme ambiant, à la rhétorique creuse et intéressée des sages de la cour pour nous exhorter à l'engagement et à l'action.

Cette semaine, nous avons repris le travail après le congé des fêtes. Les élèves, les collégiens et les universitaires sont de retour en classe. C'est aussi la semaine où nos bonnes résolutions du début d'année commencent à vaciller.

Il y a un temps pour chaque chose sous le ciel et un temps pour prendre de bonnes résolutions, celles que l'on tient et celles que l'on ne tient pas, celles auxquelles on tient et celles auxquelles on ne tient pas. Prendre de bonnes résolutions, c'est regarder avec honnêteté ses propres travers et chercher à les surmonter. C'est s'engager dans la volonté de rétablir les relations brisées ou mises à mal. Et Dieu sait que ce n'est pas toujours facile !

Jean-Luc Mouton, directeur de la rédaction du magazine *Réforme*, se plaignait, dans un éditorial, qu'aucune mesure contraignante n'avait été prise à la Conférence de Copenhague sur les gaz à effet de serre (en décembre 2009), alors que l'engagement à la protection de l'environnement nécessite « un processus extrêmement complexe et douloureux de transformation de nos modes de vie. Et pour lequel nous ne sommes pas prêts[2] ».

Prendre la résolution d'œuvrer au sauvetage de la planète est contraignant. Cela exige un engagement total, et pas seulement des demi-mesures, des gestes faciles et rapides : cela exige un important changement de mode vie. C'est le message de Qohéleth.

Voici une journée typique d'un ami débordé comme on en connaît tous. Aussitôt réveillé, il se lève à la hâte. Il se précipite sur la bouilloire afin de se préparer un café en poudre, communément qualifié d'« instantané ». Il se rend à son travail en voiture – bien plus rapide – tout en se brossant les dents avec un truc jetable qui se glisse au bout du doigt. Il utilise abondamment Internet pendant la journée afin d'avoir des réponses instantanées à ses questions. Au dîner, il réchauffe au four à micro-ondes un repas surgelé qu'il avale en vitesse tout en répondant à un appel sur son téléphone cellulaire. L'après-midi, il prépare des envois par poste expresse en écoutant sa musique préférée sur son iPod. En rentrant chez lui, il s'arrête à une station-service, mais il n'a pas besoin de payer au comptoir, car il a une *SpeedPass*. Il passe ensuite à un service de restauration rapide, et sans descendre de son auto, il s'offre un *fast-food*. En soirée, il magasine un peu sur Internet, puis il s'installe devant la télé ; il est abonné aux services d'Express Vu.

Cette vie instantanée a un prix : cet ami est malheureux chaque fois qu'il n'obtient pas ce qu'il veut quand il le veut. Il rouspète quand les gens ne roulent pas assez vite sur la route. Il se plaint lorsque la connexion Internet est lente et il s'apitoie sur son sort quand un gadget ne fonctionne plus.

Une autre amie préfère un mode de vie moins instantané. Selon elle, il y a un temps pour attendre le transport en commun et un temps pour voir un spectacle. Il y a un temps pour faire le ménage et un temps pour lire un bon roman ; un temps pour cuisiner ses

2. *Réforme*, n° 3349, 22 décembre 2009, p. 2.

repas (*slow-food*) et un temps pour les savourer; un temps pour cultiver son potager et un temps pour parler au téléphone; un temps pour coudre un bouton et un temps pour naviguer sur Internet. Elle accepte chaque moment sans se plaindre. En plus d'être une personne patiente, elle économise et elle a une petite empreinte écologique. Selon elle, le temps est un don de Dieu.

OBJECTIFS

- Ralentir ! Prendre son temps et observer une réduction de sa consommation en même temps qu'une augmentation de sa joie de vivre : éteindre son cellulaire, cuisiner un bon repas, etc. Voyager en transport en commun aurait pu être inventé par les chrétiens, car c'est un geste communautaire qui réduit les émissions de gaz à effet de serre et permet d'économiser stress et argent.
- Récrire en atelier ou en groupe d'étude biblique ce passage de Qohéleth sous forme de « bonnes résolutions écologiques » ; les partager ensuite à toute la communauté ; les afficher sur un tableau d'affichage.
- Prendre le temps de lire l'excellent document de Kairos intitulé *Cahier de travail énergétique pour bâtiments religieux* et de faire les exercices qu'il propose. Il peut être téléchargé sur le site internet [www.kairoscanada.org] dans la section écologie sous « efficacité énergétique ».

3e SEMAINE DE JANVIER

Omniprésence de Dieu dans la Création

Le Seigneur répondit alors à Job du sein de l'ouragan et dit :
Qui est celui qui dénigre la providence par des discours insensés ?
Ceins donc tes reins, comme un brave : je vais t'interroger et tu m'instruiras.
Où est-ce que tu étais quand je fondai la terre ? Dis-le-moi puisque tu es si savant.
Qui en fixa les mesures, le saurais-tu ? Ou qui tendit sur elle le cordeau ?
En quoi s'immergent ses piliers, et qui posa sa pierre d'angle
tandis que les étoiles du matin chantaient en chœur
et tous les fils de Dieu crièrent hourra ?

JOB 38, 1-7

S'engager à travailler de tout son cœur, de toute son âme, de toute sa force, de toute sa pensée au sauvetage de la planète n'est pas chose aisée ; nous avons déjà évoqué cette idée. Changer les habitudes ne se fait pas facilement. Mais Job non plus ne l'a pas eu facile. Une fois la décision prise, c'est difficile et contraignant ; cela exige un investissement complet, et pas seulement des demi-mesures, des gestes faciles et rapides : il faut être conscient de la nécessité d'un changement de mode de vie important. Car après avoir installé des bacs pour le recyclage et le compostage, après avoir banni la vaisselle jetable, après avoir institué une politique d'économie d'énergie en baissant le chauffage et en éteignant les lumières, après avoir réfléchi à notre consommation et nous être mis au transport en commun, qu'a-t-on fait ? « Bravo ! Ce n'est pas là de l'héroïsme, mais du simple sens[3]. »

Les sacs en plastique ont été éliminés de l'épicerie, c'est bien ; mais l'a-t-on fait pour les sacs à ordures ou les sacs de magasinage ?

3. Philippe MOLLÉ, conseiller en alimentation, *Le Devoir*, 31 janvier 2010.

Recycler, c'est bien, mais cela ne sert à rien si l'on ne réduit pas la quantité de déchets. Jusqu'à quel point sommes-nous conscientisés de l'urgence de la situation et de l'urgence d'agir ? Jusqu'à quel point sommes-nous conscientisés de notre coupable responsabilité ?

Quand nous avons fait tout ce que nous croyons devoir faire, nous disons : « Nous ne sommes que des serviteurs quelconques. Nous avons fait seulement ce que nous devions faire » (*Luc* 17, 10). Nous n'avons pas fait mieux que qui que ce soit d'autre. Mais, plus brutalement encore, en tant que Canadiens nous sommes toujours collectivement parmi les pires pollueurs de la planète. Il n'y a vraiment pas de quoi se péter les bretelles. Le Canada est le cancre de la communauté internationale (voir capsule de l'Épiphanie) et il fait partie de l'« axe du mal écologique », alors qu'à une autre époque, il s'était fait l'instigateur, en 1987, du Protocole de Montréal sur la réduction des CFC qui détruisent la couche d'ozone. Les sables bitumineux tant subventionnés par notre gouvernement fédéral produisent un pétrole trois fois plus polluant que le Brent (pétrole d'extrait de gisements en mer du Nord). Un Nord-Américain pollue deux fois plus qu'un Européen, cinq fois plus qu'un Chinois et 15 fois plus qu'un Indien. Selon la Coalition Eau Secours, le Canada se classe deuxième au monde pour la consommation d'eau par habitant (340 litres en moyenne par personne par jour, 150 en France, moins de 20 en Afrique).

Les deux principales pierres d'achoppement sont la folie consommatrice et le gaspillage. André Beauchamp constate que l'on peut « voir le monde comme un dépotoir ou comme un libre-service[4] ». Par le gaspillage et la consommation tous azimuts, c'est ce que nous faisons.

Le titre « Le cul-de-sac consumériste[5] » coiffait un article du rapport du *Worldwatch Institute* de Washington. On pouvait y lire que

4. Louis-Gilles Francoeur, *Le Devoir*, 8 janvier 2010.
5. Madeleine Huberdeau, « De la surconsommation à la décroissance soutenable. Avons-nous le choix ? », *Espace D*, janvier-février 2010, p. 32-33.

consolider la relance économique par les achats avant et après Noël était une aberration écologique ; il fallait plutôt profiter de la « crise » pour prôner un changement radical dans notre surconsommation au quotidien. On y lisait aussi qu'il était presque impossible d'implanter des politiques vertes et des changements technologiques tout en maintenant le rythme de consommation actuel.

Il faut savoir que 7 % des humains, soit les 500 millions les plus riches – dont nous sommes, ne nous leurrons pas – sont responsables de 50 % des émissions de gaz à effet de serre – c'est nous qui polluons. Les 3 milliards de terriens les plus pauvres n'en rejettent que 6 % !

La production de ce que nous consommons nécessite l'extraction de vingt-deux *Empire State Building* de ressources au quotidien. Si tous les humains consommaient autant, la Terre ne pourrait soutenir de façon viable que 1,4 milliard d'habitants.

Nous ne pouvons pas nous dire chrétiens, disciples de Jésus Christ sans être écologistes, sans œuvrer de toutes nos forces à la sauvegarde de la Création. Être chrétien, c'est être écologiste. L'amour de Dieu, l'amour des autres et l'amour de la Terre sont inséparables. Préserver la création de Dieu est un devoir chrétien.

Aimer Dieu, c'est l'aimer dans sa Création. La Bible relate la présence constante et active de Dieu dans sa Création, comme dans les chapitres 38 et 39 du livre de *Job*, un livre souvent lu comme une réponse au mal sur la terre. Ici, il s'agit en effet de la réponse au mal qui est fait à la terre et à ses habitants. Deux magnifiques et saisissants chapitres qu'il vaut la peine de relire en groupe !

Tout y passe ! Les éléments naturels : l'océan, le matin, l'aurore, les sources de la mer, l'abîme, la lumière, les ténèbres, la neige, la grêle, le sirocco, les orages, le désert, la verdure, la pluie, les gouttes de rosée, la glace, le givre, les Pléiades, les constellations du zodiaque, la Grande Ourse, les nuages, les éclairs, les nues, le limon, le Nil et le Jourdain ! Les êtres vivants : l'ibis, le coq, la lionne, les lionceaux, le corbeau et ses petits, les bouquetins, les biches et leurs faons, l'âne sauvage, l'onagre, le bison, l'autruche, la cigogne, le cheval, l'épervier et l'aigle.

Puissions-nous faire de nos églises des écocommunautés à la gloire du Créateur !

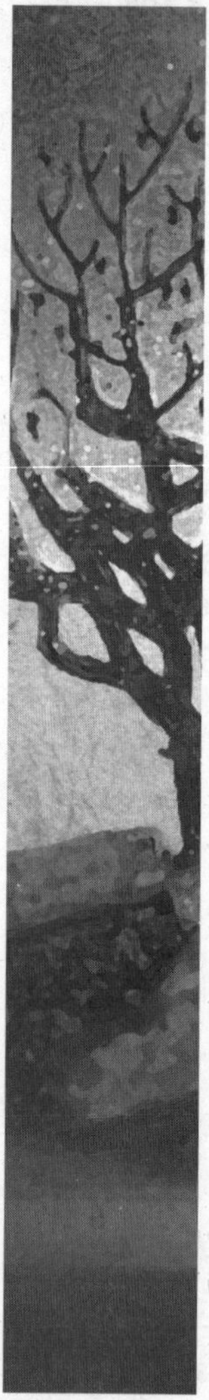

OBJECTIFS

- Relire à haute voix les chapitres 38 et 39 du livre de *Job* ; y écouter l'appel de Dieu.
- Proposer une réflexion sur le la consommation tous azimuts et le matérialisme.
- Répondre à la question : Est-ce que l'utilisation de la souffleuse manifeste notre amour pour la terre ?
- Ne plus utiliser de sacs en plastique, sauf ceux réutilisés ou fabriqués de matières recyclables, préférables aux matières recyclées.

4e SEMAINE DE JANVIER

Dieu présent en hiver

Es-tu parvenu jusqu'aux réserves de neige,
et les provisions de grêle, les as-tu vues,
que j'ai ménagées pour les temps de détresse,
pour le jour de lutte et de bataille ?
De quel côté se diffuse la lumière,
par où le sirocco envahit-il la terre ?
Qui a creusé des gorges pour les torrents
et frayé la voie à la nuée qui tonne,
pour faire pleuvoir sur une terre sans hommes,
sur un désert, où il n'y a personne,
pour saouler le vide aride, et en faire germer
et pousser la verdure ?
La pluie a-t-elle un père ? Qui engendre les gouttes de rosée ?
Du ventre de qui sort la glace ? Qui enfante
le givre des cieux ?
Alors les eaux se déguisent en pierre
et la surface de l'abîme se prend.

JOB 38, 22-30

Dans cette longue tirade que Dieu dispense en réponse aux interrogations de Job, le passage sur la grêle et la neige, le froid, le gel et la glace surprend. En Israël, pays de déserts et de regs, il ne devait pas neiger très souvent ; cependant, on y avait suffisamment conscience des changements de saisons pour en remettre à Dieu le mérite. Sans doute, les gardiens des troupeaux devaient-ils trouver certaines nuits d'hiver passablement frisquettes. Ce sont peut-être les neiges saisonnières du mont Hermon ou celles, éternelles, du massif du Liban qui ont impressionné à ce point les auteurs de la Bible pour qu'on en parle en plusieurs autres passages du Premier Testament : *Psaume* 147, 16-17 ; *Job* 37, 6.10 ; *Siracide* 43, 13-15 et 19-20.

Ces passages poétiques trouveront indubitablement écho dans notre imaginaire collectif : « Mon pays, ce n'est pas un pays, c'est l'hiver. » Cette magnifique chanson de Gilles Vigneault est si profondément enracinée dans notre culture québécoise qu'elle est presque devenue notre hymne national. Qui n'a pas de souvenirs d'enfance de joyeuses gambades dans la neige fraîchement tombée ? Ou de mémorables batailles de boules de neige ? Ou d'avoir construit un fort « imprenable » ? Ou le « plus beau et plus grand » bonhomme de neige ? Qui n'a jamais passé un après-midi follement amusant à faire de la luge et du patin et à revenir à la maison les joues rouges et le nez qui coule ? Qui n'aime pas voir les flocons danser lors d'une chute de neige ?

L'hiver est une saison où l'on dépense beaucoup d'énergie dehors… comme dedans : on est plus souvent à la maison, on cuisine davantage, on monte le chauffage, on doit s'éclairer plus tôt le matin et plus tard le soir, on utilise la sécheuse plutôt que la corde à linge, on laisse tourner les moteurs des voitures pour les garder chaudes. Tout ça, ce sont des dépenses d'énergie dont nous devons être conscients… Sans oublier les poêles à bois, dont les anciens modèles sont une importante source de smog urbain.

Pour plusieurs, l'hiver est une saison détestable, et ils ont alors le réflexe de rester à l'intérieur. Pensons à la ville souterraine de Montréal, où plus de 30 km de couloirs sont reliés entre eux. Les technologies de communication et de divertissement (ordinateur, télévision, cinéma maison) nous gardent à l'intérieur de nos maisons souvent surchauffées. La simple idée de sortir quand il fait – 10 °C ou – 20 °C nous fait frissonner. Alors, on utilise un démarreur à distance qui réchauffe l'habitacle de la voiture, mais au coût d'un gaspillage d'essence et d'une pollution de l'air supplémentaires. Pourquoi ne pas profiter de l'occasion – qui fait le larron – pour réinventer le repos dominical par une journée de plein air ? Pourquoi ne pas nous extasier avec nos enfants et nos petits-enfants (ou nos neveux et petites-nièces), retrouvant nous-mêmes nos âmes d'enfants, devant les multiples splendeurs de l'hiver ? Lors d'une averse de neige, la nature est ensevelie sous un magnifique manteau blanc. Une atmosphère paisible s'installe qui transporte nos âmes. Pensons aux écureuils qui font des tunnels sous la neige, ce qui les protège des grands froids. Pensons que ce manteau sert aussi à protéger les cultures, comme les fraisiers. Et que dire des fragiles flocons ? Ils sont un assemblage de cristaux de glace. Les propriétés de l'eau leur confèrent cette forme unique à six banches (ou six côtés), et chaque flocon est unique, souvenons-nous en lors de la prochaine tempête de neige !

Givre et verglas recouvrent les surfaces d'une manière magique. « Ma vitre est un jardin de givre ! », écrivait Nelligan. La crise du verglas, en 1998, reste gravée dans ma mémoire, non seulement pour les dégâts qu'elle a causés, mais aussi parce que les pannes généralisées d'électricité ont stimulé notre solidarité (et notre imagination) comme jamais, sans oublier la féerie d'un paysage de cristal causé par les 80 mm de glace déposée sur les arbres !

Le froid provoque aussi la formation de glace sur la rivière. Et ce qui est intéressant, c'est que la glace est la seule substance qui flotte sur son liquide. Ce miracle incessant permet à la vie aquatique de vivre en hiver. Merci, Dieu créateur, pour l'hiver !

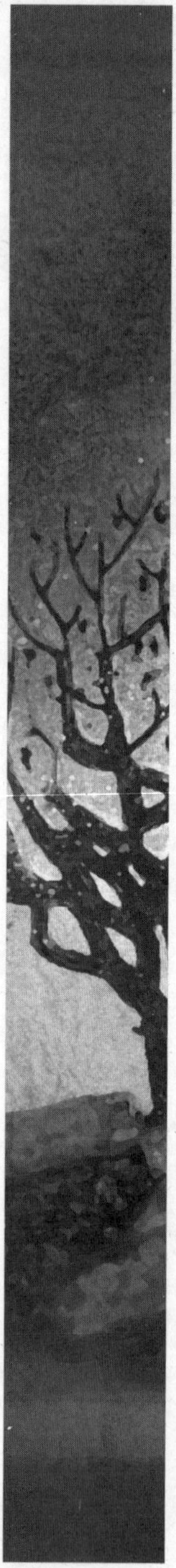

OBJECTIFS

- Éviter d'utiliser le démarreur à distance. Dans les grands froids, CAA-Québec affirme qu'il suffit de trente secondes avant de commencer à rouler. De cette manière, le réchauffement est plus équilibré sur les pièces et évite l'usure prématurée.
- Contempler les beautés de l'hiver.
- Choisir une activité ou un sport d'hiver (patin, ski, raquette, glissade, etc.) pour remplacer le magasinage et la consommation d'énergie.

1re SEMAINE DE FÉVRIER

Les signes du temps

> *Il dit encore aux foules : « Quand vous voyez un nuage se lever au couchant, vous dites aussitôt : "La pluie vient", et c'est ce qui arrive. Et quand vous voyez souffler le vent du midi (du sud), vous dites : "Il va faire une chaleur accablante", et cela arrive. Esprits pervertis, vous savez reconnaître l'aspect de la terre et du ciel, et le temps présent, comment ne savez-vous pas le reconnaître ? »*
>
> *LUC* 12, 54-56

Les pharisiens et les saducéens s'avancèrent et, pour lui tendre un piège, lui demandèrent de leur montrer un signe qui vienne du ciel. Jésus leur répondit : « Le soir venu, vous dites : "Il va faire beau temps, car le ciel est rouge feu" ; et le matin : "Aujourd'hui, mauvais temps, car le ciel est rouge sombre." Ainsi vous savez interpréter l'aspect du ciel, et les signes des temps, vous n'en êtes pas capables ! » (*Matthieu* 16, 1-3)

On n'a de cesse d'admirer l'esprit pratique de Jésus autant que son sens inné de l'observation. Il regarde autour de lui, et en un rien de temps, tout ce qu'il voit devient source d'enseignement tant sur le royaume des cieux que sur l'éthique d'une communauté de foi, même les gestes plus simples ou encore les objets les plus banals de la vie quotidienne. Luc, en conteur hors pair, l'a très bien remarqué et l'a fidèlement rapporté, que ce soit les petits gestes de tous les jours : pêcher sur le lac (5, 4), faire du pain (13, 21), offrir un déjeuner (14, 12 ; 14, 15), garder les moutons (15, 4-7), s'occuper des enfants (18, 15-17), planter une vigne (20, 9 et suiv.) ou des objets usuels : un vêtement rapiécé (5, 36), du vin nouveau et des outres neuves (5, 37), le manteau et la tunique (6, 29), une paille et une poutre (6, 41), une lampe allumée (8, 16 et 11, 33 ; 12, 35), un poisson et un œuf (11, 11), le sel (14, 34), une pièce égarée (15, 8), une pièce d'argent (20, 24).

Même les éléments naturels sont mis à contribution : les arbres (6, 43), une crue impétueuse (6, 48), un roseau (7, 24), la semence que répand le semeur (8, 5 et suiv.), la menthe et la rue (11, 42), les corbeaux et autres oiseaux du ciel (12, 24), les lis des champs (12, 27), un figuier stérile (13, 6 et suiv.), un grain de moutarde (13, 19), l'éclair (17, 24), le soleil, la lune, les étoiles (21, 25), etc.

Il n'est donc pas étonnant qu'ici, pour illustrer un sujet aussi sérieux que l'urgence de la conversion, Jésus parle de pluie qui vient, de vent qui souffle du sud. Nul doute que ses auditeurs ont vite compris son propos, pas besoin d'aller beaucoup plus loin. Le temps qu'il fait, les changements de température, les saisons qui s'écoulent, tout le monde sait de quoi il s'agit et tout le monde a une opinion sur le sujet.

Ne sommes-nous pas nous-mêmes accros à la météo ? Combien de personnes allument leur téléviseur sur la chaîne MétéoMédia, le matin, pour savoir comment se vêtir, s'il leur faudra prendre l'autobus plutôt que la voiture et à quelle heure partir ? C'est là un sujet de conversation (et de préoccupation) intarissable ; dépression, anticyclone, précipitations, redoux, tornades, ouragans n'ont plus de secret pour nous. Prétexte inépuisable aussi de complaintes et de jérémiades : quand il fait chaud, il fait trop chaud ; quand il fait froid, on se plaint en espérant des jours plus cléments. Quand il pleut, c'est moche ; quand il fait soleil, on attend la pluie.

À ce temps de l'année on sent déjà que les jours rallongent. En fin de journée, la couleur du ciel nous renseigne sur le temps qu'il fera le lendemain.

Depuis que je suis petit, j'observe le ciel pour tenter de prévoir la météo. J'en ai même fait l'objet de mes études universitaires ! Ce passage où Jésus parle des signes des temps me rejoint d'une façon personnelle. Jésus, en plus d'être le Fils de Dieu, est aussi un météorologue ! Pourtant, nous n'avons pas vécu dans les mêmes climats.

Comparons les climats des villes de Jérusalem et de Québec. À Jérusalem, il n'y a aucune précipitation de mai à septembre, mais c'est assez pluvieux en janvier, avec un maximum moyen de 16 °C. La ville reçoit seulement 600 mm de pluie par année, ce qui caractérise son climat méditerranéen sec (hivers doux et humides, étés secs et chauds). À Québec, il pleut de façon quasi constante, avec un total de plus de 1 200 mm de pluie par année. En janvier, le maximum moyen est de – 7 °C. Cela caractérise son climat continental humide. Malgré cette différence marquée de climat, nous pouvons lire les signes du ciel chez nous comme Jésus le faisait en Terre sainte.

D'abord, les nuages et les vents. Si nous voyons « un nuage se lever au couchant », c'est-à-dire à l'ouest, nous pouvons prévoir de la pluie, particulièrement si le nuage est sombre. Si nous voyons « souffler le vent du midi », c'est-à-dire du sud, cela apporte de l'air chaud et les températures se réchaufferont durant la prochaine journée. Le « dégel de janvier » est toujours causé par un vent du sud.

Ensuite, la couleur du soleil. Celle-ci indique les masses d'air et les conditions du ciel à venir. Il faut comprendre que les vents dominants soufflent de l'ouest. Si le soleil est rouge quand il se couche, c'est qu'il n'y a aucun nuage à l'ouest et que les rayons du soleil ont pu effleurer l'atmosphère sur une longue distance. Qu'il n'y ait aucun nuage ne signifie pas du beau temps assuré pour le lendemain ! Au contraire, si le soleil se lève très rosé, c'est que le ciel est très dégagé à l'est, donc les nuages de l'ouest ne sauraient tarder.

L'observation du ciel nous permet de prévoir le temps du lendemain et de nous y préparer. Nul doute que cette faculté de prévoir et de s'adapter est un don de Dieu. Lire les signes des temps, c'est interpréter le présent pour améliorer l'avenir à court et à long terme. Actuellement, tout mon être me dit que la Création souffre et qu'elle attend impatiemment une prise de conscience de tous les humains.

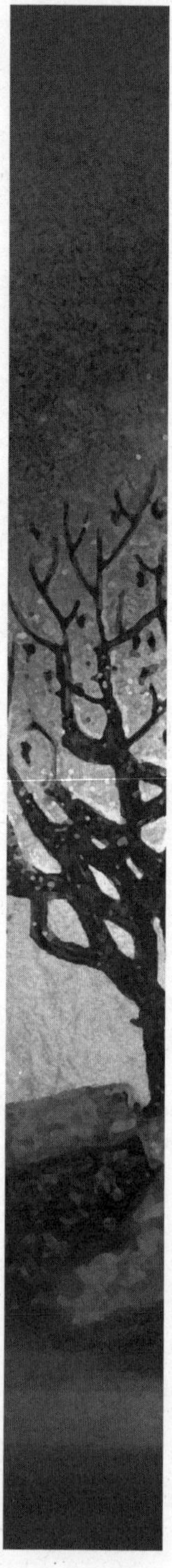

OBJECTIFS

- S'exercer à regarder le ciel et tenter d'y lire les signes du temps sans l'aide de MétéoMédia.
- Organiser une séance de travail, un atelier de discussion ou une exposition sur le sujet des changements climatiques. Une vaste documentation existe sur le sujet comme les ouvrages suivants :
- Claude Villeneuve. *Vivre les changements climatiques. Réagir pour l'avenir*, Sainte-Foy, Éditions MultiMondes, 2007.
- Steven Guilbeault. *ALERTE ! Le Québec à l'heure des changements climatiques*, Montréal, Éditions du Boréal, 2009.
- Ce sera bientôt le temps des assemblées générales des paroisses ; on pourrait préparer des propositions afin d'instituer des politiques environnementales ; on pourrait inclure dans leur budget les sommes nécessaires à leur application.
- Inviter secrétaires et trésoriers à imprimer les rapports annuels sur du papier recyclé ou à les envoyer par courrier électronique. Prendre l'habitude d'imprimer tous les documents sur du papier recyclé.
- Pourquoi ne pas diminuer les versions « papier » du bulletin dominical en utilisant un écran ?

2e SEMAINE DE FÉVRIER

Les œuvres de tes mains

Seigneur, notre Seigneur,
que ton nom est magnifique par toute la terre!
Mieux que les cieux, elle chante ta splendeur!
Par la bouche des tout-petits et des nourrissons,
tu as fondé une forteresse contre tes adversaires,
pour réduire au silence l'ennemi revanchard.
Quand je vois tes cieux, œuvre de tes doigts,
la lune et les étoiles que tu as fixées,
qu'est donc l'homme pour que tu penses à lui,
l'être humain pour que tu t'en soucies?
Tu en as presque fait un dieu :
tu le couronnes de gloire et d'éclat;
tu le fais régner sur les œuvres de tes mains;
tu as tout mis sous ses pieds :
tout bétail, gros ou petit,
et même les bêtes sauvages,
les oiseaux du ciel, les poissons de la mer,
tout ce qui court les sentiers des mers.
Seigneur, notre Seigneur, que ton nom est magnifique
par toute la terre!

PSAUME 8

Les 150 psaumes de la Bible se divisent en trois grandes familles : les louanges, les prières (d'appel, de confiance, de reconnaissance, individuelles ou collectives) et les psaumes d'instruction. La famille des louanges est la plus nombreuse, et selon ce que l'on en sait, ces chants ont été composés pour le service liturgique et utilisés lors des fêtes en Israël. Le peuple les entonnait d'un seul coeur durant les pèlerinages, les cortèges et les processions que ces fêtes occasionnaient. L'aspect communautaire de l'utilisation de ces louanges ne fait aucun doute; on le voit dans l'usage des dialogues, des chœurs, des refrains, des acclamations, des répons et des reprises. Dans ce *psaume* 8, on voit ce va-et-vient du collectif à l'individuel dans le changements des pronoms : « notre » Seigneur, quand « je vois », etc.

Les psaumes de louanges se divisent eux-mêmes en quatre groupes : les hymnes au Seigneur (dont fait partie le *psaume* 8), qui célèbrent avec enthousiasme, grandiloquence et foi débordante le Dieu vivant, « unique, éternel, tout-puissant, omniscient, créateur, maître de l'Histoire, toujours fidèle » ; les chants du Règne, au fort accent universaliste, qui glorifient Dieu, roi d'Israël et juge de tous les peuples siégeant sur son trône élevé ; les cantiques de Sion qui exaltent Jérusalem la magnifique et son Temple superbe ; enfin, les psaumes royaux, qui rendent hommage aux monarques terrestres d'Israël.

Avec son image extraordinairement évocatrice d'une terre exubérante qui « chante la splendeur » de Dieu, avec son invocation autant des cieux, de la lune et des étoiles que du bétail, des bêtes des champs, des oiseaux du ciel et des poissons de la mer, on peut certes classer le *psaume* 8 parmi les psaumes « écologiques », avant même l'invention du mot et du concept.

Le mot « écologie » sera forgé, quelque 2 500 ans plus tard, en 1866, par un zoologiste allemand du nom de Ernst Hæckel, à partir de deux mots grecs : *oikos* (maison) et *logos* (parole) ; une parole, donc, un discours sur la maison qu'on habite et qui en même temps nous entoure. Hæckel restera incompris toute sa vie. On le raillera. Pensez donc ! Quelqu'un qui considérait que les organismes vivants appartenaient tous à une même maisonnée et que chacun d'eux y jouait un rôle important ! La définition que Hæckel donne de ce néologisme, dans son ouvrage *Histoire de la création des êtres organisés d'après les lois naturelles*, est fort longue, mais, en gros, il s'agit de la science des relations des organismes vivants avec leur milieu ambiant ainsi que leur adaptation et leur transformation dans leur combat pour la survie.

Hæckel n'est pourtant pas le fondateur de l'écologie. Il faudra attendre pour cela les années 1970, et il serait bien étonné de voir que, de nos jours, elle est enseignée dans les écoles dès la première année. Par la simple observation de la nature et des éléments qui la compose, on apprend aux enfants tout autant le recyclage et le compostage que la biodiversité et l'interdépendance.

Pourquoi ne pas sortir, un soir, et contempler le ciel? Cet exercice est plus profitable à la campagne qu'en banlieue ou en pleine ville. Il arrive à tout le monde, au moins une fois dans sa vie, de se perdre dans cette immensité. À titre d'exemple, si on reproduit un modèle de notre système solaire avec un Soleil d'un mètre de diamètre, la Terre se trouverait cent mètres plus loin et elle serait de la taille d'une bille. Et nous, qui sommes-nous sur cette Terre? Plus petits qu'une poussière fine. Qu'est donc l'humain pour que Dieu pense à lui?

Albert Einstein, en observant le ciel, affirmait : « La plus belle chose que nous puissions éprouver, c'est le mystère des choses. » C'est quand je me sens petit, que je me dépouille de mes préoccupations mondaines, que je ressens notre Créateur qui m'élève, je me sens privilégié d'avoir une conscience, de l'imagination, de la créativité.

Dieu nous a faits cocréateurs afin de poursuivre la création du monde et de l'embellir. Notre intelligence, ainsi que la mobilité de nos mains, nous permet de façonner le monde dans lequel nous vivons. Rappelons-nous que nous sommes des intendants et non des propriétaires. Soyons sages et acclamons, comme des enfants qui s'émerveillent, le nom magnifique de notre Seigneur!

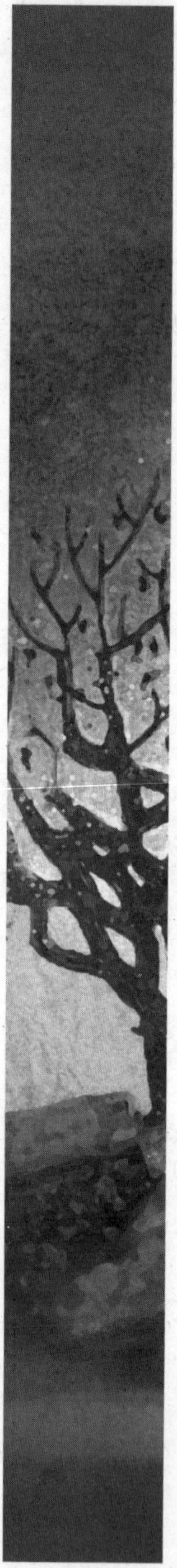

OBJECTIFS

- Penser aux rénovations écologiques à l'aide d'une subvention de l'Agence de l'efficacité énergétique du Québec. Consulter le site [www.aee.gouv.qc.ca] ou celui d'Hydro-Québec [www.hydroquebec.com/mieux consommer].
- Mettre un bac à recyclage dans chacune des pièces de l'église.
- Pourquoi ne pas installer une mangeoire à oiseaux? Tout l'hiver, les mésanges viendront y manger des graines de tournesol.

3e SEMAINE DE FÉVRIER

Le principe de précaution

Bonne renommée vaut mieux que grande richesse,
faveur est meilleure qu'argent et or.
Le riche et l'indigent se rejoignent,
le Seigneur les a faits tous deux.
Voit-il poindre le malheur, l'homme prudent se cache,
mais les niais passent outre et en portent la peine.

PROVERBES 22, 1-3

Le livre des *Proverbes* est moins utilisé dans les liturgies dominicales que celui des *Psaumes*. Peut-être a-t-on plus envie, à l'église, d'entendre chanter les louanges de Dieu que de se faire sermonnez !

Le mot hébreu *mâshâl*, traduit par « proverbe », désigne à la fois la maxime, le poème, l'apologue, l'énigme, la parabole et la satire, ou même l'incantation. En fait, le mot désigne une sentence rythmée, forme habituelle sous laquelle les devins et autres prophètes prononçaient leurs imprécations, une forme généralement assez courte, incisive, allant droit au but.

La Tradition attribue à Salomon jusqu'à 3 000 de ces sentences, qu'il aurait rédigées ou recueillies. Il n'est donc pas étonnant que le livre des *Proverbes* soit signé par « Salomon, fils de David, roi d'Israël », dès la toute première ligne. Le livre est en fait une collection d'adages sur une multitude de sujets en plusieurs pièces indépendantes d'origines et de dates diverses. En plaçant le recueil définitif de ces adages sous le patronage des deux plus grands rois de l'histoire d'Israël, celui qui l'a colligé s'assure de sa diffusion et de sa pérennité.

La vie et l'œuvre de Salomon ne sont guère soutenues par des documents historiques et des traces archéologiques. Mais, dans la

Bible, nombreux sont les passages touchant à la renommée de sa sagesse (*Qohéleth* 1, 16; *Siracide* 47, 12-17; *I Rois* 3, 4-28; *I Rois* 5, 9-14; *I Rois* 10, 1 et 23-24). Un peu à la manière de David, son père, pour les psaumes, Salomon aura été l'inspirateur d'un genre littéraire particulier (*Proverbes* 25, 1).

Les adages de Salomon enseignent la sagesse, qui est certes l'un des fondements du principe de précaution. La prise de conscience écologique prend du temps à s'installer solidement. En 1876, le Royaume-Uni promulgue le *River Pollution Act* qui interdit le déversement d'eaux usées dans un cours d'eau. En 1948 est créée l'Union internationale pour la conservation de la nature, et en 1961, c'est la fondation de l'Organisation mondiale de protection de l'environnement : la conscience écologique s'éveille. En 1970, aux États-Unis, 20 millions de personnes participent à la première célébration du Jour de la Terre (voir capsule du 22 avril) pour demander une législation sur la protection de l'environnement. Cette même année, toujours aux États-Unis, est fondée l'*Environmental Protection Agency* (Agence pour la protection de l'environnement).

Durant cette même décennie, le débat s'enclenche au Canada sur les pluies acides et les dommages qu'elles causent aux forêts. Mais ce sont surtout les rapports scientifiques sur la détérioration de la couche d'ozone qui déclenchent le premier mouvement mondial sur une question écologique. Montrant du doigt l'utilisation des CFC dans des objets d'usage quotidien comme les réfrigérateurs ou les aérosols, ces rapports provoquent un électrochoc collectif : il est devenu évident que l'industrialisation et la production de biens de consommation destinés à nous faciliter la vie ont des impacts majeurs sur l'environnement. L'inquiétude commence à devenir manifeste.

En 1972, l'ONU organise la première Conférence internationale sur l'environnement, à Stockholm. Ce sera le premier sommet de la Terre. Cette même année est publié le rapport Meadows, intitulé *Halte à la croissance*, qui met de l'avant les dangers écologiques de la croissance économique envisagée comme une fin en soi. En 1973, l'ONU organise la Convention sur le commerce international des espèces de faune et de flore sauvages menacées d'extinction. C'est aussi l'époque où les partis politiques verts se forment.

En 1982 se tient la Convention des Nations Unies sur le droit de la mer. En 1986, un moratoire international sur la chasse à la baleine menacée par la surpêche est adopté. Enfin, en 1987, le protocole de Montréal entre en vigueur; il vise à éliminer les substances qui mettent à mal la couche d'ozone. En 1988, l'ONU met sur pied le Groupe d'experts intergouvernemental sur l'évolution du climat.

Le principe de précaution est présent dans plusieurs de nos décisions quotidiennes. De la conduite automobile (ceintures de sécurité, état des pneus) aux règles de cuisine (éléments chauffants du poêle, couteaux) en passant par la pratique des sports, c'est la précaution qui nous évite de fâcheuses conséquences.

Grâce au principe de précaution, certaines communautés ont refusé de faire installer des antennes-relais de téléphonie cellulaire dans leur clocher d'église. Les compagnies offrent quelques milliers de dollars pour la location d'un tel espace, car la réception téléphonique sera meilleure. Mais elles omettent d'informer ceux à qui elles s'adressent des conséquences sur la santé de certaines personnes sensibles aux rayonnements des micro-ondes. Un exemple : à Treffort (dans le nord de la France), le père Gilly et son successeur, l'abbé Mainaud, ne dormaient plus sous le clocher de leur église à cause des antennes-relais. En effet, il a été prouvé qu'une exposition à des micro-ondes à moins de 300 m d'une antenne-relais peut causer de l'insomnie, des acouphènes et même le cancer, selon le rapport BioInitiative, publié en 2007. L'évêque de Belley-Ars a déclaré qu'il ne renouvellerait pas les contrats avec les compagnies de téléphonie : « Les clochers ne sont pas faits pour être des relais de téléphonie. Il vaut mieux qu'ils portent une croix qu'une antenne. » Le principe de précaution prime, car la santé de la population vaut mieux que des richesses.

Une autre précaution à prendre par rapport aux richesses concerne les investissements. Certains chrétiens investissent sans savoir que leur argent sert à valoriser une compagnie injuste envers des producteurs (monopoles du chocolat) ou qui pollue sans remords (compagnies pétrolières). C'est pourquoi plusieurs communautés religieuses ont récemment changé leur portefeuille pour des investissements responsables. Elles ne financent plus les compagnies polluantes cotées en Bourse, mais leurs actions renforcent les compagnies socialement responsables. Leur argent aide alors l'humanité et la Création. L'Église conserve ainsi une bonne réputation et favorise le développement durable.

OBJECTIFS

- Au sujet du rapport BioInitiative démontrant les effets du rayonnement des micro-ondes sur la santé, consulter le site [www.bioinitiative.org].
- En tant que membres d'une communauté chrétienne ou à titre individuel, nous pouvons choisir d'investir notre argent et être bien conseillés grâce au Groupe investissement responsable inc. Consulter le site [www.investissementresponsable.com].
- À titre individuel, nous pouvons aussi rechercher des investissements socialement responsables (IRS) chez Desjardins.

4e SEMAINE DE FÉVRIER

La sagesse divine dans la Création

Écoute-moi, mon fils, et acquiers le savoir,
applique ton cœur à mes discours.
Avec mesure je dévoilerai l'instruction,
avec exactitude je proclamerai la connaissance.
Lorsqu'au commencement le Seigneur créa ses œuvres,
en les faisant il en sépara les parties.
Il ordonna ses œuvres pour l'éternité,
depuis leur origine jusqu'à leur avenir lointain.
Elles n'ont pas faim et ne se fatiguent pas,
elles n'abandonnent pas leur tâche.
Aucune ne heurte sa voisine,
elles ne désobéissent jamais à sa parole.
Puis le Seigneur a regardé vers la terre,
et il l'a comblée de ses bienfaits.
De toute espèce d'animaux, il en a couvert la surface,
et le Seigneur créa l'homme en se servant de terre,
et c'est à elle aussi qu'ils doivent retourner.

Le Seigneur a créé l'homme de la terre,
et l'y fait à nouveau retourner.
Il a assigné aux hommes un nombre précis de jours
et un temps déterminé,
il leur a donné pouvoir sur toutes les choses de la terre.
Comme lui-même, il les a revêtus de force,
il les a faits à son image.
Il les a fait redouter de tout être vivant,
pour qu'ils soient les maîtres des bêtes sauvages et des oiseaux.
Il leur a donné le jugement, la langue et les yeux,
les oreilles et le cœur pour réfléchir.
Il les a remplis de savoir et d'intelligence,
il leur a montré le bien et le mal.

Il a établi sa crainte dans leurs cœurs
pour leur montrer la magnificence de ses œuvres,
et ils loueront son saint nom,
afin de raconter la magnificence de ses œuvres.

SIRACIDE 16, 24-17, 10

Le livre du *Siracide* pose bien des questions tant pour sa traduction que pour sa lecture. Sa transmission à travers les âges de même que son acceptation comme livre inspiré sont riches en péripéties et en retournements. Longtemps nommé « Ecclésiastique » à la suite de saint Cyprien de Carthage, au IIIe siècle, ce n'est que très librement qu'il se rattache au courant de la littérature de sagesse qui a produit les *Proverbes*. Nous sommes sûrs du nom de l'auteur qui signe l'œuvre : il s'agit de « Jésus, fils de Sirakh » (50, 27), d'où le nom du livre. Ben Sirakh était un notable vivant à Jérusalem environ deux cents ans avant notre ère, un scribe érudit, amoureux de la Loi et désireux de transmettre sa passion et son savoir à ses contemporains. Contrairement à bien des auteurs de son époque, il n'écrit ni en grec, *lingua franca* de l'époque, ni en araméen, la langue parlée, mais en hébreu, la vénérable langue de la religion et de la foi juives. On trouve dans le *Siracide* un autre beau passage (42, 15 à 43, 33) qui constitue une hymne à la grandeur de Dieu manifestée dans la nature.

L'idée majeure du livre est la crainte de Dieu, l'exigence d'une existence humaine vécue dans la piété et l'humilité obéissante devant un Dieu infiniment bon et tout-puissant. S'inspirant du livre de *Job*, commentant les *Proverbes*, se rapprochant du livre de *Baruch*, souvent proche des saducéens, Ben Sirakh, par ses paroles de sagesse, semble vouloir dresser une véritable somme théologique avant la lettre tant il touche tous les sujets de la vie du croyant (amitié, aumône, éducation des enfants, rôle des femmes, maladie, richesse et pauvreté, esclavage, bienséance, etc.) en passant par l'histoire et la destinée du peuple d'Israël, les sacrifices, le culte, la liberté humaine, sans oublier la Création, Dieu et sa Loi !

Depuis l'époque du *Siracide*, les découvertes ont radicalement changé notre vision du monde. Dans cet univers aux merveilleuses circonvolutions et aux hallucinantes dimensions, Dieu est toujours aussi proche de nous, ses créatures.

La physique moderne nous a permis de découvrir de grandes forces dans la nature. Isaac Newton a découvert les lois de la gravité qui n'expliquent pas seulement pourquoi les objets tombent sur terre, mais aussi comment les astres tournent l'un autour de l'autre. D'autres lois, comme la force électromagnétique donne à la matière ses couleurs et elle régit les règles des réactions chimiques. Toutes les lois de la physique ont été établies lors de la création de l'Univers, et en tant que chrétien ayant reçu une formation scientifique, je m'émerveille devant cette Création minutieusement organisée. Ces lois sont immuables, car Dieu « leur ordonna des lois pour toute leur durée ».

L'être humain, tout comme les êtres vivants, a été façonné à partir de la terre: Nous sommes faits de terre et chaque repas est un rappel de cela. En la polluant et en brisant l'équilibre de ses écosystèmes, nous nous attaquons à nous-mêmes. La pollution dispersée risque de se retrouver dans la nourriture que l'on mange et dans l'eau que l'on boit. Ce qui est triste, c'est que l'espèce humaine est actuellement responsable de la rapide extinction des espèces. C'est une tragédie puisque, après des milliards d'années d'évolution à partir des éléments de la terre, notre espèce a pu voir comment le « Seigneur a regardé vers la terre, et il l'a comblée de ses bienfaits ». Il faudra des millions d'années pour qu'apparaissent de nouvelles espèces et que revienne la biodiversité d'antan.

Observons que dans le même passage biblique qui sert d'introduction à cette capsule, l'humain est maître de la nature et il a l'intelligence du bien et du mal. Seules des pensées pleines d'orgueil et d'arrogance, ne venant pas de Dieu, pourraient inspirer une destruction si grande. Comme les autres animaux, nos sens nous permettent d'être sensibles au monde qui nous entoure. Mais les

« grands organes », qui nous ont été donnés, sont le cerveau et le cœur qui nous permettent de rendre le monde intelligible et d'agir en tant que cocréateurs, célébrant ainsi la magnificence des œuvres du Créateur.

Nous sommes à une époque où nous devons affirmer notre foi en notre Dieu créateur et bienfaisant afin de « raconter la grandeur de ses œuvres ».

OBJECTIFS

- Se laisser émerveiller lors d'une petite promenade dans le quartier.
- Constituer, à l'église, une bibliothèque ou placer un présentoir de livres et de ressources sur l'écologie ; y ajouter des livres scientifiques sur les merveilles de l'Univers, comme ceux d'Hubert Reeves, ou sur le principe d'entropie.
- Visionner le film *Home* de Yann-Arthus Bertrand et en discuter en groupe.

2e PARTIE

Carême, Semaine sainte et Pâques

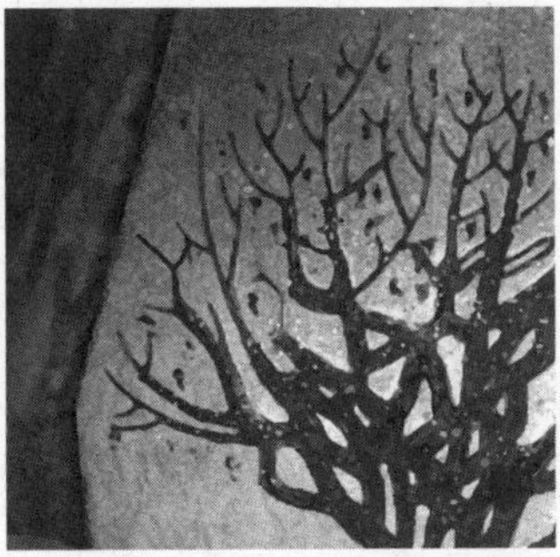

1re SEMAINE DE MARS

La Terre et les animaux seront sauvés

Terre, ne crains pas, exulte et réjouis-toi :
car le Seigneur fait de grandes choses.
Ne craignez pas, bêtes des champs :
les pâturages des steppes reverdissent,
les arbres portent leurs fruits,
le figuier et la vigne donnent leurs richesses.

JOËL 2, 21-22

On dit parfois que le livre de *Joël* est énigmatique. En effet, sa structure, son genre littéraire, l'identité du prophète ou de l'auteur (ou des deux auteurs), sa date de composition et les circonstances dans lesquelles il a vu le jour posent bien des questions aux spécialistes, qui sont obligés de se contenter d'hypothèses.

Ce qui est sûr, cependant, c'est la netteté de son message. Deux grands thèmes s'y entrelacent : le dépouillement de la personne humaine devant son Dieu, ainsi que la proximité du « jour du Seigneur », comme si l'un était l'envers de l'autre.

Ce jour du Seigneur n'est pas une simple journée comme les autres : c'est un moment d'une grandeur formidable, à la fois temporelle et spatiale, une dynamique grandiose et titanesque, une force incommensurable quasi indescriptible par des mots humains. Ce jour du Seigneur est d'une puissance à la fois destructrice et régénératrice, un souffle de vie à la fois effrayant et insondable. C'est une explosion énergétique radicale, à la fois « incomparable et autre », comme l'indique la traduction de la TOB, à nulle autre pareille, qui ne ressemble à rien de connu, qui ne peut être décrite que dans un langage métaphorique empruntant beaucoup aux catastrophes naturelles et autres cataclysmes.

Ainsi, les mots du vocabulaire des choses naturelles seront nombreux dans le livre de *Joël* : la nuée de sauterelles dévastatrice (1, 4), la dévastation des champs, de la terre, des blés, du froment, de l'orge, des moissons, l'étiolement de la vigne et du figuier, le dessèchement des arbres, du grenadier, du palmier, du pommier (1, 12) ; puis la redévastation des sols et le redessèchement des graines avec, en prime, l'affolement des troupeaux et le dépérissement du bétail (1, 17-18) ; enfin, le feu dévorant (1, 20 ; 2, 3 et 5), le jour de ténèbres et d'obscurité, de nuée et de sombres nuages (2, 2 et 10). Spectacle à tenir hors des yeux des enfants !

Et voilà qu'au beau milieu des ces imprécations angoissantes – et à l'exact milieu du livre – surgit, comme un éclair dans un ciel d'orage, un saisissant cri d'espérance : « Le Seigneur déborde de zèle pour son pays, il a pitié de son peuple. » Magnifique vision d'une félicité tout aussi formidable, aux dimensions des bouleversements : la moisson est mûre ; venez, foulez, le pressoir est plein ; les cuves débordent (4, 13). Et, comme un dernier coup de gueule bien asséné : « Ce jour-là, les montagnes dégoutteront de vin nouveau, les collines ruisselleront de lait » (4, 18). Notons, au passage, l'avertissement de 2, 20 : « Celui qui vient du nord, je l'éloigne de vous ! » N'y a-t-il pas dans cette allusion à l'ennemi qui vient du nord, matière à réflexion ?

En ce début du mois de mars, on remarque les premiers signes d'un proche printemps. La neige fond, l'air est plus doux, on entend les oiseaux chanter, les premières pousses vertes de gazon apparaissent. Ce n'est pas encore le dernier printemps de la Terre, mais avons-nous des craintes par rapport à notre environnement ? Oui, les menaces à la qualité du sol sont nombreuses : l'accumulation rapide de déchets dans les sites d'enfouissement, l'infiltration de métaux lourds dans le sol causée par certaines industries, l'ensevelissement de déchets nucléaires pour des milliers d'années, et de nombreuses autres sources de pollution du sol.

Avons-nous des craintes au sujet des animaux qui vivent sur notre territoire ? Encore oui ! Et la liste des espèces en péril, au Québec, est inquiétante : pensons au béluga, au faucon pèlerin et au polatouche, appelé aussi écureuil volant. En 2008, on a dénombré 76 espèces animales en péril (dont certaines menacées d'extinction), et la destruction intempestive des milieux humides n'améliorera pas la situation.

Si les avertissements du prophète Joël sont fondés, celui-ci transmet aussi l'espérance d'un monde sans crainte. Dans le passage choisi, il s'adresse à la Terre (!) et l'invite à se réjouir. L'explication est courte, mais efficace : « Le Seigneur fait de grandes choses. » Dieu « fait-il de grandes choses » par la Terre ? Bien sûr, puisque celle-ci est notre sœur maternelle « qui nous porte et nous nourrit, qui produit les divers fruits, les fleurs colorées et les herbes » (*Cantique des créatures*, François d'Assise). Toute l'œuvre de Dieu est faite sur et par la Terre.

Le prophète Joël parle ensuite aux animaux : qu'ils ne craignent rien non plus, car la Terre redevient fertile ! Leur habitat naturel sera rempli de la végétation nécessaire à leur survie. Ils ne seront plus menacés par une force insensée qui détruit sans compter.

Pour l'instant, cela exprime l'espérance qui anime les protecteurs de la faune et de la flore, les écologistes, et espérons-le, les chrétiens. Sauver la Création nécessite un engagement, en paroles et en gestes, par celles et ceux qui sont près du Créateur. Nous sommes les premiers à nous abreuver à sa vie jaillissante, alors il serait cohérent d'agir pour conserver cette vie animale si précieuse aux yeux de Dieu. Gardons cette espérance, comme un refrain. Elle sera le moteur du changement pour une meilleure qualité de vie pour nos frères et sœurs de la Création.

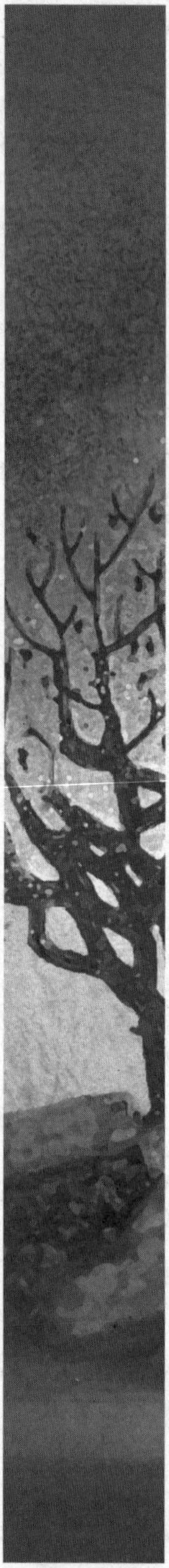

OBJECTIFS

- Que les citadins exigent la protection des milieux humides et la dépollution des sols contaminés. Au lieu de nouveaux condominiums, qu'ils demandent des jardins communautaires.
- Que les gens de la campagne demandent la création de plus d'habitats naturels protégés.
- Que les uns et les autres s'inscrivent au Défi climat, une grande campagne de mobilisation pour la lutte aux changements climatiques à la grandeur du Québec.
- Planifier la gestion de l'espace autour des églises ou des maisons : y intégrer une mangeoire à oiseaux, un étang, un bac à compost, des plantes indigènes, un conifère ou un feuillu, selon les ressources dont on dispose.
- S'informer auprès des pépiniéristes. Ils ont plein d'idées écologiques pour prendre soin des splendeurs de la Création.
- Étendre le linge à l'extérieur, aussitôt que le temps le permet, ou le laisser sécher sur un séchoir à l'intérieur afin d'économiser de l'énergie.

2e SEMAINE DE MARS

Une vie radicalement transformée

> *Ô vous tous qui êtes assoiffés, venez vers les eaux, même celui qui n'a pas d'argent, venez ! Demandez du grain, et mangez ; venez et buvez – sans argent, sans paiement – du vin et du lait. À quoi bon dépenser votre argent pour ce qui ne nourrit pas, votre labeur pour ce qui ne rassasie pas ? Écoutez donc, écoutez-moi et mangez ce qui est bon ; que vous trouviez votre jouissance dans des mets savoureux : tendez l'oreille, venez à moi, écoutez et vous vivrez.*
>
> *ÉSAÏE* 55, 1-3A

Le livre d'*Ésaïe* est souvent divisé, dans les éditions modernes de la Bible, en trois parties, chacune provenant d'un auteur, d'une époque et d'un contexte social différent. Le chapitre 55 constitue l'épilogue du second Ésaïe. Le prophète veut conclure en reprenant avec force l'essentiel de son message déjà exposé dans son prologue (40, 1-11), insistant sur la transcendance de Dieu, l'efficacité de sa Parole et l'éclat du nouvel exode, celui du peuple hébreu sur le chemin du retour vers Jérusalem pour la repeupler après un exil de soixante-dix ans à Babylone. Dans ce chapitre, Dieu, par la voix de son prophète, proclame la promesse de rendre à ses fidèles le bonheur et la splendeur du règne de David ; ainsi, Dieu les presse à la conversion et réitère sa promesse d'une libération définitive.

Cette libération est celle d'un ancien mode de vie, basé sur la cupidité et l'inéquitable, pour une radicale transformation des rapports humains. Ainsi, Dieu propose un aliment particulier : la nourriture spirituelle et solide de son enseignement qui procure à tous la vie en plénitude, un message que Jésus reprendra dans les Béatitudes.

Dans un très beau livre[1] au titre à la fois accrocheur et intrigant, Hélène et Jean Bastaire reprennent le message du deuxième Ésaïe.

1. Hélène et Jean BASTAIRE, *Pour un Christ vert,* Paris, Éditions Salvator, 2009, 128 pages.

Ils effectuent un large détour par une réflexion sociophilosophique très « antisurconsommation » avant de parler d'écologie, mais la charge qu'ils mènent à fond de train contre l'argent secoue. « Le consumérisme est, aujourd'hui, l'ennemi direct de l'Évangile, celui contre lequel les chrétiens doivent mobiliser toute leur foi et toute leur action » (p. 29). Ils affirment qu'« on n'échappe pas à la consommation », mais qu'inévitablement la sagesse est de mise, « à chacun de s'en accommoder selon son intelligence et ses faiblesses » (p. 30). Chaque détail de l'analyse porte :

> « *En régime consumériste, l'offre suscite, commande, impose la demande* » *(p. 31).*
>
> « *Commerce de masse, commerce totalitaire* [...] *on persuade les gens que la véritable pauvreté n'est pas uniquement dans la privation du nécessaire, mais aussi dans le manque de superflu* » *(p. 41).*
>
> « *Tout devient nécessaire. La notion de superflu disparaît* » *(p. 42).*

La source première de cette dénonciation de la surconsommation se trouve dans les valeurs évangéliques.

> « *Si on place l'Amour au centre des relations de subsistance que l'homme entretient avec ses semblables et le reste de la création, on s'aperçoit aussitôt de l'opposition frontale qui existe entre le christianisme et le consumérisme* » *(p. 49).*
>
> « *Puisque le monde est un champ inépuisable offert à l'avidité, il ne faut plus se gêner, rien respecter de ce qui pourrait faire obstacle à l'assouvissement. Du moment que tout est promis, tout est permis et voué à la conquête* » *(p. 53).*
>
> « *Le consumérisme instaure une société du gâchis et par voie de conséquence du déchet.* [...] *Le commandement premier est de dépenser* » *(p. 57 et 59).*

La réponse des auteurs à cette déraison collective est la simplicité et la retenue prêchées par Jésus.

> *« La misère opprime et la pauvreté libère » (p. 65).*
>
> *« La pauvreté en esprit est la première des Béatitudes » (p. 67).*
>
> *« Un grand débat partage de plus en plus nos contemporains autour du bon usage de la croissance » (p. 75).*
>
> *« Il faut libérer la croissance non dans son sens économique actuel, mais dans sa signification ontologique fondamentale. Il faut lui rendre sa capacité d'éternel renouvellement du don et rafraîchissement de l'offrande, dans un rebond qui ne cesse pas d'inaugurer la création » (p. 79).*
>
> *« Selon ces perspectives, la sobriété revêt elle aussi un sens non plus seulement économique, mais ontologique. [...] Elle veut sauver le monde et sauver sa croissance en la rendant à la liberté originelle que cette croissance a reçue du Créateur. Pareille sobriété résulte d'un retournement du cœur » (p. 81).*
>
> *« Elle n'est pas l'ennemie de la beauté et de la richesse du monde, nullement leur contemptrice. Au contraire, elle tâche à sa mesure de remplacer la loi de la jungle par la loi de l'amour. Loin d'être parcimonieuse, elle est généreuse » (p. 82).*
>
> *« Où est la charité dans tout cela ? Dans une révolution écologique, non pas celle des économistes et des politiques que d'ailleurs elle n'exclut pas et qui au contraire la suppose, mais celle des spirituels. La réponse chrétienne à l'agonie de notre temps, à la lutte sans merci contre le mal pour sauver en Christ l'Homme et l'ensemble des créatures est dans cette révolution-là » (p. 85).*

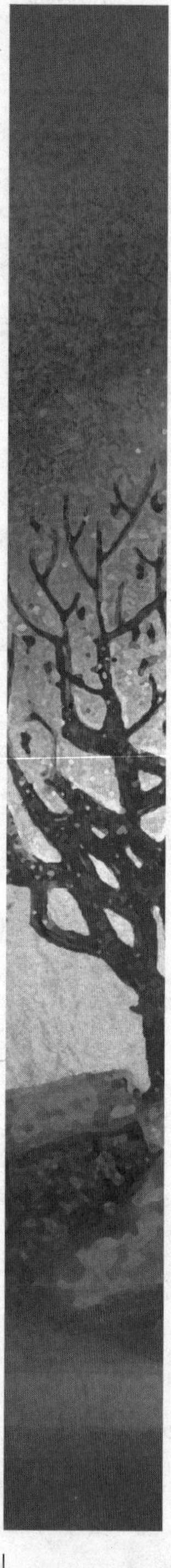

OBJECTIFS

L'« antisurconsommation » chrétienne, c'est :

- se renseigner : varier ses sources d'information et lire les étiquettes ;
- s'abonner au magazine *Protégez-vous* pour développer une autre vision de la consommation ;
- soutenir les mouvements de décroissance : pour l'écologie, pour la protection de l'environnement, contre la pollution, contre la surconsommation ; consulter le site [www.decroissance.qc.ca] ;
- donner généreusement aux organismes d'entraide (individuellement et dans le budget d'une paroisse) ;
- s'engager politiquement (faire des pressions auprès des décideurs).

MERCREDI DES CENDRES

L'avidité, le partage et la frugalité

La couche de rosée se leva ; alors, sur la surface du désert, il y avait quelque chose de crissant, quelque chose de fin tel du givre, sur la terre. Les fils d'Israël regardèrent et se dirent l'un à l'autre : « Mân hou ? » (« Qu'est-ce que c'est ? »), car ils ne savaient pas ce que c'était. Moïse leur dit : « C'est le pain que le Seigneur vous donne à manger. Voici ce que le Seigneur a ordonné : Recueillez autant que chacun peut manger. Vous en prendrez un omer par tête, d'après le nombre de vos gens, chacun pour ceux de sa tente. » Les fils d'Israël firent ainsi ; ils en recueillirent, qui plus, qui moins. Ils mesurèrent à l'omer : rien de trop à qui avait plus et qui avait moins n'avait pas trop peu. Chacun avait recueilli autant qu'il pouvait en manger.

Moïse dit : « Que personne n'en garde jusqu'au matin ! » Certains n'écoutèrent pas Moïse et en gardèrent jusqu'au matin ; mais cela fut infesté de vers et devint puant. Alors Moïse s'irrita contre eux. [...]

Le sixième jour, ils recueillirent le double de pain, deux omers pour chacun. [...] *Moïse dit : « Mangez-le aujourd'hui. Aujourd'hui, c'est le sabbat du Seigneur. Aujourd'hui, vous n'en trouverez pas dehors. Vous en recueillerez pendant six jours, mais le septième jour, c'est le sabbat : il n'y en aura pas. » Or le septième jour, il y eut des gens qui sortirent pour en recueillir et ils ne trouvèrent rien. Le Seigneur dit à Moïse : « Jusques à quand refuserez-vous de garder mes commandements et mes lois ? Considérez que, si le Seigneur vous a donné le sabbat, il vous donne aussi, le sixième jour, le pain de deux jours. Demeurez chacun à votre place. Que personne ne sorte de chez soi le septième jour. » Le peuple se repose donc le septième jour.*

La maison d'Israël donna à cela le nom de manne. C'était comme de la graine de coriandre, c'était blanc, avec un goût de beignets au miel.

EXODE 16, 14-20.22A et 25-31

Ce seizième chapitre du livre de l'*Exode* est très instructif. Les études critiques approfondies démontrent qu'il a été plusieurs fois remanié et augmenté. L'ossature de cet épisode de l'apparition de la manne dans le désert, au tout début de l'*Exode*, est un récit de la tradition « sacerdotale » (la troisième, chronologiquement) qui ajoute le don de cette nourriture de subsistance au fondement de la prescription du repos sabbatique déjà proposé dans le premier récit de la Création. De nombreux éléments quelque peu disparates sont venus s'y greffer comme l'épreuve de Dieu et l'obéissance du peuple (versets 4-5 et 27-28) ou le passage des cailles (voir *Nombres* 11, 31 et suivants).

On sait maintenant que la sève d'un arbuste du désert, qui suinte et se fige, peut servir de nourriture d'appoint en cas de nécessité. L'interprétation de cette nourriture miraculeuse ou tout au moins providentielle pour une population errante dans des contrées désertiques a beaucoup varié dans la théologie hébraïque. Dans le livre des *Nombres*, la manne n'est qu'une nourriture méprisable, une maigre pitance à peine destinée à tromper sa faim (*Nombres* 11, 4-6 et surtout 21, 5 : « Nous sommes dégoûtés de ce pain de misère ! »). Dans des textes plus tardifs, elle sera décrite comme un aliment merveilleux, signe de la bienveillance et de la sollicitude de Dieu ; par exemple, dans *Néhémie* 9, 15 (« le pain du ciel ») ou dans *Psaume* 105, 40 (« Il les rassasia du pain des cieux »), et surtout dans le *Psaume* 78, 24-25 (« Pour les nourrir, il fit pleuvoir la manne, il leur donna le blé des cieux ; chacun mangea le pain des Forts »).

Ici, dans ce chapitre 16 de l'*Exode*, la manne vient de Dieu, certes, mais comme une épreuve, comme un test pour la foi du peuple. Il s'agit d'une nourriture « mystérieuse et fragile », qui est offerte généreusement, mais en échange de l'obéissance, et particulièrement du respect du sabbat. C'est de même une nourriture simple et banale qui annonce les fruits mûrs, juteux et savoureux de la Terre promise.

Dans le livre du *Deutéronome*, cette idée d'épreuve est reprise de façon encore plus percutante : « Il t'a mis dans la pauvreté, il t'a fait avoir faim et il t'a donné la manne que ni toi ni ton espèce ne connaissiez, pour te faire connaître que l'homme ne vit pas de pain seulement, mais qu'il vit de tout ce qui sort de la bouche du Seigneur » (8, 3).

Nous touchons ici au cœur même du sens du jeûne du Carême. Cette saison de l'année liturgique nous demande de nous priver, chacun selon sa capacité, afin de retrouver pleinement conscience autant de la sollicitude de Dieu opposée à l'avidité que de la prescription du partage et de la juste mesure. Rappelons-nous que chaque membre du peuple hébreu devait recueillir sa juste part de ce pain providentiel, pas plus ni moins, sans chercher à s'en accaparer plus que nécessaire.

Michel Camdessus, dans *Réforme*[2], ne dit pas autre chose :

> *Dans le village global, la séduction de l'argent a entraîné un aveuglement collectif, lui-même finissant par désarmer toutes les vigilances de bon sens. On pense au phénomène si bien décrit dans l'*Épître de Jacques *: « Chacun est tenté quand il est attiré par sa propre convoitise. Puis la convoitise* […] *enfante le péché, et le péché produit la mort. »*

Le début du Carême ne serait-il pas une excellente occasion d'organiser un « repas à moins de 150 km », c'est-à-dire dans lequel tous les produits consommés auraient été produits dans un rayon de moins de 150 km, où chaque personne recevrait sa juste part, et sans gaspillage ?

Cet épisode de la manne, où Dieu commande à son peuple de profiter du repos sabbatique, ne nous permettrait-il pas de réfléchir sur nos

2. *Réforme*, nº 3352, 21 janvier 2010, p. 12.

habitudes de magasinage ? Alors que le dimanche est devenu, pour un grand nombre de nos concitoyens, jour de magasinage, pourquoi le Carême ne serait-il pas une saison où l'on s'en abstiendrait ?

OBJECTIFS

- Vivre, dans toute sa communauté chrétienne, un Carême 5 **R** :

  Réduire : acheter moins et offrir cette économie aux démunis ;

  Réutiliser : donner son linge usé à une friperie pour lui donner une seconde vie ;

  Recycler : remercier le Créateur pour les ressources précieuses mises à notre disposition en les recyclant ;

  Réparer : réserver du temps pour réparer des objets ou des vêtements plutôt que de les jeter ;

  Révérer : louer Dieu par ses créatures lors d'une marche en nature.

- Pourquoi ne pas installer dans nos églises, durant ce Carême, des boîtes de don de nourriture pour que tout le monde ait sa juste part de cette abondance qui vient de Dieu ?

- Pourquoi ne pas suivre la recommandation de Kairos et vivre un Carême énergétique durant lequel on réduirait au maximum notre consommation de combustibles fossiles ?

- En plus de ce jeûne de carbone, on pourrait construire un « Carême vert » : chaque semaine, après la célébration, on se rencontrerait pour faire un geste concret.

1re SEMAINE DU CARÊME

Ouvrir ses yeux à la réalité

En passant, Jésus vit un homme aveugle de naissance. Ses disciples lui posèrent cette question : « Rabbi, qui a péché pour qu'il soit aveugle, lui ou ses parents ? » Jésus répondit : « Ni lui ni ses parents. Mais c'est pour que les œuvres de Dieu se manifestent en lui ! Tant qu'il fait jour, il nous faut travailler aux œuvres de celui qui m'a envoyé : la nuit vient où personne ne peut travailler ; aussi longtemps que je suis dans le monde, je suis la lumière du monde. » Ayant ainsi parlé, Jésus cracha par terre, fit de la boue avec la salive et l'appliqua sur les yeux de l'aveugle et il lui dit : « Va te laver à la piscine de Siloé » – ce qui signifie « Envoyé ». L'aveugle y alla, il se lave et, à son retour, il voyait.

JEAN 9, 1-7

Qui donc oserait poser la question du péché devant une personne souffrant d'une infirmité ? Au temps de Jésus, cette interrogation était légitime. C'était au cœur même de la loi de Moïse, le Décalogue (selon cependant une interprétation littérale), que se lisait l'avertissement de la faute des parents retombant sur leurs enfants par un « Dieu jaloux poursuivant la faute des pères chez les fils sur trois ou autres générations [...] » (*Exode* 20, 5). On en était venu à voir la transmission de ce fardeau héréditaire dans les tares physiques et autres maladies dégradantes. Notons au passage la complainte sur le sort du roi Yoyaquîm attribué aux abominations idolâtres de son grand-père Manassé (*2 Rois* 24, 3). Luc, dans son *Évangile* (13, 2) pose la même interrogation quant au massacre de Galiléens par Pilate. Cette compréhension de la punition divine se modifiera dans la théologie israélite. Jérémie (31, 29-30) puis Ézéchiel (18, 20) insisteront pour considérer la rétribution (ou la grâce) héréditaire seulement, et seulement, si les descendants poursuivent les agissements de leurs parents.

Jésus se tient loin de ce débat de la « juste » punition d'un Dieu « jaloux ». Il témoigne que les défauts physiques servent à ce que se « manifestent les œuvres de Dieu » ! Quel revirement complet de la logique de rétribution ! Cet aveugle (r)enseigne sur Dieu. Mieux, celui qui ne voit pas la réalité comme elle est et qui vit dans un monde d'illusions est un miroir et nous renvoie à nous-mêmes ; cet aveugle, c'est nous. On croit que la source du bonheur, c'est le prochain achat, un voyage, une évasion. On ne jure que par l'auto comme moyen de transport, alors que ce n'est certes ni plus efficace, dans bien des cas, ni plus respectueux de l'environnement. On dit que *le temps, c'est de l'argent*, alors que prendre son temps ouvre à un monde plus riche de découvertes. On dit que la propreté est la solution contre les maladies, alors que nos potions antibactériennes sont la source de plusieurs allergies et que nos détergents polluent l'eau. On croit que l'eau apparaît dans les robinets alors qu'elle provient d'une rivière où les eaux usées seront rejetées à leur tour. On croit que les déchets disparaissent au bord du chemin alors qu'ils s'empilent dans un dépotoir à la campagne avec le risque que le lixiviat (le « jus » de dépotoir) contamine l'eau des nappes souterraines. On croit que les ordinateurs nous facilitent la vie alors qu'ils sont faits de métaux lourds et toxiques très peu recyclés, et jetés dans la nature ou empilés dans les pays du Sud. On adule les cellulaires ou les iPod alors qu'ils contiennent du coltan, un matériau rare pour lequel on fait une guerre, qui a déjà fait des milliers de victimes civiles au Nord-Kivu, une province du Congo. Doit-on allonger cette liste funeste ? Il est évident qu'en bien des endroits, nous ne voyons pas clair !

On remarque que Jésus se concentre sur la réalité de l'aveugle ; il le guérit et lui rend sa dignité. Ce sont sa sagesse et son amour qui feront que le regard de l'aveugle sur le monde pourra changer. Pour faire de la boue, Jésus devra se pencher vers le sol, s'agenouiller presque, signe de compassion envers l'aveugle, un infirme, un inférieur. Il ne condamne pas celui-ci en le traitant d'impur – comme certains écologistes accusent des capitalistes non voyants des conséquences environnementales –, mais il s'incline devant lui. Il crache par terre et fait de la boue – il est intéressant d'observer ce geste de retour à la terre. Ce mélange de terre et de salive et la foi de l'aveugle provoquent la guérison. Jésus aurait pu guérir l'aveugle par ses seules paroles d'autorité, mais il a saisi, et il le démontre, que cette infirmité n'est causée ni par un démon ni par des erreurs du passé. Pas même celles de ses parents.

Être aveugle, pose Jésus, signifie être coupé d'un lien primordial avec la terre, avec les autres humains. Être aveugle, c'est oublier que nous sommes faits de la même substance que la terre, que nos liens humains dépendent de cette consistance commune (le mot « humain » vient de « humus »), c'est oublier que *tout est relation*. Parfois, il faut avoir du sable plein les yeux pour mieux voir !

Un peu de boue dans les yeux et le monde est transformé ! Le monde de l'aveugle certes, mais aussi le monde entier. Chaque individu est invité à redécouvrir son lien avec la nature, avec la Création, pour apprécier son rôle de gardien et de témoin, et pour adopter de nouvelles habitudes plus écologiques. Souvent, une seule visite au bord d'une rivière, en forêt, en montagne, ou près de la mer, suffit pour insuffler un nouvel amour pour la Création. N'avons-nous pas déjà entendu des gens dire qu'ils se « retrouvent » quand ils sont au milieu d'un bois ?

Le récit ne s'arrête pas à la boue dans les yeux de l'aveugle ; ce dernier va se laver à la piscine de Siloé, mot qui signifie « envoyé ». Ouvrir ses yeux à la réalité conduit à une grande et à une totale liberté ; cela s'accompagne du désir de faire connaître cette découverte aux autres. L'idée n'est donc pas, une fois la vue retrouvée, de se sentir obligé de faire de la promotion environnementale, mais le contraire. Si l'on ressent intimement ce lien qui nous unit à la terre, les gens que l'on côtoie le ressentiront et seront à même de mieux comprendre notre point de vue. Ils ne se sentiront pas critiqués ou jugés, mais inspirés à faire mieux.

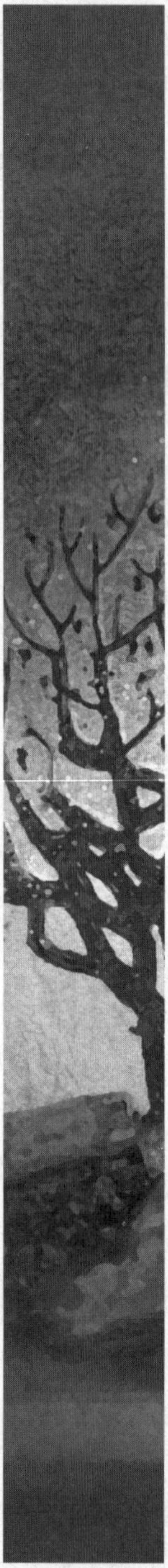

OBJECTIFS

- Le Carême est l'occasion de changer notre regard. En quoi nous aveuglons-nous ?

- Répondre aux questions suivantes : D'où vient le chandail que je porte ? D'où viennent les légumes dans mon assiette ? D'où vient le café que je bois ? D'où vient mon eau ? Où vont mes déchets ?

- S'inscrire au mouvement citoyen mondial Avaaz, un OSBL indépendant, afin d'être tenu au courant des différentes pétitions concernant la justice sociale et l'environnement. Consulter le site [www.avaaz.org].

- Geste à faire en communauté : composer une prière d'intercession demandant à Jésus de nous aider à retrouver la lumière, car nous sommes souvent aveugles dans notre utilisation de l'eau et des autres ressources et dans notre production de déchets.

2e SEMAINE DU CARÊME

Mission : être de bons gestionnaires

Dieu dit : « Faisons l'homme à notre image, selon notre ressemblance et qu'il soumette les poissons de la mer, les oiseaux du ciel, les bestiaux et toutes les petites bêtes qui remuent sur la terre ! »

Dieu créa l'homme à son image,
À l'image de Dieu, il les créa ;
Mâle et femelle, il le créa.

Dieu les bénit en leur disant : « Soyez féconds et prolifiques, remplissez la terre et dominez-la ; soumettez les poissons dans la mer, les oiseaux dans le ciel et tous les animaux qui se meuvent sur la terre. »

GENÈSE 1, 26-28

Dans la longue bénédiction en quatre temps de Yahvé à la famille de Noé (voir capsule de la 2e semaine de l'Avent), au chapitre 9 de la *Genèse*, nous avons lu : « Soyez féconds et prolifiques. Vous serez craints et redoutés par toutes les bêtes de la terre et tous les oiseaux du ciel. Tout ce qui remue sur le sol et tous les poissons sont livrés entre vos mains. » Une reprise presque textuelle de cette autre bénédiction est adressée au couple humain à la fin du premier chapitre de la *Genèse* : « Soyez féconds et prolifiques, remplissez la terre et dominez-la. Soumettez les poissons de la mer, les oiseaux du ciel et toute bête sur la terre ! » Deux fois plutôt qu'une, en quelques mots. Dieu offre aux humains d'occuper une place de choix sur la Terre.

On connaît à quels désastres a mené une mauvaise utilisation de ce verset, à commencer par de nombreuses Églises chrétiennes, catholique et protestantes. « Dominez-la ! », comme une carte blanche donnée à toutes les exploitations, un laissez-passer à tout le laisser-faire sans vergogne, sans limites, sans mesure, sans retenue, avec son lot de pollution de l'eau, de l'air et des sols. Salir la Terre, la violer, la meurtrir, la presser comme un citron, l'utiliser, elle et ses ressources, comme bon nous semble, selon notre bon vouloir, pour l'assujettir. La vie même est menacée.

Depuis à peine cinq décennies, une nouvelle interprétation de cette exhortation va plutôt dans le sens d'être des gérants de la Terre et des gardiens de la Création pour en prendre soin. Des groupes chrétiens marginaux, comme les Quackers, ont approfondi cette ordonnance en utilisant le sens de « gardiens » du jardin, des gardiens non plus dominateurs, mais plutôt serviteurs. Déjà, le Conseil des Églises (COE) avait publié à Bucarest, en 1974, un document intitulé *Limite à la croissance*. *Prendre soin de la Création*, publié par l'Église unie en 1997, propose un engagement œcuménique mondial de « restaurer » tout ce qui ne va pas sur la planète. Il y a donc lieu, pour toutes les Églises, de revisiter le commandement afin d'y inclure les fondements d'une alliance universelle et perpétuelle (une alliance que Dieu fait avec toute la Création, avec les humains, les animaux et les plantes, avec tout être vivant, car nous sommes en interrelation avec tout ce qui vit), et plus encore, d'une responsabilité accrue à l'égard de tout ce qui vit.

En raison de son importance, ce passage mérite d'être relu, afin de définir deux concepts majeurs.

D'abord, que signifie « dominer la Terre »? On pourrait imaginer que la coupe à blanc de la forêt boréale est une réussite, mais on aurait manqué le sens du mot « dominer ». Le mot hébreu *kabash* est utilisé une vingtaine de fois dans le Premier Testament. On le retrouve dans le récit de la conquête de la Terre promise (*Josué* 18, 1 et suivants). Ce mot ne signifie pas une destruction des intérêts particuliers, mais bien plus un effort pour repousser les obstacles afin que le territoire puisse vivre paisiblement. C'est ce que l'on ferait si on occupait un poste décisionnel. C'est ce que ferait un bon roi comme David (*2 Samuel* 8, 11). Dans cette optique, Dieu nous donne le droit d'exploiter la forêt d'une façon sage ; chaque arbre coupé doit donc être remplacé par un arbre planté. C'est un acte que l'on fait pour vivre davantage en harmonie avec la nature. Il confirme notre rôle de cocréateur. Ensuite, que signifie « soumettre les animaux »? Des images s'imposent à notre esprit; pensons à la surpêche et à l'industrie porcine. Des milliers de poissons sont piégés dans un filet énorme et une mère truie est encadrée de barres de fer pour l'empêcher de bouger. On pourrait aussi penser aux élevages de poulets et au gavage des oies. Si nous trouvons cela acceptable, c'est que nous avons très mal compris le mot « soumettre ». Le mot hébreu *radah* est utilisé 22 fois dans le Premier Testament, et ce, dans un contexte décrivant généralement les relations entre humains. Il s'agit souvent d'un roi, comme c'est le cas dans *1 Rois* 5, 4. Est-ce qu'un bon roi voudrait piéger son peuple et l'exploiter? Bien sûr que non. Il sera plutôt son intendant, son gardien. Un bon roi est au service de son peuple : il soutient les plus pauvres et reconstruit ce qui est brisé. Comme le berger avec ses brebis, le roi prend soin de son peuple, car il est responsable de son bien-être.

Dans ce même chapitre de la *Genèse*, Dieu crée, et chaque fois, « il vit que cela était bon ». Mettons fin à cette pollution effrénée et soyons à l'image de Dieu. Dans ce passage, nous découvrons finalement que nous ne sommes pas encouragés à détruire la planète pour notre propre bénéfice, mais que nous sommes plutôt les gardiens et les intendants de la Création, capables de gérer avec sagesse, invités à vivre en harmonie avec la nature et à prendre soin des animaux.

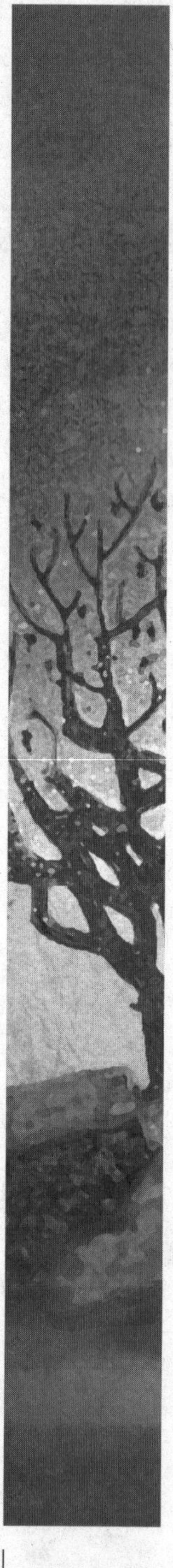

OBJECTIFS

- Le Carême est la saison liturgique la plus propice à la réflexion. Voici l'occasion idéale de louer l'excellent film d'Al Gore *Une vérité qui dérange*, qui dénonce des abus environnementaux, ou d'inviter un conférencier. On consultera avec intérêt le site du Projet climatique Canada : [www.tcpcanadafrancais.iglooprojects.com]. On peut y trouver des conférenciers qui se déplacent gratuitement.

- Geste à faire en communauté : écrire une lettre collective aux instances de sa propre institution ecclésiale afin de les interpeller sur l'importance des questions environnementales ; écrire un texte d'opinion dans le journal du quartier ; envoyer un courriel à un élu pour le féliciter d'une décision qu'il a prise pour le bien de l'environnement (et celui des générations à venir).

3e SEMAINE DU CARÊME

Fils de Dieu, végétariens ?

Dieu les bénit et dit : « Voici, je vous donne toute herbe qui porte sa semence sur toute la surface de la terre et tout arbre dont le fruit porte sa semence ; ce sera votre nourriture. À toute bête de la terre, à tout oiseau du ciel, à tout ce qui remue sur la terre et qui a souffle de vie, je donne pour nourriture toute herbe mûrissante. » Il en fut ainsi. Dieu vit tout ce qu'il avait fait. Voilà, c'était très bon. Il y eut un soir, il y eut un matin : sixième jour.

GENÈSE 1, 29-31

À Adam, Ève et leur descendance, Dieu donne les végétaux à manger. À nouveau, nous pouvons faire un parallèle avec la bénédiction accordée à Noé. Après le Déluge, Dieu ordonne à Noé et sa famille : « Tout ce qui remue et qui vit vous servira de nourriture comme déjà l'herbe mûrissante, je vous donne tout. Toutefois, vous ne mangerez pas la chair avec sa vie, c'est-à-dire son sang » (*Genèse* 9, 3-4).

Est-ce à dire que, dans un monde idéal, il n'y aurait pas de violence, donc pas de chasse ? Qu'il n'y aurait pas de prédateurs ? Que les êtres humains seraient appelés à être végétariens ? Que l'humain se plairait à manger des fruits savoureux, des légumineuses fortifiantes, des noix délicieuses, des racines exquises, des légumes nourrissants ? C'est vrai qu'en considérant toutes les combinaisons et les sauces possibles, les choix sont innombrables, il suffit de manger dans un bon restaurant végétarien pour s'en rendre compte.

Selon le *Guide alimentaire canadien*, une petite personne a besoin d'une seule portion de protéines, soit 75 g par jour. Une personne plus massive aura besoin de trois portions. Cela peut être comblé par de la viande, ou encore par des substituts comme les légumineuses, les noix, les œufs et le tofu. Manger de la viande tous les jours, et souvent deux ou trois fois par jour, n'est donc pas nécessaire. Notre société tombe dans d'énormes excès en servant des portions gargantuesques. Nutritionnistes, omnipraticiens, cardiologues sont d'accord pour dire que l'excès de viande est dommageable pour la santé.

Quand on pense que de nombreux parents récompensent leurs enfants en allant au McDonald's, le dimanche midi, ou qu'ils y organisent leur fête d'anniversaire ! C'est là une incongruité à dénoncer : cette malbouffe est nocive autant pour la santé des enfants que pour celle de notre planète !

> *Contrairement aux idées reçues, bien manger n'est pas essentiellement une question de moyens. Savoir choisir au bon moment les aliments, quand ils sont accessibles et de saison, savoir les conserver et les apprêter, cela devient un art que bon nombre de familles modernes ont occulté de leurs pratiques pour parer au plus pressé.* [...] *Nous sommes des omnivores qui, pour conserver leur équilibre, devraient consommer de tout.* [...] *Des acteurs influents comme le docteur Gilles Julien favorisent un retour aux repas en famille, des moments, selon le psychiatre, indispensables au rapprochement du clan, aux échanges et au partage dont les familles ont bien besoin*[3].

Le corps humain est-il conçu pour manger de la viande ? Oui, et les dentistes le savent bien. Les incisives (en avant) tranchent les carottes, les molaires (en arrière) mâchent les pommes de terre, et entre les deux, les canines sont spécialement conçues pour déchiqueter la viande. Nos cousins les chimpanzés ont la même dentition avec une alimentation constituée d'environ 5 % de viande.

Mais, si l'argument de la bonne santé physique ne suffit pas, il nous faut considérer que, du point de vue de l'environnement, l'alimentation carnivore à des impacts considérables. Des régions entières de

3. Philippe MOLLÉ, conseiller en alimentation, *Le Devoir*, 31 janvier 2010.

l'Amazonie sont détruites pour étendre les pâturages des troupeaux de bovins. Des troupeaux si nombreux que les dommages causés au sol par le piétinement de ces millions de sabots sont irréparables : une destruction irréversible de la couche d'humus qui rend toute régénérescence de la végétation impossible. De plus, l'élevage des bœufs et des vaches produit énormément de méthane (gaz à effet de serre 22 fois plus puissant que le CO_2) puisque leur digestion nécessite quatre estomacs. D'ailleurs, il n'y a jamais eu autant de bovins dans l'histoire de notre planète. Selon une étude de la FAO, ceux-ci causent 18 % des gaz à effet de serre, plus que le transport (12 %) ! En vingt ans, à Pékin, les tempêtes de sable venant du désert de Gobi, en Mongolie (voir capsule de la Journée mondiale de lutte contre la désertification, le 17 juin), sont passées annuellement de deux à trente à cause du bétail qui mange toute la végétation ; il n'y a plus rien pour retenir la terre et l'humidité. Il y a actuellement vingt millions de réfugiés climatiques en Chine seulement.

Chez nous, nous devons porter notre attention sur les antibiotiques et les hormones de croissance donnés au bétail, qui ont des effets sur la santé générale. Les méga-élevages de porcs sont de plus en plus contestés par la population, tout d'abord à cause des odeurs nauséabondes qui peuvent empoisonner la vie des voisins, et aussi à cause des dommages que le rejet de tonnes de purin dans la nature peut occasionner, notamment aux nappes phréatiques.

Puisque les élevages bovins et de porcins ne sont profitables ni à notre santé ni à l'environnement – ni au bien-être des animaux –, ne serait-il pas sage de revoir la composition de nos repas de la semaine et d'innover sans viande ? La Bible n'exige pas le végétarisme ; plusieurs personnages bibliques ont tué le veau gras pour faire la fête, depuis Abraham jusqu'au père de la parabole du fils retrouvé. Mais nous pouvons commencer par écouter les diététistes et réduire le nombre de nos repas de viande par semaine pour les remplacer par du poisson ou des légumineuses. Nous pouvons aussi aisément nous convertir à la viande biologique : poulets de grain, veau de lait, coupes chevalines ou gibier. C'est redevenir fils et filles de Dieu par notre assiette !

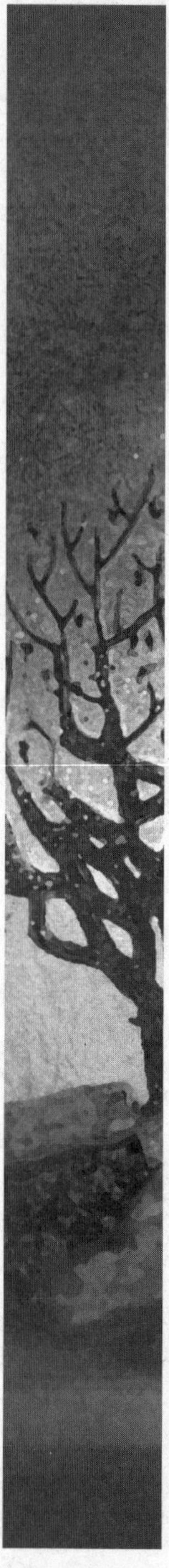

OBJECTIFS

- Joindre le mouvement *Lundi sans viande !*
- Découvrir, une fois par semaine pour commencer, les merveilles de la cuisine végétarienne. Il existe de nombreux livres de recettes végétariennes.
- Réduire nos portions de viande, ainsi que le nombre de nos repas avec viande dans la semaine.
- Geste à faire : organiser un repas communautaire végétarien ou un repas végétarien de 150 km, à la paroisse.

4e SEMAINE DU CARÊME

Appelé par son nom

Le Seigneur Dieu modela du sol toute bête des champs et tout oiseau du ciel et qu'il amena à l'homme pour voir comment celui-ci les désignerait. Tout ce que désigna l'homme avait pour nom « être vivant »; l'homme désigna par leur nom tout bétail, tout oiseau du ciel et toute bête des champs.

GENÈSE 2, 19-20A

Le premier récit de la *Genèse* essaie de répondre à la question : Qui est ce Dieu pour l'être humain? Le deuxième récit, pour sa part, répond à la question : Quelle est l'origine du mal? En fait, ce deuxième récit a été écrit avant l'autre. On le date de 850 avant notre ère, soit 300 ans avant l'autre. La tradition du Pentateuque, d'où il provient, est dite « yahviste » parce qu'on y nomme Dieu Yahvé et qu'elle présente un Dieu des promesses et de l'Alliance. Les nombreux anthropomorphismes utilisés, c'est-à-dire le fait que Dieu se présente sous des traits humains, soulignent la proximité de la présence de Dieu. Ainsi, ce deuxième récit de la Création – mais le premier dans l'ordre chronologique – est plus proche d'une conception primitive de Dieu et ne s'embarrasse ni de rythme liturgique de sept jours ni de symbolisme cultuel. Un récit plus « terre-à-terre », pourrions-nous écrire. Comme un simple potier, métier d'artisan fréquent et reconnu en ce temps-là, Dieu modèle l'homme avec « de la poussière prise du sol » (*Genèse* 2, 7), puis il lui insuffle son propre souffle, « l'haleine de vie », dans ses narines. Mais voilà que, surprise! ce récit des origines raconte que le Seigneur Dieu fait exactement la même chose avec les animaux : « Yhwh Dieu fabrique avec de la terre toutes les bêtes sauvages et tous les oiseaux du ciel » (2, 19, tiré de *La Bible, Nouvelle traduction*).

Pour les auteurs de ce récit, l'être humain et les animaux étaient faits de la même matière. Il leur apparut clairement – et à nous aussi – que l'humain était partie intégrante de son environnement.

Il est ainsi tout à fait logique qu'après sa création, l'humain observe tous ces animaux et leur donne des noms.

Cependant, cet extrait peut faire sourire, car il rappelle combien de fois en voyant une belle créature à travers la fenêtre, nous ne réussissons pas à la nommer ! D'une certaine manière, cela démontre que nous ne connaissons pas très bien l'environnement. Nous sommes des illettrés de la Création. Plusieurs d'entre nous peuvent identifier la mouette, l'écureuil et le pissenlit. Mais qu'en est-il du bruant, du chardonneret, du merle d'Amérique, du hêtre et du campagnol des champs ?

Donner un nom aux êtres autour de nous porte une signification profonde. Un nom crée l'identité de l'être, il en détermine la valeur et la fonction. Un nom permet d'exister ! C'est surprenant comment on réussit à reconnaître notre nom dans une salle bruyante.

La manière de nommer les autres êtres vivants est capitale : si « ressource » remplace poisson, si « spécimen de laboratoire » remplace souris et si « bois d'œuvre » remplace érable… on ne traitera pas ces êtres de la même façon. On risque même d'oublier qu'ils sont vivants ! L'écologie, ce n'est pas juste fait pour les promenades en forêt, le dimanche. Tous les jours, nous nous devons d'y penser. Alors, nous pouvons nous engager à mieux connaître les animaux des écosystèmes du voisinage. Nous pouvons offrir aux enfants des livres sur les tigres, les éléphants et les hippopotames, animaux d'autres continents, mais nous pouvons leur offrir – et les lire avec eux – des volumes qui les aident à reconnaître, dans un boisé près de chez nous, le thuya, le plantain, la musaraigne, le héron, le doré jaune et la rainette. Il suffit de connaître ces créatures pour les aimer et les protéger. Cette découverte sera pour les enfants une création en elle-même, une reprise actualisée de la Création.

Mais attention ! Il n'est pas ici question de déification des animaux, ni de divination de la Terre, comme y incite presque le projet de Déclaration universelle des droits de la Terre mère.

> *Même les animaux n'ont pas de droit. On ne peut réglementer le lion qui chasse la gazelle, les éléphants qui abattent les arbres ou les sauterelles qui déciment les récoltes! (L'important n'est pas) de donner des droits aux animaux, mais d'humaniser les actions des humains en s'imposant des responsabilités envers les animaux, l'environnement, le système vivant de la planète*[4].

Les propriétaires d'animaux domestiques dépensent des milliards de dollars pour leurs chats et leurs chiens : selon Statistique Canada, ils dépensent 880 $ annuellement pour la nourriture, les visites chez le vétérinaire et autres biens. L'erreur n'est pas de prendre soin des animaux, mais plutôt de les traiter comme des enfants gâtés – esthéticienne, chambre de luxe et fine cuisine. Lorsque notre générosité est plus concentrée vers notre animal domestique que vers les personnes défavorisées, que dire de notre solidarité avec notre propre espèce?

À ce titre, le récit de la vie de saint Kevin d'Irlande est très instructif. À cause de nombreux conflits avec sa famille, il fuit dans la forêt. Selon la légende, il se faisait l'ami (le frère) de chaque créature. Un ours l'aida à construire un abri, une loutre lui portait de la nourriture au milieu du lac, un merle pondait ses œufs dans ses mains. Cette fraternité spirituelle avec les animaux l'emmena à fonder le monastère de Glendalough. Son amour pour les créatures renouvela l'amour qu'il avait pour les humains et pour Dieu.

4. Louis-Gilles FRANCOEUR, *Le Devoir,* 8 janvier 2010.

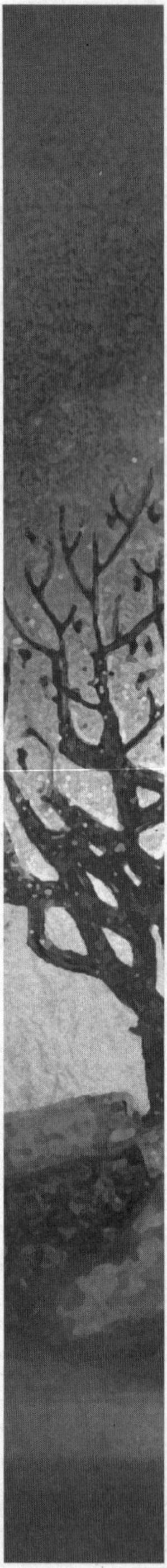

OBJECTIFS

- Avoir dans sa bibliothèque des livres sur l'identification des animaux.
- Joindre un groupe d'ornithologie (observation d'oiseaux). Visiter les parcs nationaux et profiter des parcours guidés.
- Geste à faire : réfléchir en groupe à notre relation avec les animaux domestiques.
- Se renseigner sur un groupe de défense des animaux comme le *World Wildlife Fund,* dont le logo est un panda. Consulter le site [www.wwf.ca].

5e SEMAINE DU CARÊME

L'année de repos pour le sol

Sur la montagne du Sinaï, le Seigneur adressa la parole à Moïse : « Parle aux fils d'Israël; tu leur diras : Quand vous serez entrés dans le pays que je vous donne, la terre observera un repos sabbatique pour le Seigneur : pendant six ans, tu sèmeras ton champ, tu tailleras ta vigne; et tu en ramasseras la récolte; la septième année sera un sabbat, une année de repos pour la terre, un sabbat pour le Seigneur; tu ne sèmeras pas ton champ; tu ne tailleras pas ta vigne; tu ne moissonneras pas ce qui aura poussé naturellement depuis l'année précédente, ou vendanger les grappes, qui aura poussé tout seul depuis la dernière moisson; tu ne vendangeras pas les grappes de ta vigne en broussaille; ce sera une année sabbatique pour la terre. Vous vous nourrirez de ce que la terre aura fait pousser pendant ce sabbat, toi, ton serviteur, ta servante, le salarié ou l'hôte que tu héberges, bref ceux qui sont installés chez toi. Quant à ton bétail et aux animaux sauvages de ton pays, ils se nourriront de tout ce que la terre produira. »

LÉVITIQUE 25, 1-7

L'état d'une terre au repos pendant un an s'appelle une jachère. Cette vieille pratique agricole servait à régénérer les nutriments du sol. Les Égyptiens n'avaient pas besoin de la pratiquer puisque la crue du Nil abreuvait la terre pendant l'été et y déposait du limon, un engrais minéral. Lors de la décrue, en septembre, qui marquait le début de l'année, les paysans semaient le grain. La récolte se faisait alors au printemps. C'est ce qui explique que les « plaies » d'Égypte (*Exode* 7, 14 à 10, 29), pour influencer la décision du pharaon, aient été des attaques contre les récoltes, avant la nuit de la Pâque et le passage de la mer des Roseaux.

C'est ainsi que les Hébreux, après une longue errance dans des terres arides et semi-désertiques – on comprend que certains d'entre eux aient maugréé, regrettant la luxuriance de l'Égypte –, arrivent en terre de Canaan ; ils commencent à faire de l'agriculture. Pour cela, ils doivent apprendre à travailler le sol pour en récolter les fruits, car c'est une autre terre sous un autre climat. Les fréquentes famines ont-elles été causées par l'épuisement des sols (*2 Samuel* 21, 1 ; *I Rois* 18, 2b ; *2 Rois* 4, 38 ; *2 Rois* 6, 25 ; *2 Rois* 8, 1 ; *Ruth* 1, 1 ; etc.) ? L'expérience sur cette nouvelle terre leur permet d'apprendre la sagesse de la jachère, et elle fut inscrite dans les Saintes Écritures : « Ce sera une année de repos pour le sol. »

Le Carême nous permet une réflexion sur l'antisurconsommation, et nous le savons maintenant, le maître mot est « moins » : moins acheter, moins dépenser, moins gaspiller.

Pourtant, l'implacable et impitoyable discours économique nous martèle le contraire. Quand une crise sévit (et se vit), on encourage à consommer le plus possible pour faire marcher l'économie, seule issue de secours.

Dans le numéro de janvier-février 2010 du journal *Espace D*, distribué dans les Caisses populaires Desjardins, Madeleine Huberdeau écrit au sujet des faussetés de la publicité :

> *Pourtant cette surconsommation a un prix très élevé. En effet, la production de biens requiert une quantité énorme de ressources naturelles qui, pour être transformées en produits de consommation, exige une grande quantité d'énergie. Cette dépense, à la fois de ressources et d'énergie, épuise la Terre, dont les ressources sont limitées, et engendre son lot de pollution, affectant grandement l'air, le sol et menaçant la biodiversité*[5].

---

5. Madeleine HUBERDEAU, « De la surconsommation à la décroissance soutenable. Avons-nous le choix? », *Espace D*, janvier-février 2010, p. 32-33.

On souffre d'embonpoint, on étouffe sous le smog, on rejette des tonnes et des tonnes de déchets… « Afin d'éviter la catastrophe, il n'y a pas 36 solutions. Nous devons consommer moins », insiste madame Huberdeau.

En arrivant en Nouvelle-France, les colons n'ont pas suffisamment appris des « règles de la Terre » pratiquées par les autochtones. Ils ont préféré imiter les cultures européennes. Un lopin de terre était souvent coupé en trois : du blé, de l'avoine, et la jachère. La rotation se faisait chaque année. Notons que les nations iroquoiennes n'en faisaient pas grâce à la culture des trois sœurs : le maïs, les fèves et la courge. Cette culture était à la fois équilibrée en ce qui concerne les nutriments du sol et efficace pour l'espace, car les fèves grimpaient le long du maïs et la courge s'étendait sur le sol.

Vers le milieu du XVIIIe siècle, la culture du haricot a remplacé la jachère ; elle était même plus efficace, car cette plante verte fixait l'azote pour fertiliser le sol. La pratique de la jachère a alors disparu, au profit des monocultures intensives.

Et maintenant, avons-nous besoin de laisser la Terre tranquille ? Il est intéressant qu'on utilise le même mot pour la terre et la Terre. Avec cela en tête, la recommandation d'un repos de la terre-Terre prend, du point de vue de la spiritualité, une dimension ontologique. Sachant que tout ce que nous consommons (nourriture, vêtement, hébergement, transport, etc.) nécessite des ressources de la terre-Terre, serions-nous capables d'accepter ce que la terre nous donne sans en abuser ? Serions-nous prêts à laisser la terre se reposer en l'honneur de Dieu ?

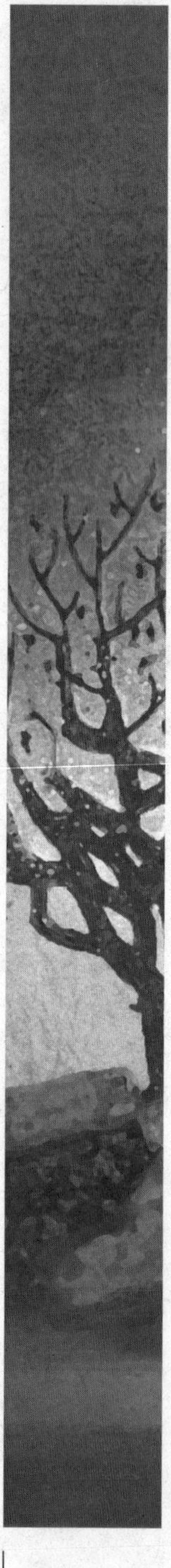

OBJECTIFS

- Geste à faire : distribuer des graines de semences.
- S'inscrire individuellement et collectivement aux paniers biologiques d'été à l'initiative de l'Agriculture soutenue par la communauté (ASC). Voir le site [www.equiterre.org].
- Faire de la randonnée « sans traces ». Consulter le site [www.sanstrace.ca].

22 MARS – JOURNÉE MONDIALE DE L'EAU

Jésus au puits

> *C'est ainsi qu'il parvint dans une ville de Samarie appelée Sychar, non loin de la terre donnée par Jacob à son fils Joseph, là même où se trouve le puits de Jacob. Fatigué du voyage, Jésus était tout simplement assis au bord du puits. C'était environ la sixième heure. Arrive une femme de Samarie pour puiser de l'eau ; Jésus lui dit : « Donne-moi à boire ! »*
>
> *JEAN* 4, 5-7

Dans ce passage de l'Évangile, on voit Jésus qui souffre de la chaleur, qui a soif, qui a juste envie de se rafraîchir. Il y a de quoi avoir la gorge sèche après une journée de marche, et sans doute, de longues discussions sur les routes poussiéreuses de la Samarie et sous le soleil brûlant du Moyen-Orient. Il est assis, sans doute à l'ombre, près d'un puits dont l'eau froide le tente. Il est seul. Étrange tout de même que les disciples soient tous absents ; faut-il être douze pour acheter quelque chose à manger ?

Étrange donc, cette rencontre surprise, au beau milieu de la journée, avec une femme seule. Les femmes, quand elles vont chercher l'eau, le matin, aux heures les plus fraîches du petit jour, viennent en groupe pour parler, placoter et échanger les dernières nouvelles. Pensons à cette joyeuse équipée des sept filles de Réouël, le prêtre de Madian, revenant du puits, excitées d'avoir été secourues par Moïse contre des bergers méchants (*Exode* 2, 16-20). Ça lui profitera à Moïse d'avoir été secourable puisqu'il se fera offrir l'une d'elles, Cippora, en mariage !

Inhabituelle donc, un peu insolite aussi, cette rencontre entre Jésus et une femme seule. Pas tout à fait improbable, si on se souvient de Rébecca qui vint toute seule « avec sa cruche sur les épaules » et rencontra le serviteur d'Abraham qui la choisira pour devenir l'épouse d'Isaac (*Genèse* 24, 15 et suivants). Encore une histoire de mariage ! Mais bon, cette femme que Jésus voit arriver, qui a déjà été mariée sept fois, est seule ; sans doute ostracisée, elle préfère peut-être venir seule au puits pour ne pas avoir à subir les railleries méprisantes des autres femmes. Ne ressemble-t-elle pas un peu à Jésus ? Elle n'est pas son *alter ego* parfait, mais elle a un petit côté solitaire, contestataire, un peu rebelle comme lui. Elle ira de surprise en surprise. Elle a trouvé chaussure à son pied.

La scène est percutante : Jésus demande à boire… à une femme ! La Samaritaine n'a pas de difficulté à saisir la signification de l'eau vive : l'eau lui sert pour les besoins de la vie quotidienne.

L'eau est source de vie ; si on en est privé plus de trois jours, on meurt. Sans oublier que l'eau doit être potable ! Notre corps se compose d'eau à environ 70 % (entre 60 et 80 %). Difficile d'imaginer une relation plus intime avec un élément de la Création. L'eau ne demeure que quelques heures dans une cellule vivante ; huit jours dans l'atmosphère ; seize jours dans les rivières ; dix-sept ans dans les lacs.

La majorité des Québécois ne sont pas directement taxés pour l'eau qu'ils consomment – et qu'ils gaspillent ! –, notamment parce que cette ressource est très abondante. Nous vivons dans un climat continental humide et le territoire est sillonné de rivières. Le bassin hydrographique Saint-Laurent–Grands-Lacs contient 20 % de l'eau douce en surface au monde. Nous ne sommes pas conscients que tant de gens manquent d'eau dans des régions arides. On se rappellera qu'en 2010, le Saint-Laurent a atteint des niveaux jamais vus de faible débit d'eau.

Alors que, dans un camp de réfugiés, une femme ne reçoit que 4 à 5 litres d'eau par jour, pour boire, cuisiner et se laver, un Canadien consomme en moyenne 343 litres d'eau par jour selon Statistique Canada. L'ONU estime que 1,2 milliard d'êtres humains n'ont pas accès à de l'eau potable. Chaque année, les maladies liées à l'eau font 8 millions de morts, dont la moitié sont des enfants. Le visage de Jésus de Nazareth se répète dans chaque personne qui a soif d'une eau propre : « Donne-moi de l'eau à boire ! »

De nombreuses raisons expliquent cette pénurie : mauvaise gestion, corruption, bureaucratie, manque d'investissements dans les infrastructures et le personnel. À partir de notre foyer confortable en Amérique du Nord, pouvons-nous faire quelque chose ?

Oui, surtout par des dons à des organismes fiables, comme Développement et Paix. Cet organisme, apparenté à l'Église catholique canadienne, met sur pied des projets communautaires afin de creuser des puits et de reboiser certaines régions.

Notre foi chrétienne nous fait faire un pas supplémentaire. L'eau n'est pas seulement une ressource, c'est notre sœur. François d'Assise fut l'un des premiers chrétiens à affirmer notre relation fraternelle avec l'eau : « Loué sois-tu, Seigneur, pour sœur eau, car elle est très utile, et humble, et précieuse, et chaste » (*Cantique des créatures*).

Notre foi nous inspire de mieux protéger l'eau qui nous entoure et nous habite. Chacun et chacune sont appelés à être reconnaissants pour leur sœur l'eau. Sans une eau propre, il n'y a pas de vie. Même Jésus ne vivait pas seulement d'amour… mais aussi d'eau fraîche !

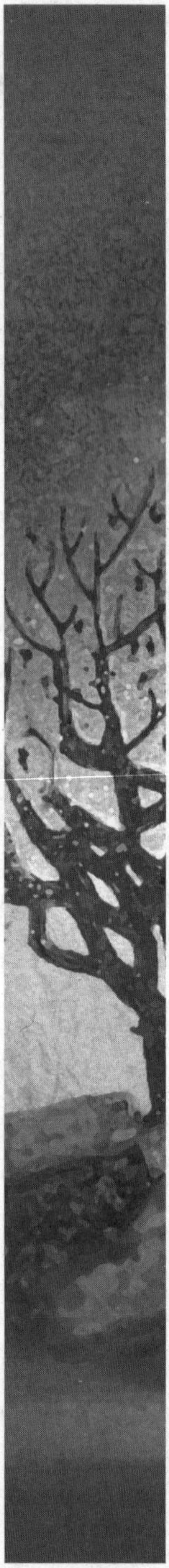

OBJECTIFS

- Surveiller la surutilisation de l'eau potable : la salle de bain (65 % de l'eau est utilisée), une douche de 5 minutes nécessite 100 litres d'eau, et la toilette jusqu'à 20 litres d'eau chaque fois que la chasse d'eau est actionnée.

- Placer une brique (ou une bouteille pleine) dans le réservoir de la toilette afin de réduire la quantité d'eau évacuée. À l'occasion de rénovations, choisir une cuvette à débit réduit (6 litres).

- Installer une pomme de douche à débit réduit.

- S'arrêter à la quantité d'eau nécessaire à la production d'objets achetés : pour faire pousser le coton qui servira à produire un seul chandail, il faut 1 500 litres d'eau. Pour extraire et raffiner du pétrole qui produira un seul pneu, il faut 2000 litres d'eau. Pour arroser le champ et abreuver le bœuf dont on tirera un seul kilo de viande, près de 13000 litres d'eau sont nécessaires.

- Contribuer cette année à Développement et Paix, et même joindre une lettre de félicitations à toutes ces personnes engagées à fournir de l'eau aux régions en difficulté.

- Pendant des années, le combat contre les pluies acides a été âpre ; aujourd'hui, le « bon combat » est celui contre la marchandisation de l'eau.

DIMANCHE DES RAMEAUX

La surpopulation humaine

> *Quant à vous, soyez féconds et prolifiques, et pullulez sur la terre, multipliez-vous sur elle.*
>
> *GENÈSE* 9, 7.

> *Le peuple, en foule, étendit ses vêtements sur la route ; certains coupaient des branches aux arbres et en jonchaient la route.*
>
> *MATTHIEU* 21, 8

« Soyez féconds et prolifiques. » Cette ordonnance prend tout son sens quand on se rappelle les conditions de nos ancêtres tribaux. Pour un groupe de chasseurs cueilleurs, un nombre plus grand d'individus signifiait la possibilité d'une plus intense recherche de ressources et une meilleure protection contre les animaux sauvages. Pour les paysans, une famille nombreuse permettait plus de bras sur la ferme, et donc une meilleure subsistance. Dans les premières villes, une population croissante permettait de diversifier la société (prêtres, scribes, artisans, soldats, etc.) et d'éviter de se faire envahir par des ennemis.

La reproduction était importante pour le peuple hébreu arrivé en Canaan, car il était entouré de nombreux autres peuples occupant le même territoire : les Philistins, les Ammonites, les Amalécites et bien d'autres. Le principe même de la survie l'a poussé à encourager les naissances. N'est-ce pas ce qui est arrivé au Québec alors que « la revanche des berceaux » a permis de conserver une patrie francophone en Amérique du Nord ? Remercions nos ancêtres !

À l'inverse de cette logique fort légitime, la crise environnementale nous pousse plutôt à questionner la population grandissante sur une planète qui, elle, ne grossit pas. Il a fallu attendre le XVIIIe siècle pour que la population humaine dépasse le milliard d'individus. Ce pic franchi, la croissance sera exponentielle : les deux milliards seront atteints en 1920, et les six milliards juste avant l'an 2000. Le 1er janvier 2010, la population humaine s'élevait à 6,8 milliards d'individus. On estime que la population humaine mondiale croît, à raison de quatre naissances par seconde, de 221 000 habitants par jour, pour atteindre 8,3 milliards en 2030. Les démographes prévoient qu'elle devrait alors se stabiliser à 9 milliards. C'est ce qu'André Beauchamp, définissant la crise écologique, appelle « la bombe D », pour démographie, avec les trois autres « bombes » : P pour pollution, C pour consommation et I pour injustice et inégalité. La bombe D signifie que la Terre ne peut supporter la croissance démographique actuelle. À ce rythme, il faudra quatre ou cinq planètes pour subvenir aux besoins d'une telle population mondiale. Devrons-nous, longtemps encore, confondre les verbes « pulluler » et « polluer »?

Dans notre vision matérialiste du monde, pulluler est polluer. Un calcul savant mais instructif permet de déterminer si nous consommons trop. D'abord, il faut diviser la superficie disponible de terre fertile par la population humaine. L'UNESCO arrive à 1,8 ha par personne. Ensuite, on compare ce chiffre et notre consommation au Québec. Selon le rapport du vérificateur général du Québec (2007), notre empreinte écologique moyenne est de 7,6 ha par personne. Pourquoi un tel écart? Parce que nous consommons beaucoup (vêtements, meubles, appareils électroniques), parce que nous voyageons beaucoup, parce que nous chauffons nos maisons et que notre nourriture vient de loin : que d'énergie dépensée! Chacun de nos choix nécessite des ressources puisées dans la terre. Et notre impact serait moins perceptible si nous étions moins nombreux. Alors, est-ce que nous devrions ralentir la croissance de notre population?

Pour plusieurs, la « justice écologique » consiste à faire payer les riches pour les dommages environnementaux causés aux plus pauvres. Mais c'est plus que cela : c'est rendre et faire justice, être juste envers ceux et celles qui ont moins, qui sont démunis, qui manquent du nécessaire. La justice écologique, c'est qu'à chacun des êtres vivants (animaux comme humains) revienne sa juste part. C'est à cela que les interventions de Jean-Paul II, le « pape écologique » durant vingt-cinq ans, ont appelé les chrétiens, lui qui a parlé explicitement de « conversion écologique ».

Les chefs des diverses Églises reconnaissent le problème de surpopulation, comme c'est le cas du pape Benoît XVI dans son encyclique *Caritas in veritate*, en 2009. La solution ne consiste pas seulement à légiférer pour limiter le nombre d'enfants. Pensons au « génocide » des petites filles chinoises. Pensons aussi au fait qu'un régime de familles à enfant unique favorise une classe moyenne avide de consommer.

Il serait naïf, aujourd'hui, d'encourager les grosses familles à cause du problème de surpopulation. Il serait tout aussi naïf que des parents s'empêchent d'avoir des enfants alors qu'ils planifient de leur fournir une éducation dans le respect de la Création. La solution, c'est la justice et le combat contre la pauvreté. La solution, c'est l'éducation des jeunes filles, futures mamans. La solution, c'est la réduction de notre train de vie hypertrophié.

Le dimanche des Rameaux est un jour de fête, de joie, de célébration. Jésus vient, monté sur un ânon. Les enfants de nos communautés chrétiennes agitent des branches de palmiers et chantent les louanges du Dieu vivant. Alors, maintenant que nous sommes « en grand nombre sur la terre » et que la Bonne Nouvelle est annoncée à tous, soyons féconds… autrement. Léguons une terre saine, féconde et prolifique à nos enfants.

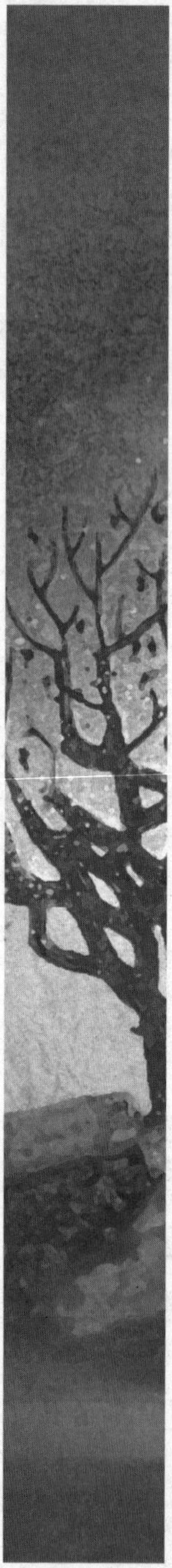

OBJECTIFS

- Utiliser des branches de palmiers recyclables, en ce dimanche des Rameaux.
- Fabriquer des affiches écologiques avec les enfants.
- Aider financièrement les nouveaux parents de notre communauté chrétienne à adopter des pratiques écologiques : permettons-leur, par exemple, de se procurer des couches en coton ; donnons-leur des poussettes usagées, faisons-les profiter du linge que nos enfants ne portent plus, etc. Ainsi, la prochaine génération ne sera pas ensevelie sous les déchets.

JEUDI SAINT

Le pain et le vin locaux

Pendant le repas, il prit du pain, et après avoir prononcé la bénédiction, il le rompit, le leur donna, et dit : « Prenez, ceci est mon corps. » Puis, il prit une coupe, et après avoir rendu grâce, il la leur donna et ils en burent tous. Et il leur a dit : « Ceci est mon sang, le sang l'Alliance, versé pour la multitude. En vérité, je vous le déclare, jamais je ne boirai du fruit de la vigne jusqu'au jour où je le boirai, nouveau, dans le Royaume de Dieu. »

MARC 14, 22-25

La phrase « Prenez, ceci est mon corps » résonne encore et toujours, 2000 ans plus tard, dans le cœur des croyants. Sentant sa mort approcher, Jésus ne veut pas « donner son corps » aux autorités lors d'un procès injuste, mais il préfère le donner à ses disciples qui deviennent, communauté de foi, son corps à leur tour.

Que signifiait le pain pour les disciples assis autour de la table? Certainement une nourriture quotidienne. Le pain, nourriture de base, est essentiel à la vie; Jésus y fait référence dans sa prière. Aux yeux des disciples, qui ont vu leur mère préparer et pétrir le pain à la maison, qui ont senti la bonne odeur des miches sortant du four, prendre un pain, le rompre et en manger, c'est l'aboutissement d'un effort méritoire et la jouissance d'un plaisir délectable. Le blé de la farine utilisée pour faire du pain est aussi le résultat d'une récolte. Donc, ce pain dans les mains de Jésus est un don de Dieu, fruit de la terre et d'un double travail humain.

Or, Jésus ajoute une nouvelle signification au pain quotidien : celui-ci devient son corps, sa personne. Le pain symbolisait, et symbolise encore, le travail humain. Mais, si les machines font tout le travail, où est le contact – et l'apport – humain? Les hosties des églises catholiques sont si plates – et si fades! – que les enfants et certains adultes les comparent parfois à du carton. On ne voit pas l'amour du boulanger dans la confection des hosties, non plus d'ailleurs dans le pain tranché industriel coupé en petits cubes indécis de certaines paroisses protestantes. Aurait-on vendu notre âme aux machines au détriment du travail humain ?

Pouvons-nous, en tant que chrétiens, manger n'importe quoi comme pain symbolisant le corps de Jésus ? Pouvons-nous, pour cette nourriture essentielle à nos corps et à nos âmes, faire peu de cas que le blé ait poussé dans un champ dopé aux pesticides et aux engrais chimiques ? Les pesticides sont responsables de la disparition de plusieurs colonies d'oiseaux ; les engrais sont responsables de plusieurs déséquilibres écologiques dans les rivières du Québec, comme l'asphyxie par les algues bleues. Nos paroisses, nos diocèses ou nos consistoires ne peuvent-ils exiger que les hosties soient fabriquées avec un blé de culture biologique ou que le pain rompu soit un produit maison ? Quand une telle décision sera prise, l'impact sera tangible : le pain utilisé dans nos eucharisties n'aura causé aucun tort à la Création. Sachant que le Christ est celui qui « donne la vie à toutes choses », ne serait-il pas sage que le pain que nous choisissons pour nous nourrir de son corps puisse lui aussi conserver la vie de nos écosystèmes ?

Que signifiait le vin pour les disciples autour de la table avec Jésus ? Il s'agit, lui aussi, d'un produit de la terre, celui de la vigne qui donne, en automne, abondance de raisins. Quelques disciples, dans leur jeune âge, avaient peut-être marché sur les raisins dans les pressoirs pour les écraser afin d'en recueillir le jus qui fermenterait et deviendrait du vin. Ce geste est signe que le vin est aussi le résultat d'un travail humain. Mais on ne buvait pas du vin tous les jours chez les Juifs de l'Antiquité. Cette boisson était servie lors de fêtes, comme pour les noces – qu'on se rappelle Cana –, car ce produit détend, excite la muse et « réjouit le cœur de l'homme », pas seulement des hommes, d'ailleurs : « [...] le froment épanouira les jeunes gens et le vin nouveau les jeunes filles ! » (*Zacharie* 9, 17)

On s'en servait aussi comme médicament : « Cesse de ne boire que de l'eau. Prends un peu de vin à cause de ton estomac et de tes fréquentes faiblesses », recommandait Paul à son ami Timothée (*1 Timothée* 5, 23). La vie pleine et joyeuse mérite d'être célébrée. Jésus n'est-il pas venu pour nous donner la vie en abondance?

Ainsi, Jésus ajoute une nouvelle signification au vin : celui-ci devient son sang, sa vie. Il versera son sang, sa vie, à ses amis afin que celle-ci coule aussi dans leurs veines pour des générations à venir. Le sang du Christ continue d'être versé. Le vin utilisé par Jésus lors de son dernier repas avec ses amis était très certainement un produit « local ». Il avait été transporté dans un chariot tiré par un âne. Aujourd'hui, le « vin de messe » le plus populaire au Québec provient de Californie. Il a donc dû parcourir 4 000 km avant d'arriver sur nos autels. Plus il voyage loin, plus le transport émet des gaz à effet de serre, ce qui, on le sait, entraîne des changements radicaux du climat en retenant la chaleur dans l'atmosphère. La provenance du vin qu'on achète a une influence sur la qualité de vie des générations futures. Peut-on se permettre, en tant que chrétiens, d'ignorer les impacts environnementaux de nos achats? Le vin qui devient le sang du Christ ne devrait pas contribuer aux changements climatiques… c'est pourquoi de plus en plus de paroisses choisissent du vin de leur région. Dans l'Église catholique romaine, le *Code du droit canonique* (canon 924) exige un « vin naturel de raisins, pur et non corrompu, sans mélange de substances étrangères ». N'est-ce pas la définition de presque tous les vins québécois?

L'eucharistie, que nous célébrons en mémoire de Jésus, nous permet de rendre grâce pour les bontés du monde et d'être en communion, non seulement avec les humains, mais avec toutes les créatures. Dans cette perspective, bien choisir le pain et le vin s'impose.

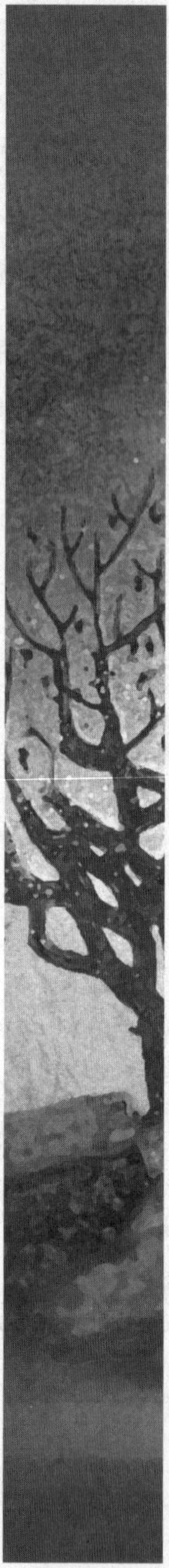

OBJECTIFS

- Pour l'eucharistie, choisir un pain fait de farine biologique.
- Choisir un vin « local », en oubliant les bouteilles qui ont voyagé sur des milliers de kilomètres.
- Choisir les achats locaux pour favoriser l'économie locale et réduire le transport inutile. Rechercher le logo « Aliment du Québec » : consulter le site [www.alimentsduquebec.com].
- Pour nos repas, bannir toute vaisselle jetable : assiettes en carton, verres en styromousse, nappes en plastique, etc.

VENDREDI SAINT

Le lavement des pieds… ou s'en laver les mains

> *Pilate leur demande : « Que ferai-je donc de Jésus, qu'on appelle Messie ? » Ils répondirent tous : « Qu'il soit crucifié ! » Il reprit : « Quel mal a-t-il donc fait ? » Mais eux criaient de plus en plus fort : « Qu'il soit crucifié ! » Voyant que cela ne servait à rien, mais que la situation tournait à la révolte, Pilate prit de l'eau et se lava les mains en présence de la foule, en disant : « Je suis innocent de ce sang. C'est votre affaire ! »*
>
> MATTHIEU 27, 22-24

L'évangéliste Jean ne dit rien du tout de l'institution de la Cène ! Étonnant, et même surprenant ! Dernier des quatre « biographes » de Jésus, il ne pouvait ignorer cette tradition attestée quatre fois plutôt qu'une par les auteurs du Nouveau Testament et même rapportée comme pratique courante dans les premières communautés dans le livre des *Actes des Apôtres* (2, 42 et 20, 7).

Dans les Évangiles synoptiques, et chez Paul, Jésus réinvente la Pâque, lui donnant une signification radicalement nouvelle ; il est l'agneau sacrifié du repas pascal, il est celui qui donne sa vie pour la multitude, qui établit une alliance en son sang, versé pour le pardon des péchés. Cette alliance offerte à toute l'humanité est aujourd'hui célébrée dans toutes les Églises quelle que soit leur dénomination et quelle que soit leur situation géographique. Il n'y a rien de répréhensible à dire que par elle s'établit une « communion » entre le caféiculteur du Sud et la personne en pause-café au Nord.

Y a-t-il un geste plus banal que celui de prendre un café ou d'en servir un ? Mais ce geste peut entraîner d'importantes conséquences. Le café équitable permet de remettre un juste salaire à un producteur de café. La production d'un café qui n'est pas certifié équitable est cause de grande injustice : les familles de petits cultivateurs du Sud reçoivent un salaire de crève-faim et les multinationales les forcent à baisser leur prix de vente. Ce dont il faut surtout prendre conscience c'est que chaque fois que l'on achète du café qui n'est pas équitable, on condamne injustement des familles à souffrir…

Parfois, nous ne voulons pas voir les faits qui sont sous nos yeux. Les autres traitent injustement certaines populations du monde, mais jamais nous. C'est la faute des multinationales de café, des compagnies minières, des constructeurs d'automobiles, des gouvernements, etc. Il ne servirait à rien de prendre tous ces blâmes sur nous, mais en tant qu'adultes responsables, ne devons-nous pas accepter ceux qui nous reviennent et faire en sorte d'améliorer la situation ? Comment ? En choisissant un café équitable, en signant une pétition contre les pratiques déplorables des compagnies minières, en utilisant moins notre voiture, en modifiant nos comportements.

Certains se plaignent du prix plus élevé du café équitable. Un bref calcul « à l'envers » nous permettra d'examiner cette critique. Supposons qu'un couple boit 900 tasses de café par année. Au prix équitable (ici au Québec), il lui en coûtera environ 215 $ par année. C'est le prix que nous devrions payer dans un monde juste. Supposons maintenant qu'un marchand de café offre à ce couple le même nombre de tasses pour seulement 155 $ par année, une différence de 60 $. Ce type de marché exploite les producteurs du Sud, qui ne mangent pas trois repas par jour, qui n'ont accès à aucun soin de santé et dont les enfants ne pourront pas être éduqués, car ils travaillent sur la plantation. Accepterions-nous de payer 60 $ de moins et de participer ainsi à la condamnation à la pauvreté d'une famille du Sud ? Accepterions-nous le rabais et nous en laverions-nous les mains ?

Les choix individuels sont importants. Pilate, gouverneur de la Judée, avait un rôle politique majeur. En se lavant les mains, Pilate considéra que c'était la foule qui condamnait Jésus, et il se déculpabilisa. Jésus était accusé devant « la foule » ; Pilate ne se servit pas de son autorité pour défendre la justice. En tant que décideur, il n'a pas pleinement défendu cet accusé sans voix.

Le contre-exemple de Pilate devrait nous pousser à influencer nos décideurs et à les pousser à prendre des décisions qui défendent la justice. N'est-ce pas pour cela que l'on vote pour eux? La démocratie de notre pays ne devrait pas être une démocratie molle, où l'on vote tous les quatre ans et où on laisse ensuite aller les choses. Nous avons la possibilité d'être dans une démocratie participative, où nos pétitions et nos lettres se rendent aux députés et aux ministres qui, ensuite, prouvent à la population qu'ils écoutent. Rappelons qu'en mai 2006, une pétition de 76 000 signatures a été déposée à l'Assemblée nationale, ce qui a empêché la vente du parc national du mont Orford.

Alors que la Terre est crucifiée, qu'elle est frappée de multiples coups de verges, lui laverons-nous les pieds ou nous en laverons-nous les mains?

OBJECTIFS

- Choisir un café équitable, ainsi que du chocolat, du thé, du riz, etc. Ne nous lavons pas les mains des injustices commerciales et participons au changement.
- S'inscrire à Oxfam-Québec et participer à ses activités : visiter le site [www.oxfam.qc.ca].
- En ce Vendredi saint, en voyant Jésus injustement crucifié sur la croix, prions pour que Dieu change notre cœur afin que nous ne nous lavions plus les mains devant les injustices.
- Pourquoi ne pas faire un chemin de croix qui suivrait pas à pas l'agonie, les opprobres, les outrages que subit la Terre ?

DIMANCHE DE PÂQUES

Quelles résurrections !

Marie était restée dehors, près du tombeau, et elle pleurait. Tout en pleurant, elle se penche vers le tombeau et elle voit deux anges vêtus de blanc, assis à l'endroit même où le corps de Jésus avait été déposé, l'un à la tête et l'autre aux pieds.

« Femme, lui dirent-ils, pourquoi pleures-tu ? » Elle leur répondit : « On a enlevé mon Seigneur, et je ne sais où on l'a mis. » Tout en parlant, elle se retourne et elle voit Jésus qui se tenait là, mais elle ne savait pas que c'était lui. Jésus lui dit : « Femme, pourquoi pleures-tu ? Qui cherches-tu ? » Mais elle, croyant qu'elle avait affaire au gardien du jardin, lui dit : « Seigneur, si c'est toi qui l'as enlevé, dis-moi où tu l'as mis, et j'irai le prendre. » Jésus lui dit : « Marie. » Elle se retourna et lui dit en hébreu : « Rabbouni » – ce qui signifie maître. Jésus lui dit : « Ne me retiens pas ! car je ne suis pas encore monté vers mon Père. Pour toi, va trouver mes frères et dis-leur que je monte vers mon Père qui est votre Père, vers mon Dieu qui est votre Dieu. » Marie de Magdala vint donc annoncer aux disciples : « J'ai vu le Seigneur, et voilà ce qu'il m'a dit. »

JEAN 20, 11-18

Dans le domaine de l'environnement, les problèmes sont, à l'évidence, nombreux. Les médias nous bombardent de mauvaises nouvelles sur l'état de notre environnement, et nous restons au stade de « problème » sans y trouver de l'espérance.

En écoutant les nouvelles, on se laisse décourager par les catastrophes écologiques : l'eau du fleuve est polluée, la disparition des espèces s'accélère, la saison des ouragans s'allonge, la couche d'ozone se réduit comme peau de chagrin, la banquise de l'Antarctique fond à vue d'œil, sans oublier les conditions de travail d'un très grand nombre de personnes exploitées, conditions dangereuses et dommageables pour leur santé et celle de l'environnement. Lorsqu'on aborde la question environnementale avec des adolescents, ceux-ci expriment souvent une réelle crainte pour leur avenir, tandis que certains adultes laissent savoir qu'ils ont baissé les bras…

Et pourtant, la Bible regorge d'images de désolation changées en fontaines d'espoir, de déserts qui refleurissent, de tempêtes apaisées, de vignes qui reverdissent, d'ossements desséchés qui reviennent à la vie, d'enfants qui retrouvent leur famille. Et le témoignage de la résurrection de Jésus nous remplit également d'espérance.

Le symbole de ce récit de l'apparition du Ressuscité à Marie porte un message d'espoir très fort : lorsqu'on fait face à la désolation et à la mort, Dieu veille au renouveau. D'autres récits modernes le montrent, comme *L'homme qui plantait des arbres*, de Jean Giono, admirablement mis en images par Frédéric Back.

Du point de vue de l'écologie, le Saint-Laurent s'est fait une réputation détestable. En effet, aucune de ses rives, autour de Montréal, n'était propre à la baignade, à cause des rejets toxiques des industries et des égouts des villes. En 1980, une loi a obligé ces dernières à se doter de stations d'épuration de leurs eaux usées, puis les industries ont dû aussi limiter leurs rejets polluants ; ensuite, on a diminué la destruction des berges. Aujourd'hui, environ 7/8 des rives de l'île de Montréal sont propres à la baignade. (Le) Saint-Laurent est ressuscité !

Toujours dans les années 1980, on a annoncé la mort du lac Érié, à cause de l'eutrophisation (la désoxygénation des eaux par l'accumulation d'algues). La cause : les phosphates utilisés dans l'agriculture et les produits ménagers. Une fois que par de sévères législations on a arrêté d'en déverser, le lac a retrouvé la vie !

Autre exemple : le fou de Bassan était menacé d'extinction à cause d'un insecticide (le DDT) largement utilisé dans les années 1960. Quand on eut banni cet insecticide, ces oiseaux retrouvèrent une nouvelle vie : 35 000 couples de fous de Bassan peuplent actuellement l'île Bonaventure, à Percé. C'est maintenant le tour du bar rayé, la seule espèce indigène qui a disparu du fleuve Saint-Laurent à cause de la surpêche. Grâce à un programme de réintroduction démarré en 2002, ce poisson est maintenant de retour.

Dans l'atmosphère, la mince couche d'ozone se dégradait à un rythme alarmant à cause des CFC, les chlorofluorocarbones contenus dans les aérosols et les réfrigérateurs. Après cette découverte de la cause de la dégradation de la couche d'ozone, des représentants internationaux se sont mis d'accord pour réduire et éliminer la production de CFC. C'était le protocole de Montréal, signé en 1987. Les chercheurs ont espoir que l'ozone se rétablira graduellement au courant des décennies à venir.

Les compagnies de chaussures de sport ont fait l'objet de vives critiques à cause des mauvaises conditions de travail dans les manufactures asiatiques et de leur non-respect des droits de la personne. Aujourd'hui, ces entreprises ont révisé leurs pratiques pour offrir une meilleure qualité de vie à leurs travailleurs. Elles affichent même les règles de vie de l'entreprise dans leur langue, ce qui permet aux travailleurs de connaître leurs droits. Une évaluation, en 2005, a déterminé qu'Adidas recevait maintenant une note de 91 % pour le respect des droits de ses travailleurs.

Là où on pleurait la désolation et la mort, on voit maintenant la vie. Grâce à des paroles sages et à des gestes engagés, la vie s'est relevée. Dans le récit de Pâques, Dieu nous rappelle que la vie ne s'arrête pas avec la mort. Ouvrons nos yeux pour voir tout le progrès qui a été fait et gardons espérance que certaines pertes conduisent à des renaissances. Dieu aime la vie, et il nous la donne en abondance. Trouvons dans la prière une sagesse écologique pour redonner vie à des zones souffrantes de la Création !

Si nous ne croyons pas à la Résurrection, notre foi est vaine, selon l'apôtre Paul. Est-ce que nous croyons à la résurrection de la Terre ? Est-ce que la vie reprendra ses droits ?

OBJECTIFS

- Beaucoup de personnes assistent aux célébrations de Pâques ; pourquoi ne pas profiter de l'occasion pour rendre grâce à Dieu pour les efforts de protection de la Création et pour les écologistes qui ont lutté afin que la Terre se porte mieux ?
- Pour les enfants, Pâques est synonyme de chocolat ; plusieurs compagnies offrent des chocolats équitables.
- On ne devrait jamais offrir des poussins vivants aux enfants ! Afin de les faire participer au renouveau de la nature, même en ville, pourquoi ne leur offrirait-on pas des plantes vivaces à mettre en terre dans leur cour ?
- On pourrait trouver une « cause perdue » et s'y investir au nom de sa foi en Dieu « qui fait revivre ».

3e PARTIE

Saison après Pâques et saison de Pentecôte

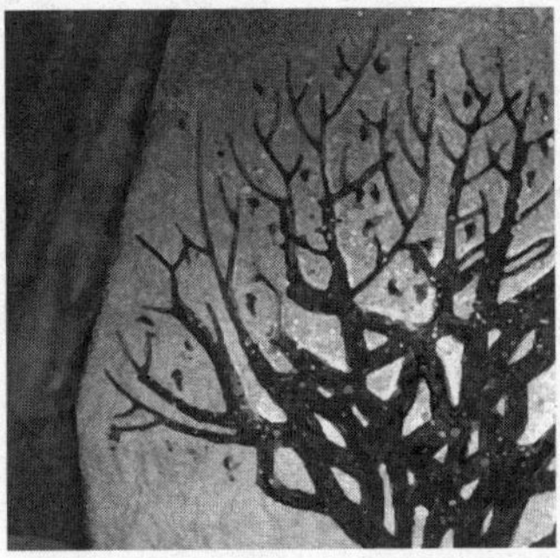

2e SEMAINE D'AVRIL

Le Christ cosmologique

Il est l'image du Dieu invisible,
Premier-né de toute créature,
car en lui tout a été créé,
dans les cieux et sur la terre,
les êtres visibles comme les invisibles,
Trônes et Souverainetés, Autorités et Pouvoirs.
Tout est créé par lui et pour lui,
et il est, lui, par devant tout; tout est maintenu en lui.

COLOSSIENS 1, 15-17

C'est la première fois que nous utilisons un passage d'une épître de Paul dans cette collection de capsules vertes de la Bible. Il est plus que temps, pour un personnage si important. Parfois, on va jusqu'à dire que, si Jésus a voulu réformer le judaïsme en lui donnant des dimensions d'un universalisme fécond, Paul, lui, a inventé une nouvelle façon de croire : le christianisme. Grand voyageur devant l'Éternel, on lui reconnaît un zèle évangélique inégalé, une activité missionnaire phénoménale, la création d'une vingtaine d'Églises locales. Il a dû subir pour cela de multiples tourments. On lui attribue la moitié des écrits du Nouveau Testament, et surtout, l'élaboration d'une théologie pratique pour son temps et d'une dogmatique considérable allant de la pratique de la charité et des fondements éthiques jusqu'aux attentes eschatologiques en passant par la définition d'une ecclésiologie et la formulation de rituels, dont le rite sacramentel de l'eucharistie! Pas mal pour quelqu'un dont le patronyme, Saul, signifie « petit »!

Paul a-t-il été un écologiste avant l'heure? Ayant saisi l'inanité de ses propres efforts pour assurer son salut, son enseignement a essentiellement eu pour objet la grâce de Dieu manifestée en Jésus Christ. De plus, pour lui, la perfection de l'œuvre rédemptrice, que

Jésus, le Fils de Dieu, a accomplie par sa mort et sa résurrection, englobe la totalité de la Création.

Le passage choisi pour cette capsule constitue la première strophe d'une hymne célébrant la grandeur universelle du Christ. Alors que la deuxième strophe porte sur la Résurrection, la première est centrée sur la Création. Certains commentateurs y voient l'adaptation par Paul d'un hymne hellénistique, peut-être même d'inspiration stoïcienne. Mais, plus vraisemblablement, on peut supposer qu'il s'agit d'une composition chrétienne d'inspiration sapientielle (peut-être utilisée dans la liturgie des cérémonies de baptême), reprise par Paul pour exalter le Christ, image de Dieu, préexistant à toute créature et prenant part à la Création, en tant que tête de l'Univers.

Il y a deux mille ans, Jésus de Nazareth marchait sur les routes de la Judée et ses paroles touchaient tous les cœurs. Avec cette parole d'autorité, il éduquait ses disciples et guérissait des malades. Sa parole était créatrice ! Il n'est donc pas surprenant que les premières communautés de chrétiens y aient reconnu la parole de Dieu, celle qui a créé le monde. Dieu a dit : « Que la lumière soit ! » Et la lumière fut (*Genèse* 1, 3). Puisque le Christ est la parole de Dieu, il était présent tout au long de la genèse du monde, et c'est *par lui* que tout a été créé. Même aujourd'hui, par l'évolution des espèces, tout *est créé* par lui.

Tout a-t-il été créé *pour lui* ? Ceci est énigmatique et simple à la fois. Qu'arrive-t-il, à Noël, lorsqu'on offre un cadeau à quelqu'un? Généralement, la personne nous en est reconnaissante et elle prend soin du présent que nous lui avons offert. De façon similaire, le Christ, qui est au-devant de la Création (image du *Pentocrator*), est aussi un seigneur, un maître qui prend soin du cadeau que le Père créateur lui confie. Le sens de nos vies se trouve enrichi en sachant que nous avons été créés pour lui, car nous ne confierions pas notre vie à n'importe qui.

Une amie microbiologiste observe les cellules au microscope. Comme plusieurs scientifiques, elle a longtemps rejeté ce qui ne pouvait pas être prouvé – l'existence de Dieu, par exemple – et elle se concentrait sur ses recherches. Elle disait que « la vie est maintenue grâce à des équilibres du métabolisme interne d'un organisme ». Elle a même poursuivi ses études jusqu'au doctorat, et maintenant, du fait de ses études avancées, elle s'attarde à la beauté des cellules et s'émerveille devant leur complexité. La vie ne se résume pas qu'à des réactions chimiques. Elle est source d'interactions : un grain de pollen, par exemple, si beau au microscope, porte le bagage génétique d'une marguerite et servira à sa naissance. La feuille de cette fleur utilise la lumière du soleil et le CO_2 pour fabriquer des sucres et libérer de l'oxygène dans l'air. Cet oxygène circule par les courants atmosphériques et peut rejoindre l'Arctique. Là, un ours polaire le respirera pendant qu'il répartit son poids sur ses pattes lorsque la glace est mince, une façon de faire qui relève de milliers d'années d'adaptation avec la nature. Et sous cette glace naîtra le krill, une petite crevette à la base de la chaîne alimentaire arctique. Plus nous découvrons les systèmes biologiques, plus nous nous émerveillons. Comme disait Einstein : « Un peu de science t'éloigne de Dieu, beaucoup de science t'en rapproche. »

Quand on étudie les caractéristiques du vivant, on a vite l'intuition qu'une force de vie les anime et les maintient. Les interactions des écosystèmes sont sacrées, et lorsqu'on les transgresse, on détruit la biodiversité, et de ce fait, on empêche ce qui maintient la vie. Car avec saint Paul nous affirmons, dans la foi, que « tout est maintenu en Christ ».

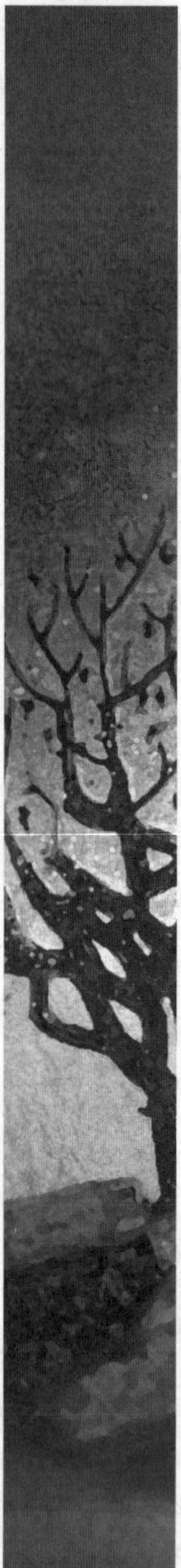

OBJECTIFS

- Contempler la Création et admirer la nature dans sa complexité. Écouter le chant d'un oiseau, observer la couleur d'une fleur ou le travail d'un insecte nous rappellera comment la vie est maintenue en Christ.
- Sortir le compost accumulé durant l'hiver, c'est le temps idéal pour le faire, et l'épandre dans le jardin.
- Vérifier l'efficacité énergétique de nos domiciles et de nos églises : améliorer l'isolation, vérifier l'étanchéité des portes et des fenêtres, utiliser des ampoules halogènes ou fluocompactes, choisir des appareils ménagers moins énergivores, etc.

3e SEMAINE D'AVRIL

L'intendant fidèle

Quel est donc l'intendant fidèle, avisé, que le maître établira sur sa domesticité pour distribuer en temps voulu les rations de blé ? Heureux ce serviteur que son maître trouvera en train de faire ce travail ! Vraiment, je vous le déclare, il l'établira sur tous ses biens. Mais si ce serviteur se dit en son cœur : « Mon maître tarde à revenir », et qu'il se mette à battre les garçons et les filles de service, à manger, à boire et à s'enivrer, le maître de ce serviteur arrivera au jour qu'il n'attend pas et à l'heure qu'il ne sait pas : il le chassera et lui fera partager le sort des infidèles. Ce serviteur qui connaissait la volonté de son maître et qui pourtant n'a rien préparé ni fait selon cette volonté recevra bien des coups ; celui qui ne la connaissait pas et qui a fait de quoi mériter des coups en recevra peu.

LUC 12, 42-48

Dans ce passage de l'*Évangile de Luc,* comme dans plusieurs autres, Jésus présente comment il faut veiller, comment être vigilant devant les signes que Dieu nous donne de sa présence et de son action dans le monde. Jésus parlait en images à propos d'une réalité intangible : la foi. L'intendant fidèle est celui qui garde sa lampe allumée, qui se tient prêt pour le retour de son maître. Il garde espérance.

Terrible responsabilité que celui d'être intendant. Quand tout va bien, personne ne le remarque, mais quand ça va mal, c'est toujours de sa faute. Responsabilité difficile à porter, surtout si la tâche est importante et que les biens à gérer sont grands. Dans une société hiérarchisée, comme celle où vivait Jésus, chacun avait sa place. Peu de personnes possédaient des esclaves, mais elles employaient sans doute plusieurs jeunes – filles au pair ou garçons à la journée – qui ne trouvaient pas d'autres emplois. Chacun et chacune avaient leurs tâches propres, leurs responsabilités, si petites soient-elles.

L'intendant, croulant sous le poids de ses responsabilités et se sentant plus ou moins capable de les assumer, devenait parfois méchant et fourbe, sévère et dur ; plus dur que le maître lui-même, « plus catholique que le pape », dirions-nous maintenant.

Cette parabole, comme plusieurs histoires à portée symbolique, peut inspirer diverses réflexions intéressantes. Si on l'applique, par exemple, à la crise écologique, on peut se demander : Sommes-nous de bons intendants de la Terre ? Les bouleversements du climat sont les résultats d'une mauvaise gestion de l'énergie. La surexploitation de nos forêts, l'épuisement des sols, la destruction des milieux humides, la pollution des cours d'eau, la surpêche sont les résultats du travail d'un intendant qui se sert impunément des ressources qui sont à sa disposition sans penser au lendemain.

Dès notre naissance, un lien spirituel nous relie à notre environnement. Notre espèce a été façonnée avec amour pendant des millions d'années, toujours en lien avec notre milieu naturel. Nous sommes des créatures intelligentes appelées à poursuivre la Création. Nous possédons la créativité et l'intelligence pour rendre ce monde plus beau. Il va de soi que nous avons aussi la responsabilité d'être de bons intendants, sinon toute cette beauté sera perdue. Bien pire, l'espèce humaine, tout de même biologiquement fragile, pourrait même disparaître advenant une catastrophe climatique.

Les Nord-Américains que nous sommes ne semblent pas croire aux conséquences des changements du climat. Un sondage[1] indique que, si 45 % des gens interrogés pensent que les plantes et les animaux seront affectés par les changements climatiques et si 44 % disent que les prochaines générations le seront aussi, un maigre 10 % avouent s'attendre à en subir les effets néfastes. Tout un contraste ! Est-ce là la « conscience de l'intendant » ?

En 2010, le Canada a été le pays dans lequel se trouvait le plus grand nombre de communautés, de villes et de municipalités à

1. Université de Yale, 2009, site Internet d'Atlantic.

participer à l'Heure de la Terre, le 27 mars. Contraste saisissant, alors que les Canadiens sont, par habitant, les pires pollueurs de la planète. De quel genre d'intendance parlons-nous ? Et quel genre de punition nous attend si nous sommes de mauvais intendants ?

Au Québec, on doit filtrer l'eau avant de la boire, car celle de nos cours d'eau n'est plus pure. Un enfant sur cinq, environ, naît avec des problèmes d'asthme, sans oublier les autres maladies pulmonaires causées par la piètre qualité de l'air dans les villes et l'augmentation du smog urbain. Nous souffrons de coups de soleil et de cancers de la peau tant parce que la couche d'ozone a été amincie par notre utilisation éhontée d'aérosols synthétiques que parce que nous nous exposons de façon inconsidérée aux rayons du soleil. Nous n'avons pas respecté les équilibres écologiques – la volonté du maître –, et comme l'indique la parabole, nous sommes sévèrement punis !

Plusieurs collectivités ont établi, en cette période de l'année, une corvée communautaire de grand nettoyage du printemps : ramasser déchets, détritus, rebuts et autres ordures accumulées au cours de l'hiver qui apparaissent dans tous les espaces verts à la fonte de la neige. Belle initiative d'intendance, qu'il serait certes profitable de poursuivre par une éducation à la propreté à longueur d'année. Et pourquoi ne pas profiter du nettoyage du printemps pour se convertir au biodégradable et n'utiliser que des produits non nocifs pour l'environnement ?

Enfin, c'est le temps de l'année où on range la souffleuse et où on sort la tondeuse. Halte ! Pourquoi ne pas les ranger une fois pour toutes et ne plus jamais les ressortir ? Une heure de tondeuse – ou de souffleuse, c'est du pareil au même – correspond, en émissions de GES, à une voiture qui ferait 550 km, l'équivalent d'un aller-retour entre Montréal et Québec. Plusieurs modèles de tondeuses électriques ou rechargeables sont sur le marché. Et il reste toujours la force des bras pour se servir de la pelle, l'hiver.

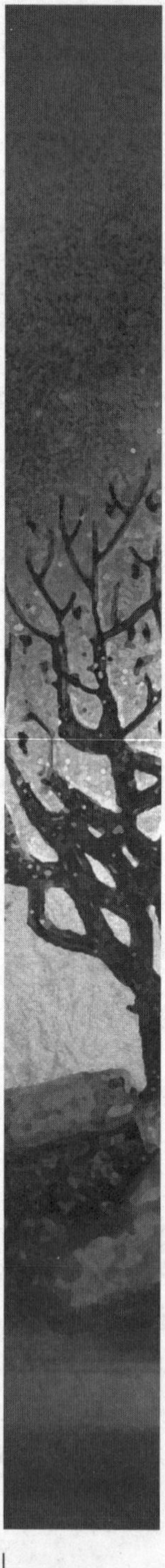

OBJECTIFS

- Utiliser, à l'intérieur comme à l'extérieur, des produits nettoyants, savons et autres détergents biodégradables : pour la lessive et la vaisselle, pour les planchers et les fenêtres ainsi que pour les produits d'hygiène personnelle.
- Bannir définitivement verres en styromousse, vaisselle jetable, sacs de poubelles en plastique.
- Instituer, à l'église et chez soi, un système de récupération et de recyclage.
- Installer, dans le but de mieux vivre notre rôle d'intendant, une mangeoire et un nichoir à oiseaux près de chez soi ou de l'église, tant en banlieue qu'à la campagne.

22 AVRIL – JOUR DE LA TERRE

La (belle) Terre promise

> *(Dieu) dit : « Je suis le Dieu de ton père, Dieu d'Abraham, Dieu d'Isaac, Dieu de Jacob. » Moïse se voila la face, car il craignait de regarder Dieu. Le SEIGNEUR dit : « J'ai vu la misère de mon peuple en Égypte et je l'ai entendu crier sous les coups de ses chefs, de ses gardes-chiourme. Oui, je connais ses souffrances. Je suis descendu pour le délivrer de la main des Égyptiens et le faire monter de ce pays vers un bon et vaste pays, vers un pays ruisselant de lait et de miel* […]. »
>
> *EXODE* 3, 6-8

Dans le cadre du récit de l'*Exode,* après une errance de quarante ans dans le désert aride et sec, un pays où coulent le lait et le miel était un rêve extraordinaire, presque trop beau pour être vrai. Dans le contexte pastoral du peuple hébreu, le lait provenait principalement des brebis, qui trouveraient en ce pays suffisamment d'herbe et d'eau pour favoriser la gestation et produire du lait en abondance. Quant au miel à l'état sauvage, le trouver et en faire la récolte était une activité familiale. Quoi de mieux que d'extraire le miel d'une ruche dans le creux d'un rocher pendant que les moutons broutent dans un champ ? Et le pays de Canaan avait beaucoup d'abeilles en raison de sa flore abondante et de son climat chaud.

Après plusieurs générations de vie nomade, ceux qui allaient devenir le peuple hébreu devinrent sédentaires sur la terre de Canaan, s'installant tout d'abord sur les sommets inoccupés des collines. L'agriculture, avec attelages de bœufs et troupeaux de vaches, leur permit d'organiser des agglomérations. Ils ont commencé ensuite la pratique de l'apiculture, et au temps du prophète Ézéchiel (début du VIe siècle avant notre ère), ils exportèrent même leur miel (*Ézéchiel* 27, 17).

C'est de cette époque que date la tradition littéraire D (VIIe siècle avant notre ère), l'une des quatre utilisées dans la rédaction du Pentateuque, une époque de crise sociale et religieuse où les théologiens d'alors présentèrent Dieu au peuple comme le Dieu des patriarches et de l'Alliance, un Dieu qui a choisi un peuple pour lui donner une foi – et les institutions qui s'y rattachent – ainsi qu'une terre.

(Dieu) lui fait enfourcher les hauteurs du pays pour qu'il se nourrisse des produits des champs : il lui fait sucer le miel dans le creux des pierres, il lui donne l'huile mûrie sur le granit des rochers, le beurre des vaches et le lait des brebis, avec la graisse des agneaux [...] (*Deutérome* 32, 12-14).

Cette terre d'abondance est évidemment une bénédiction, et cette richesse ne se limite pas au Moyen-Orient. En Amérique latine, c'est le chocolat ; en Afrique, le lait de noix de coco. En Asie, c'est le thé, et en Europe, le vin. À leur arrivée en Nouvelle-France, les premiers colons ont découvert une contrée où coulaient le sirop d'érable et des rivières pleines de poisson ! Nos ancêtres ont adopté quelques traditions autochtones et pratiqué l'élevage sur les terres fertiles le long du Saint-Laurent. Ce territoire, comme celui des Hébreux, était fécond et béni.

La Terre promise est un lieu symbolique, une destination vers laquelle toute personne de bonne volonté souhaite arriver un jour. Plusieurs environnementalistes, pour leur part, rêvent d'une autre Terre promise, une terre de justice où les richesses naturelles seraient gérées de façon responsable. R. Buckminster Fuller, l'architecte du dôme géodésique de Montréal, affirmait que « nous avons des ressources suffisantes pour prendre soin de 100 % de l'humanité, sans offense à l'environnement ni désavantage pour personne[2] ». Cette Terre promise de demain, toute l'humanité en rêve, et c'est Dieu qui la guide.

2. R. Buckminster Fuller, *Operating Manual for Spaceship Earth*, New York, Simon & Shuster, 1969.

N'est-il pas particulier qu'en français le même mot soit utilisé pour désigner le sol, dans lequel poussent les plantes qui nous nourrissent et que nous piétinons quand nous marchons, et en même temps la planète, véhicule cosmique qui voyage dans les espaces intersidéraux ?

Le Jour de la Terre, le 22 avril, est le meilleur moment pour prendre conscience de notre responsabilité envers la Création. Pourquoi ne pas exposer dans nos églises et nos temples le magnifique drapeau où l'on voit la planète Terre dans toute sa splendeur ? Toutes les confessions chrétiennes doivent s'engager à souligner ce jour par une célébration spéciale. En 2008, des membres de l'Église presbytérienne Saint-Luc, dans l'arrondissement Rosemont-Petite-Patrie à Montréal, ont planté un pin blanc sur son terrain en présence de représentants de groupes religieux chrétiens, juifs, bouddhistes et amérindiens. La communauté a choisi un pin blanc, « symbole de l'interrelation entre les êtres pour les peuples autochtones », parce que cette espèce s'élève très haut dans le ciel et plonge dans le sol ses longues racines.

Nous sommes tous et toutes invités à faire, en ce jour, un geste majeur pour cette (belle) Terre.

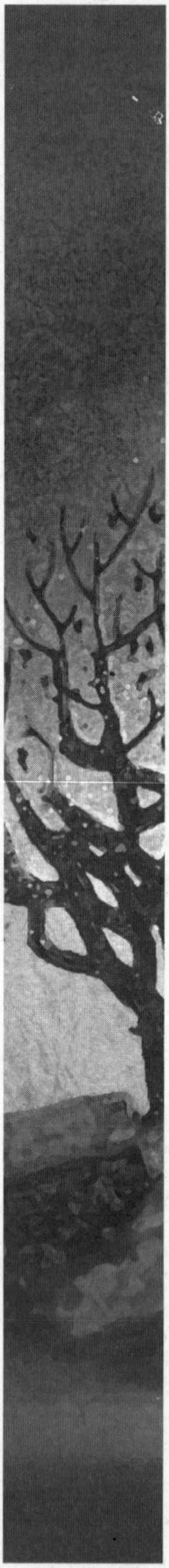

OBJECTIFS

- Plusieurs églises profitent du jour de la Terre pour faire leur lancement (et le bilan) des pratiques environnementales. Pour en savoir plus, visiter le site [www.egliseverte.ca].
- Les célébrations du Jour de la Terre se déroulent partout. Participer à l'une d'elles : consulter à cet effet le site [www.jourdelaterre.org].
- Encourager un producteur de lait ou de miel biologique.
- Utiliser le lait de soya, meilleur pour la santé que le lait de vache, qui laisse une faible empreinte écologique.
- Encourager la juste répartition des richesses, non pas pour être généreux, mais pour établir une justice réparatrice. À ce titre, le mouvement Kairos propose de belles activités.
- Planter un arbre sur le terrain de l'église ou du temple.
- Mieux encore, transformer une partie du stationnement de l'église ou du temple en jardin communautaire.

4e SEMAINE D'AVRIL

Adam, gardien de la Création

> *Le Seigneur Dieu planta un jardin en Éden, à l'Orient, et il y plaça l'homme qu'il avait formé. Le Seigneur Dieu fit germer du sol tout arbre d'aspect attrayant et bon à manger, l'arbre de vie au milieu du jardin et l'arbre de la connaissance du bonheur et du malheur.* [...]
>
> *Le Seigneur Dieu prit l'homme et l'établit dans le jardin d'Éden pour cultiver le sol et le garder.*
>
> *GENÈSE* 2, 8-9 et 15

Après avoir abondamment utilisé, durant le Carême, les deux récits de la Création, qui se trouvent dans le livre de la *Genèse,* revenons à celui de la pensée religieuse yahviste qui, le plus ancien, date du temps de la monarchie judéenne vers le VIIIe siècle avant notre ère. Il ne possède ni rythme liturgique ni phrasé poétique, mais par contre, dans son aspect primitif, il est plus proche de la Terre, si on peut s'exprimer ainsi. Adam y est le glaiseux, le terrien. L'humanité appartient à la Terre, les humains sont faits de terre et ils retournent à la poussière. Dans ce récit, l'homme, dans son apparence masculine, est créé le premier.

On y raconte que le premier être humain est un assemblage de terre et d'eau, assemblage auquel un souffle (l'air) vient donner vie. Très tôt, la Bible nous rappelle, de façon symbolique, que l'être humain est intimement lié à son environnement. Et la science le confirme : toutes les molécules de notre corps proviennent de ce que nous mangeons, buvons et respirons.

J'aime cette image du lieu idéal pour l'être humain : le jardin. On aurait pu s'attendre à un somptueux palais rempli de marbre et d'or. Non, il s'agit d'un milieu naturel ! Le premier lieu d'existence de l'être humain est la nature, façonnée avec sagesse à travers les millénaires. La ville a ses avantages, sans doute, mais nombre de personnes attestent que, dans la nature ou à la campagne, elles « se retrouvent ». Les ciels du crépuscule y sont magnifiques. Les espaces naturels sont libérateurs. L'air y est bon à respirer ; le sol est humide et accueillant. Les arbres sont « séduisants » dans des paysages à couper le souffle. Les framboises et les bleuets sauvages sont « bons à manger ». Le vent dans les feuilles chante la plénitude ; « même la pluie joue une symphonie[3] ».

Dans ce récit de la *Genèse*, Dieu ne lègue pas son pouvoir à Adam pour qu'il gère une ressource forestière. Il l'invite à cultiver le sol, ce qui nécessite de s'accroupir, de se mettre à genoux. Ce signe d'humilité, on le fait tous en s'occupant de notre jardin ! Il ne s'agit pas de contrôler la Terre, mais d'en prendre soin. « Il y avait un jardin qui s'appelait la Terre[4] », chantait Georges Moustaki, un très grand poète. À nous de voir qu'il y ait toujours « un jardin qui s'appelle la Terre ».

Dans le paradis terrestre, Adam a des responsabilités : il est le gardien de ce jardin. En lisant ce passage, ne nous sentons-nous pas interpellés personnellement à assumer cette même responsabilité ?

Le printemps est propice aux découvertes des merveilles de la nature : les premiers crocus qui percent la neige, le vert tendre des jeunes feuilles, les crues indomptables des eaux, la débâcle des glaces, les nombreux couples d'oiseaux qui construisent leurs nids, etc. C'est une saison où il est facile de réfléchir sur notre bien-être, sur celui de la nature, sur nos relations avec les autres et avec l'environnement. Elle peut nous inciter à vouloir protéger la nature des envahisseurs, des gourmands qui ne pensent qu'aux profits. Pour valoriser nos origines « terrestres », nous pouvons nous engager dans des mouvements qui promeuvent la conservation des forêts et des rivières, par exemple. On peut aussi planter, chez soi ou dans un parc, des

3. *Chante-la ta chanson*, de Jean Lapointe et Marcel Lefebvre, 1978. Interprète : Jean Lapointe.

4. Paroles et musique de Georges Moustaki, 1971.

fleurs et des arbres qui accueilleront les oiseaux et les écureuils. Une autre manière de prendre soin de notre milieu de vie est de réduire notre consommation, de réutiliser et de recycler les produits que nous achetons. Honorons la Création par nos louanges, mais surtout par nos gestes !

Le printemps est aussi la saison où l'on va ouvrir le chalet, à la campagne. Pourquoi ne pas en verdir le terrain ? Quelques suggestions : faire un potager, fabriquer notre compost, planter des arbres, utiliser des insecticides naturels, ne pas remblayer les milieux humides, et autres initiatives favorables à l'environnement. C'est aussi la saison où l'on planifie nos voyages. Le tourisme de masse est l'une des activités humaines les plus dommageables pour l'environnement ! L'avion est l'un des moyens de transport les plus polluants. Que dire de la surconsommation d'eau par les touristes qui prennent des douches d'une demi-heure ou plus ? Et combien de routes, construites au détriment de la nature, ne sillonnent-elles pas la jungle ?

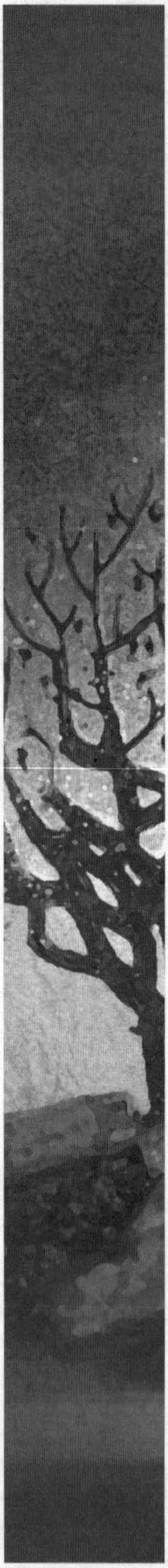

OBJECTIFS

- Avec nos enfants ou nos petits-enfants, planter quelques graines et cultiver un petit jardin. Créer un jardin sur le balcon ; y faire pousser des fines herbes et des fraises, par exemple. Choisir des plantes indigènes. Biner un coin de pelouse et y planter fleurs et fines herbes, ou encore, réserver une parcelle de terrain dans un jardin communautaire. Pour les plus audacieux, s'engager dans le reboisement de la ville ou de la municipalité.
- Entourer l'église de parterre de fleurs et de fines herbes.
- Suggérer à un commerçant ou à une compagnie d'accroître leurs ventes provenant de produits équitables.
- Consulter le site Internet [www.gardienscreation.org].

1re SEMAINE DE MAI – MAI, MOIS DE L'ENVIRONNEMENT

Hymne au Dieu Créateur

Bénis le Seigneur, ô mon âme!
Seigneur mon Dieu, tu es si grand!
Vêtu de gloire et d'éclat,
drapé de lumière comme d'un manteau,
tu déploies le ciel comme une tenture.
Tu étages tes demeures au-dessus des eaux;
des nuages tu fais ton char;
tu marches sur les ailes du vent.
Des vents tu fais tes messagers,
et des flammes, tes ministres.
Tu as fondé la terre sur ses bases,
elle est à tout jamais inébranlable.
Tu l'as couverte de l'océan comme d'un habit;
les eaux restaient sur les montagnes.
À ta menace, elles ont fui,
affolées par tes coups de tonnerre :
escaladant les montagnes, descendant les vallées
vers le lieu que tu leur avais fixé.
Tu leur as imposé une limite à ne pas franchir;
elles ne reviendront plus couvrir la terre.
Tu envoies l'eau des sources dans les ravins :
elle s'en va entre les montagnes;
elle abreuve toutes les bêtes des champs,
les ânes sauvages étanchent leur soif.
Près d'elle habitent les oiseaux du ciel,
qui chantent dans le feuillage.
Depuis tes demeures, tu abreuves les montagnes,
la terre se rassasie du fruit de ton travail :
tu fais pousser l'herbe pour le bétail,
les plantes que cultivent l'être humain,

tirant son pain de la terre.
Le vin réjouit le cœur des humains,
en faisant briller les visages plus que l'huile.
Le pain réconforte le cœur des humains.
Les arbres du Seigneur se rassasient,
et les cèdres du Liban que tu as plantés.
C'est là que nichent les oiseaux,
la cigogne a son logis dans les cyprès.
Les hautes montagnes sont pour les bouquetins,
les rochers sont le refuge des damans.
Tu as fait la lune pour fixer les fêtes,
et le soleil qui sait l'heure de son coucher.
Tu poses les ténèbres, et c'est la nuit
où remuent toutes les bêtes des bois.
Les lions rugissent après leur proie,
et réclament à Dieu leur nourriture.
Au lever du soleil, ils se retirent
et couchent dans leurs tanières,
et l'être humain s'en va à son travail,
à ses cultures jusqu'au soir.
Que tes œuvres sont nombreuses, Seigneur !
Tu les as toutes faites avec sagesse.
La terre est remplie de tes créatures.
Voici la mer, grande et vaste de tous côtés,
où remuent, innombrables,
des animaux petits et grands.
Là, vont et viennent les bateaux,
et le Léviathan que tu as formé pour jouer avec lui.
Tous comptent sur toi
pour leur donner en temps voulu leur nourriture :
tu donnes, ils ramassent ;
tu ouvres la main, ils se rassasient.
Tu caches ta face, ils sont épouvantés ;
tu leur reprends le souffle, ils expirent
et retournent à la poussière.

Tu envoies ton souffle, ils sont créés,
et tu renouvelles la surface du sol.
Que la gloire du Seigneur dure toujours,
que le Seigneur se réjouisse de ses œuvres !
Tu regardes la terre, et elle tremble ;
tu touches les montagnes, et elles fument.
Toute ma vie je chanterai le Seigneur,
le reste de mes jours je jouerai pour mon Dieu.
Que mon poème lui soit agréable !
Et que le Seigneur fasse ma joie !
Que les pécheurs disparaissent de la terre,
et que les infidèles n'existent plus !
Bénis le Seigneur, ô mon âme !
Alléluia !

PSAUME 104

Quel psaume magnifique exaltant la grandeur de Dieu et de son pouvoir créateur à l'œuvre tout autour de nous et par nous ! On pourrait presque l'intituler *Psaume des environnementalistes* ! Nous avons choisi de placer ce long psaume en entier dans une version légèrement adaptée pour supprimer quelques images masculines de Dieu. Pourquoi, un dimanche, ne pas en faire le centre d'une cérémonie ou d'un culte intergénérationnels ? Ne serait-ce pas une excellente façon de commencer ce mois de l'environnement ?

On pourrait, par exemple, diviser ce psaume en plusieurs prières qui viendraient rythmer la liturgie : invocations, louanges, intercessions, repentance, action de grâce, envoi. Il serait facile de l'utiliser en litanies dialoguées (projetées sur un écran puisque la paroisse a abandonné les bulletins papier !) : côté droit et côté gauche de l'église ou du temple, femmes et hommes, petits et grands se répondraient. On pourrait demander à des jeunes de lire ce psaume pendant qu'on présenterait un montage de photos de la nature, d'animaux et d'événements météorologiques qu'ils auraient eux-mêmes choisies. On pourrait proposer aux enfants de faire une série de dessins qui pourraient ensuite être assemblés dans un petit livret de méditations. Il existe peut-être des versions chantées de ce psaume, mais, chose sûre, il a inspiré bien des chants ; pensons à *Je louerai l'Éternel*, par exemple.

On pourrait aussi reprendre chacune des images de ce psaume et demander aux gens ce que celles-ci leur inspirent. Plusieurs de ces images, si riches d'enseignements, pourraient faire l'objet d'une prédication : vêtu de gloire et d'éclat ; des nuages, tu fais ton char ; des vents, tu fais tes messagers ; tu as couvert la terre de l'océan comme d'un habit ; l'eau s'en va entre les montagnes et abreuve toutes les bêtes des champs, et près d'elle habitent les oiseaux du ciel, qui chantent dans le feuillage ; les arbres du Seigneur se rassasient, c'est là que nichent les oiseaux ; tu poses les ténèbres, et c'est la nuit où remuent toutes les bêtes des bois ; que tes œuvres sont nombreuses, Seigneur ! Tu les as toutes faites avec sagesse ; la Terre est remplie de tes créatures ; voici la mer, grande et vaste de tous côtés, où remuent, innombrables, des animaux petits et grands, etc.

OBJECTIFS

« Tous comptent sur toi pour leur donner en temps voulu leur nourriture : tu donnes, ils ramassent ; tu ouvres la main, ils se rassasient. Tu envoies ton souffle, ils sont créés, et tu renouvelles la surface du sol. »

- Dans les milieux naturels, les animaux survivent grâce aux équilibres sacrés – et précaires – que Dieu a développés. Pour conserver ces milieux, on pourrait, par exemple, faire le don collectif des offrandes du jour à la Fondation de la faune du Québec, à Conservation Canada ou à un autre organisme.
- Après avoir rempli sa déclaration de revenus, on peut, si la chose est possible, faire un don à un organisme environnementaliste.

8 MAI – JOURNÉE INTERNATIONALE DU COMMERCE ÉQUITABLE

La soupe empoisonnée

Élisée revint à Guilgal. La famine régnait alors dans le pays. Comme les fils des prophètes se tenaient assis devant lui, il dit à son serviteur : « Prépare la grande marmite et fais cuire un bouillon pour les fils des prophètes. » L'un d'eux sortit dans la campagne pour ramasser des herbes. Il trouva une vigne sauvage où il ramassa des concombres sauvages plein son vêtement. Il rentra et les coupa en morceaux dans la marmite de bouillon, car personne ne savait ce que c'était. On servit à manger aux hommes. Mais dès qu'ils eurent goûté de ce bouillon, ils poussèrent des cris et dirent : « La mort est dans la marmite, homme de Dieu ! » Et ils ne purent la manger. L'homme de Dieu dit : « Apportez-moi de la farine ! » Il en jeta dans la marmite et dit : « Sers les gens et qu'ils mangent ! » Il n'y avait plus rien de mauvais dans la marmite.

2 ROIS 4, 38-41

Du 1er au 14 mai, la quinzaine du commerce équitable est l'occasion pour tous de faire un geste solidaire, de s'engager concrètement à bâtir un monde plus juste et de consommer des produits équitables au bénéfice de milliers de producteurs et de productrices des pays du Sud.

Un prophète de Dieu, le plus grand de son époque, s'occupe d'un vulgaire bouillon de légumes sauvages, quelle ironie ! Mais en lisant ce récit de plus près, on s'aperçoit qu'il n'y a là rien d'ironique ; il s'agit plutôt d'une triste situation devant laquelle Élisée doit se débrouiller avec les moyens du bord. Il est dit dans le récit que « la famine régnait dans le pays ». Les périodes de disette et les famines étaient fréquentes en ces temps-là, comme elles le sont encore aujourd'hui en de multiples endroits sur la terre. Ces famines systémiques sont causées moins par les intempéries et les mauvaises conditions climatiques que par la détérioration de l'environnement due à la surexploitation des terres cultivables et au dysfonctionnement de la distribution des aliments.

La famine, dont il est question dans le récit, durera sept ans. Les fils des prophètes – ces derniers se déplaçaient et devaient parfois mendier – viennent, en désespoir de cause, s'agglutiner devant la maison de celui dont la renommée de « faiseur de miracles » est grande. Ils ont faim. Qui ne serait pas touché ? Si quelqu'un peut faire quelque chose, c'est bien Élisée ! Mais que peut-il faire sinon préparer un bouillon d'herbes sauvages qui, sans être très nourrissant, leur mettra tout de même quelque chose dans l'estomac ? Mais bon, l'histoire finit bien, une histoire qui fera sans doute sourire ceux et celles qui mangent des légumes biologiques, ou qui sont inscrits au programme Agriculture soutenue par la communauté (ASC). En 2009, plus de 30 000 foyers y étaient inscrits et 115 petits agriculteurs locaux y participaient. Un livreur distribue chaque semaine aux membres du programme un panier de légumes et de fruits frais biologiques d'ici ou d'ailleurs ; et ce, tout au long de l'année, même en hiver ! Les membres peuvent aussi se rendre à un point de chute, toutes les deux semaines, et s'approvisionner auprès d'un « fermier de famille ».

C'est un peu la morale de cette histoire de concombres sauvages et de soupe empoisonnée. Les invités d'Élisée n'ont aucune idée de ce qu'ils mangent, et pour empirer la situation, le serviteur ne connaît même pas le légume qu'il a cueilli. Et nous, savons-nous d'où viennent les légumes et les fruits que nous consommons, et connaissons-nous les conditions de leur croissance ? Que savons-nous des conditions de travail des agriculteurs ? Que pouvons-nous dire des moyens qui servent à les transporter ?

La plupart des légumes vendus dans les supermarchés – ceux qui n'ont pas la certification biologique – poussent dans un sol bourré d'engrais chimiques. On estime à 30 000 le nombre de composants chimiques utilisés dans l'agriculture, causant cancer, diabète et stérilité. Ces fertilisants sont lavés par l'eau de pluie et migrent par les ruisseaux jusqu'aux lacs, où les phosphates présents dans les engrais provoquent la prolifération des algues bleues. L'invasion de ces algues dans le lac Memphrémagog a empêché les moines de Saint-Benoît-du-Lac de s'y approvisionner, en 2007. Ils vivaient près d'un lac, mais ils devaient importer leur eau dans des camions-citernes ! Dans le cas où la concentration de phosphates est encore plus grande, les algues se multiplient jusqu'à l'eutrophisation : manquant d'oxygène, les poissons sont littéralement étouffés, et le lac, lui, est déclaré « mort ». Dans les champs, on utilise aussi de puissants insecticides chimiques. Une fois sur la peau des légumes, ils contribuent à ce que « la mort soit dans notre soupe ». Plusieurs molécules synthétisées par l'humain, c'est le cas des insecticides, ne sont pas éliminées de notre organisme parce que celui-ci ne les reconnaît pas. Par conséquent, elles s'accumulent dans nos dépôts de graisse, et avec le temps, elles peuvent causer des cancers.

À moins que leur viande ne soit certifiée biologique, n'oublions pas que les porcs, les bœufs, les agneaux, les poulets sont tous gavés de médicaments et d'hormones afin que leur croissance s'effectue plus rapidement. Des résidus de ces hormones se retrouvent dans la viande sur notre table et on les suspecte d'être responsables de la croissance rapide de nos enfants et des menstruations prématurées de nos filles.

Enfin, plusieurs autres choses se cachent dans notre assiette. Un peu comme Élisée, homme de Dieu, certaines personnes ingénieuses et ayant des valeurs solides nous permettent de faire des choix éclairés grâce à la certification biologique de leurs produits. De cette manière, notre marmite ne contiendra plus rien de mauvais !

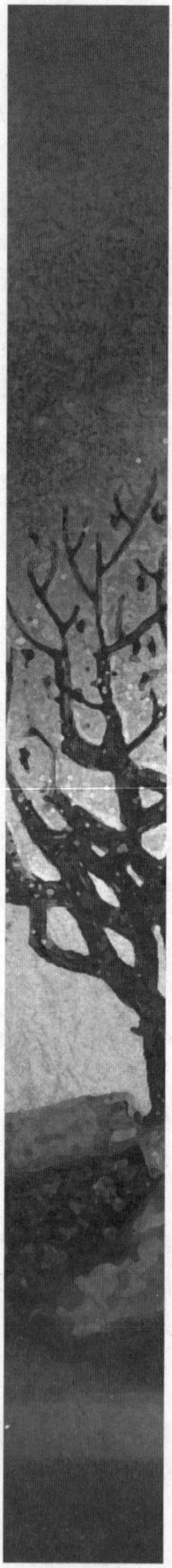

OBJECTIFS

- Avons-nous un fermier de famille ?
- C'est le temps de s'inscrire aux paniers biologiques pour l'été : consulter le site [www.equiterre.org].
- Surveillons notre alimentation, pour notre propre santé et celle de la planète !

1re ET 2e SEMAINES DE MAI – QUINZAINE DU COMMERCE ÉQUITABLE

Ce qui est juste et équitable

> *Tu n'exploiteras pas un salarié malheureux et pauvre, que ce soit l'un de tes frères ou l'un des émigrés que tu as dans ton pays, dans tes villes. Le jour même, tu lui donneras son salaire ; le soleil ne se couchera pas sans que tu l'aies fait ; car c'est un malheureux, et il l'attend impatiemment ; qu'il ne crie pas contre toi vers le Seigneur : ce serait un péché pour toi.*
>
> *DEUTÉRONOME* 24, 14-15

Le livre du *Deutéronome,* dont la lecture est parfois un peu rébarbative, occupe une place à part dans le Pentateuque. Il contient la quasi-totalité de la troisième tradition théologique, la tradition D (VIIe siècle avant notre ère), qui a servi à le composer. Dans la capsule du Jour de la Terre, nous soulignions que cette époque en était une de crise sociale et religieuse où les chefs religieux avaient senti le besoin de rappeler au peuple les bienfaits du Dieu des patriarches et de l'Alliance.

Au chapitre 22 du *Second livre des Rois,* un fait extraordinaire est raconté : au cours d'importantes rénovations faites au temple de Jérusalem durant « la dix-huitième année du règne du roi Josias » (622 avant notre ère), on trouve un vieux livre, le « livre de la *Loi* ». Surprenante découverte aux répercussions insoupçonnées ! Ce livre sera celui sur lequel le roi Josias, souverain fidèle et droit « qui suivit exactement le chemin de David, son père », s'appuiera pour dicter à l'ensemble de son royaume sa réforme religieuse quant à la pratique du peuple, aux fêtes rituelles et aux différents offices sacerdotaux. Les commentateurs s'accordent pour dire qu'il s'agissait là au moins de la partie législative du *Deutéronome*. Ils supposent aussi que ce livre aurait été écrit dans la première moitié de ce VIIe siècle à la suite de l'échec d'une autre réforme religieuse, celle du roi

Ézékias, un siècle environ avant Josias, sous le règne troublé, chaotique et désastreux du roi idolâtre Manassé, où régnaient la rapacité, l'injustice et l'iniquité.

Ainsi replacé dans son contexte, ce livre peut être vu, et lu, comme un écrit réformateur et innovateur proposant un enseignement nouveau, pour nous aussi aujourd'hui. Il constitue en quelque sorte un long discours de Moïse au peuple d'Israël, une sorte de testament spirituel qu'il lui lègue avant sa mort (voir 34, 5). Le tout premier verset du livre se lit ainsi : « Voici les paroles que Moïse adressa à tout Israël, au-delà du Jourdain, au désert [...] (1, 1). Le cœur du livre se compose, premièrement, d'une adresse de Moïse qui débute avec la révélation du Décalogue (chapitres 5 à 11) : « Voici les lois et les coutumes que Moïse proclama pour les fils d'Israël à leur sortie d'Égypte » (4, 45) ; et deuxièmement, d'une série de prescriptions (chapitres 12 à 26) : « Voici les lois et les coutumes que vous veillerez à mette en pratique » (12, 1). Par son style, son vocabulaire, ses tournures de phrases, ses exhortations didactiques, il s'apparente davantage à l'ensemble des livres de *Josué*, des *Juges*, de *Samuel* et des *Rois*, mais la Tradition a voulu le rattacher aux quatre autres livres du Pentateuque, sans doute pour en augmenter la crédibilité et l'autorité. Le *Deutéronome*, mot qui signifie « seconde loi », reprend en effet plusieurs des ordonnances des livres du *Lévitique* et des *Nombres*.

Maintenant que nous avons clarifié la théologie qui sous-tend ces versets, demandons-nous ce que signifie « tu n'exploiteras pas un salarié malheureux et pauvre » dans notre contexte actuel.

Le commerce équitable, et les lois sous-jacentes qui le soutiennent, est un concept environnemental très proche de celui de la justice sociale. Il en existe plusieurs formes et plusieurs variantes, mais le principe de base est partout le même : il s'agit de verser, en évitant le plus d'intermédiaires possible, un juste salaire aux petits producteurs agricoles du Sud qui sont trop souvent exploités. D'autres critères permettent de mieux le définir : commerce direct, juste prix, engagement à long terme, possibilité de crédit, gestion démocratique de la coopérative et protection de l'environnement. Il faut donc faire attention à tous les produits importés des régions chaudes, comme le café, le chocolat, le thé, le riz, les épices, sans oublier l'art provenant de ces pays.

Prenons l'exemple des caféiculteurs du Sud et demandons-nous comment nous en sommes arrivés à les exploiter de la sorte ? On l'aura deviné, les multinationales ont pris le contrôle de la production et de l'exportation du café en suivant les « lois » du marché. Les prix sont devenus artificiellement bas et les multinationales ont forcé les petits producteurs à leur vendre leur café moins cher. À titre d'exemple, le salaire moyen d'un producteur pour cent livres de café, au Guatemala dans les années 1990, était de 2 $, alors que la compagnie Starbucks vendait ces cent livres 900 $ US. La plupart des caféiculteurs vivent dans des conditions misérables. Isolés, ils ne peuvent produire d'assez gros volumes de café pour en faire eux-mêmes l'exportation. Ils vendent donc leur production à bas prix à des acheteurs mobiles – que l'on appelle *coyotes* en Amérique latine… – qui la revendent à plusieurs autres intermédiaires. L'appauvrissement des petits producteurs est pire si la récolte a été mauvaise ou si un membre de leur famille tombe malade. Ils sont alors tentés – ou obligés – d'emprunter, et peu réussissent à se sortir de cet endettement.

Acheter équitable, au nom de notre foi et à la lecture de l'ordonnance du *Deutéronome* que reprendra Jésus presque mot pour mot : « L'ouvrier mérite son salaire » (*Luc* 10, 7), fait en sorte que nous collaborons au mieux-être de ces petits producteurs. Le commerce équitable court-circuite le marché. Il permet de faire affaire directement avec des coopératives de familles paysannes qui, ainsi, peuvent offrir de meilleurs salaires à leurs employés. Ceux-ci ont alors un accès plus facile aux soins de santé et ils peuvent envoyer leurs enfants à l'école plutôt que de les faire travailler à un très jeune âge. L'Organisation du commerce équitable importe le café et le distribue aux détaillants. Le consommateur peut acheter ce café certifié « équitable », parfois légèrement plus cher que le café « ordinaire », en étant certain que le caféiculteur a reçu un salaire juste, qu'il ne vit plus d'insécurité alimentaire et que ses enfants ont accès à l'éducation.

OBJECTIFS

- Participer à la Quinzaine du commerce équitable. Rechercher le logo du commerce équitable. Oser, au nom de notre Dieu qui défend la justice, un commerce plus juste.
- À partir d'aujourd'hui, ne boire que du café et ne manger que du chocolat certifiés équitables.
- Se procurer le livre *L'envers de l'assiette,* de Laure Waridel, publié par Écosociété en 2003.
- Visiter des magasins de commerce équitable comme, à Montréal, *Dix Mille Villages* et *Kif-Kif.* On peut même trouver du coton biologique et équitable pour fabriquer des chandails, des sacs en tissu et des serviettes.

3e SEMAINE DE MAI – MAI, MOIS DE L'ENVIRONNEMENT

Dieu comble la Terre de richesses

Au bout du monde, on s'émerveille des tes signes,
tu fais crier de joie les régions du levant et du couchant.
Tu as visité la terre, tu l'as abreuvée ;
tu la combles de richesses.
La rivière de Dieu regorge d'eau,
tu prépares le froment des hommes.
Voici comment tu prépares la terre :
Enivrant ses sillons,
tassant ses mottes,
tu la détrempes sous les averses,
tu bénis ce qui germe.
Tu couronnes tes bienfaits de l'année
et sur ton passage la fertilité ruisselle.
Les pacages du désert ruissellent,
les collines prennent une ceinture de joie,
les prés se parent de troupeaux ;
les plaines se drapent de blé :
tout crie et chante.

PSAUME 65, 9-14

Qu'est-ce que la beauté ? Qu'est-ce qui attire notre regard ? Que cherche-t-on à acquérir ? Fait-on toujours la différence entre désirs et besoins ?

On trouve dans le numéro de janvier-février 2010 du journal *Espace D*, distribué dans les Caisses populaires Desjardins, un article de Madeleine Huberdeau sur les faussetés de la publicité dont le but est de nous faire « acheter des produits dont nous n'avons pas besoin » (500 milliards de dollars en 2008 !). On peut y lire :

Pourtant cette surconsommation a un prix très élevé. En effet, la production de biens requiert une quantité énorme de ressources naturelles qui, pour être transformées en produits de consommation, exige une grande quantité d'énergie. Cette dépense, à la fois de ressources et d'énergie, épuise la Terre, dont les ressources sont limitées, et engendre son lot de pollution, affectant grandement l'air, le sol et menaçant la biodiversité.

Résultats de cette boulimie : on souffre d'embonpoint, on étouffe dans le smog pendant que d'autres sont dépouillés et n'ont pas le strict nécessaire.

Cet article met aussi en garde, avec beaucoup d'à-propos, contre les bluffs et les mensonges de la publicité dite « verte », où les vendeurs insistent sur l'aspect biodégradable ou écosécuritaire de leurs produits alors que leur but reste le même : vendre toujours plus. N'a-t-on pas vu sur les murs du métro de Montréal une publicité vantant « le téléphone cellulaire vert fabriqué à partir d'une certaine quantité de plastique recyclé »? Ne nous méprenons pas, ceci s'appelle de l'écoblanchiment : faire passer pour écologiques des produits ou des pratiques qui ne le sont pas.

Le psaume de David qui sert de point de réflexion à cette capsule pourrait s'intituler *Dieu habille la Terre*, ou mieux, *Dieu pare la Terre de ses plus beaux atours*, non pas pour nous la vendre, mais pour le plaisir de tous nos sens. Le vêtement dont Dieu pare la Terre, c'est l'eau de pluie. Israël reçoit la pluie saisonnière, rafraîchissante et bienfaisante, et la nature aussitôt s'habille d'une ceinture de joie, d'un manteau de couleurs, d'un drap verdoyant et d'une couronne d'ovidés! C'est en hiver que sa terre reçoit la pluie, une bénédiction dont les habitants se rappellent toute l'année. Jetons un coup d'œil sur ses différentes zones : la région sèche des pâturages arides ruisselle, car le sable très friable laisse facilement paraître des sillons; les collines manifestent les effets de cette eau revigorante par l'éclosion des fleurs; dans les prés des régions semi-arides se rassemblent les brebis et les chèvres qui ont hâte de manger l'herbe verte ; les plaines humides de l'Ouest, enfin, permettent la culture du blé dont la récolte se fait au printemps.

Contrairement à Israël et aux autres pays du Proche-Orient, le Québec bénéficie d'eau à longueur d'année. Il reste que, lorsque nous vivons une canicule ou une sécheresse, que les feux de forêt se déclarent et que les cultures sont menacées par le manque d'eau, l'arrivée de la pluie est une bénédiction.

Les Israélites de l'Antiquité ne comprenaient pas le cycle de l'eau et ils pensaient que la pluie était une manifestation divine. C'est pourquoi le mot hébreu pour « averse » est *geshem*, qui se traduit par « substance ». Dans la culture biblique, la pluie est la substance de la grâce de Dieu qui permet la vie. En arabe, l'expression utilisée pour « pluie » est *rahmat Allah*, littéralement « la grâce de Dieu ».

Nous savons aujourd'hui comment l'eau potable, si rare, est un vrai miracle. Si toute l'eau de la planète était dans un baril, le contenu d'un seau représenterait la quantité d'eau potable, et le contenu d'une cuillère la quantité d'eau potable à laquelle nous avons accès.

Le Congrès eucharistique international de Québec, en juin 2008, s'est terminé par une grande célébration réunissant 50 000 personnes sur les plaines d'Abraham. Une averse surprise a arrosé abondamment les participants pendant la communion. Malgré mon imperméable, j'étais trempé, et je me rappelle les mots de l'animatrice au micro : « C'est une pluie de grâce ! » Ce psaume me donne le goût de danser sous la pluie. Il me motive à mieux utiliser l'eau, ce don de Dieu qui me rappelle qu'il participe à l'entretien de mon jardin, de mon quartier, de ma région, de mon pays. La pluie est une bénédiction !

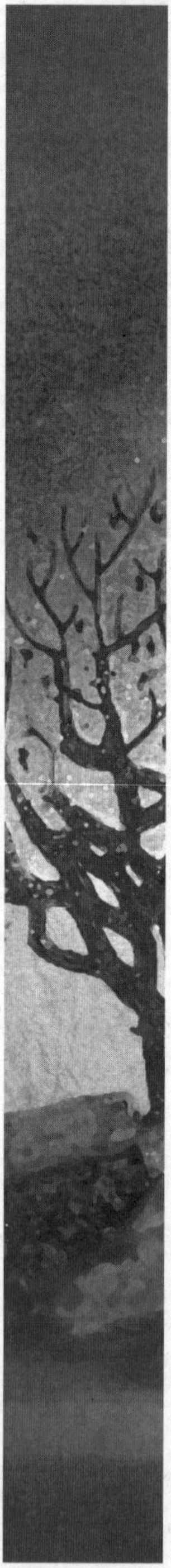

OBJECTIF

- Installer un collecteur d'eau de pluie (par exemple : Éco-pluie) pour arroser le potager plutôt que de gaspiller l'eau potable filtrée par la municipalité.

22 MAI – JOURNÉE INTERNATIONALE DE LA BIODIVERSITÉ

Noé conserve la biodiversité

> *De tout être vivant, de toute chair, tu introduiras un couple dans l'arche pour les faire survivre avec toi ; qu'il y ait un mâle et une femelle. De chaque espèce d'oiseau, de chaque espèce de bestiaux, de chaque espèce de petites bêtes du sol, un couple de chaque espèce viendra à toi pour survivre.*
>
> *GENÈSE* 6, 19-20

Ce récit du Déluge est symbolique, on en convient. Serait-il possible de rassembler tous les animaux de la terre, ne serait-ce qu'un seul couple de chaque espèce, dans une seule barque aussi grande soit-elle ? Sans compter que les biologistes n'ont pas encore répertorié toutes les espèces d'animaux et que, depuis les origines de la vie, 90 % d'entre elles ont disparu ! Ce récit biblique et ces données scientifiques nous ramènent à la phénoménale diversité de la vie ; la variété des formes qu'elle a prises est tout simplement incroyable ! Ce récit ne prétend pas non plus que Dieu est la cause des catastrophes climatiques. Par contre, il met l'accent sur le fait que Dieu est lié à notre désir de protéger la vie si merveilleuse et si précieuse qui nous entoure. Malheureusement, nous ne semblons pas tous percevoir son appel à conserver sa diversité.

L'extraordinaire biodiversité de la Terre est le résultat de milliards d'années d'évolution. Depuis l'origine de la vie unicellulaire, il y a 3,8 milliards d'années, depuis l'apparition des plantes, il y a 410 millions d'années, depuis les premiers vertébrés, il y 340 millions d'années, la Terre a connu plusieurs crises d'extinction, mais celle en cours, plus importante que jamais, est liée exclusivement à l'expansion de l'espèce humaine. L'actuelle vague d'extinctions n'est pas causée par des volcans, des ères glacières, des bouleversements climatiques ou une catastrophe cosmique. Non, elle est causée par une espèce indigène de la planète, l'être humain, qui rase les habitats naturels, les souille, les gaspille, causant ainsi un réchauffement du climat. Depuis l'arrivée de l'espèce humaine (*homo erectus*), il y a 1 million d'années, il n'y a pas eu d'extinctions massives. La dernière, il y a 65 millions d'années, a emporté avec elle les dinosaures. Une extinction est pourtant en cours, sous nos yeux, et elle dépasse la raison : une espèce s'éteindrait toutes les 10 minutes, ce qui élimine 50 000 espèces par année ! Le taux d'extinction est de 100 à 1 000 fois plus élevé que lors des cycles naturels. Le plus triste, c'est notre ignorance et notre insouciance devant cette catastrophe appréhendée !

Pourtant, l'étendue de cette crise ne peut être ignorée. Les données de l'UICN (Union internationale pour la conservation de la nature) décrivent l'état des espèces vulnérables ou carrément en danger de par le monde et leur liste s'allonge continuellement : environ 40 000 espèces sont en péril sur la planète. La Convention sur la biodiversité, signée par 193 États, est née lors du Premier sommet de la Terre, en 1992, à Rio de Janeiro. Savons-nous que son secrétariat est établi à Montréal ? L'année 2010 a été désignée Année internationale de la biodiversité – sans connaître l'écho qu'elle méritait ; nous en souvenons-nous ? – à la suite d'une décision, prise en 2002, au sommet de Johannesburg, de réduire sensiblement, au plus tard en 2010, le rythme de détérioration et d'extinction des espèces. Lors de la dixième réunion de la Convention sur la diversité biologique de l'ONU, à Nagoya au Japon, en octobre 2010, on a constaté l'échec de l'engagement de 1992 de freiner « significativement » l'érosion de la biodiversité. Cette rencontre aura au moins permis la signature d'un accord visant à mieux protéger les espèces et les écosystèmes de la planète, accord soutenu par un plan stratégique en vingt points s'étendant sur une période de dix ans.

Les mers et les océans sont dans un état pire que les milieux terrestres : l'acidification et l'augmentation des températures moyennes causent d'irréversibles dommages. L'étendue des « zones mortes », sans oxygène, augmente irrémédiablement. Présentement, 1,17 %

seulement des surfaces marines est protégé, et l'accord de Nagoya prévoit d'élever ce total à 10 % – et de passer de 13 % des territoires terrestres protégés à 17 %.

Les mammifères sont particulièrement vulnérables : une espèce sur deux est en déclin, selon la « liste rouge » de l'UICN ; cette liste comprend le koala et le renard arctique, le béluga et le manchot empereur, ainsi que le faucon pèlerin. Les points chauds en ce qui a trait aux menaces à la biodiversité sont l'Amazonie, l'Afrique et Madagascar. Plusieurs espèces sont menacées de disparition avant même d'avoir été découvertes : il y aurait de 8 à 30 millions d'espèces vivantes, alors que seul 1,8 million d'entre elles est connu.

Selon le ministère du Développement durable du Québec, 6 espèces ont disparu au Québec : le pingouin géant, la tourte, le canard eider, le wapiti, le courlis esquimau et le bar rayé du Saint-Laurent, et 76 espèces animales sont en péril, dont le béluga et le faucon pèlerin. Savons-nous aussi qu'au Québec 80 % des milieux humides ont disparu ? Au Canada, six cents espèces sont en péril et une quarantaine d'entre elles ont déjà disparu. Doit-on se demander pourquoi protéger la biodiversité, comme Noé l'a fait ? « Ils vinrent à Noé, couple par couple, de toute créature animée de vie. »

Le récit de Noé rappelle que ce n'est pas à l'humain de décider qui vivra et qui mourra, mais que la conservation de la nature est innée à toute personne qui ouvre son cœur et sait lire les signes, comme Noé l'a fait.

Chaque espèce est importante dans son écosystème, car un équilibre doit être respecté. Par exemple, si on pêche trop de saumons, la tortue manquera de nourriture et disparaîtra du paysage. L'entraide existe entre les espèces. Ainsi, l'abeille est le seul insecte qui effectue la pollinisation des orchidées. Donc, si l'abeille disparaissait, les orchidées disparaîtraient elles aussi. Pensons à la baisse de nos récoltes si elles ne profitaient pas du travail des abeilles ! Toute espèce vivante est reliée à d'autres, comme dans un grand réseau invisible. Et l'humain en fait partie. Il suffit d'une sécheresse pour provoquer une famine et une perte de bétail. Quand le courant marin *El Niño* arrive au large du Pérou, l'eau devient trop chaude et les poissons affamés fuient les côtes.

Cette dépendance nous force à ouvrir notre cœur à cette grande famille terrestre, nos frères et sœurs de l'eau, de la terre et de l'air. Alors qu'il y a dérèglement du climat et que les formes de vie sont menacées, penserons-nous à la nécessité de conserver la biodiversité comme Noé l'a fait?

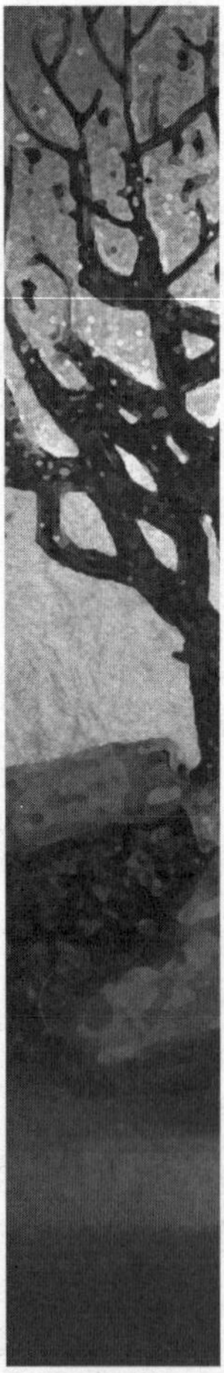

OBJECTIFS

- Avons-nous profité de 2010, année de la biodiversité, pour visiter le Biodôme, par exemple, ou un autre écomusée?
- Pourquoi ne relirions-nous pas le récit de l'arche de Noé (*Genèse* 6-8), ou n'en ferions-nous pas une pièce de théâtre lors d'une célébration du dimanche matin?
- Nous pouvons nous renseigner sur les avertissements de l'UICN en consultant son site Internet.

4e SEMAINE DE MAI

L'interdépendance

> *Car le sort des fils d'Adam, c'est le sort de la bête, c'est un sort identique : telle est la mort de celle-ci, telle est la mort de ceux-là, ils ont tous un souffle identique : la supériorité de l'humain sur la bête est nulle, car tout est vanité.*
>
> *QOHÉLETH* 3, 19

L'auteur du livre de *Qohéleth* est un juif philosophe qui a vécu environ 150 ans avant notre ère (voir la capsule de la 2e semaine de janvier). Son sens de l'observation, et peut-être même l'inspiration divine, lui a permis d'écrire la phrase qui ouvre cette capsule. Le sens de cette phrase était en contradiction avec la culture de son temps, comme il l'est avec celle de la société actuelle.

L'époque où vivait l'auteur du livre de *Qohéleth* ne croyait pas encore à la résurrection des morts et à la vie future. Alors, de ce point de vue, en quoi l'humain est-il si différent de l'animal ? Leur sort est identique. L'humain est-il vraiment plus grand que les animaux ? se demande Qohéleth. Il est vrai que l'humain a un grand avantage sur les animaux : un cerveau développé et la capacité de parole ; mais la génétique moderne a démontré que ses gènes sont identiques à 98 % avec ceux du chimpanzé, et à 90 % avec ceux de la souris… Cet avantage ne donne pas à l'être humain tous les droits sur la vie animale. Nos consciences évoluées arriveront-elles à saisir que les animaux ressentent ce qu'on leur inflige ? Et puis, l'humain, investi du don de l'intelligence, n'est-il pas le gardien de la Création, comme nous l'avons dit dans des capsules précédentes ?

En reprenant une citation célèbre, les animaux pourraient répondre ceci :

> *N'ai-je pas moi aussi des yeux ? N'ai-je pas des mains, des organes, des proportions, des sens, des affections, des passions ? Ne suis-je pas nourri de la même nourriture, blessé des*

> *mêmes armes, sujet aux mêmes maladies, guéri par les mêmes moyens, échauffé et refroidi par le même été et par le même hiver qu'un humain ? Si vous nous piquez, est-ce que nous ne saignons pas ? Si vous nous chatouillez, est-ce que nous ne rions pas ? Si vous nous empoisonnez, est-ce que nous ne mourons pas*[5] *?*

Ne fermons pas les yeux sur la souffrance de nos cocréatures : leurs conditions de vie irrespectueuses ; les densités trop élevées dans les porcheries ; les prises d'hormones par les poules sans oublier la coupe de leur bec et de leurs griffes ; l'abattage douloureux ; l'expérimentation abusive en laboratoire ; la mort des porcelets en santé pour la dissection ; l'euthanasie des chevaux quand ils ne peuvent plus courir ; les batailles de chiens pour le spectacle.

Bien sûr, nous ne sommes pas tous des François d'Assise pour converser avec les animaux. Mais l'observation de la nature pourrait nous apprendre tant de choses sur la beauté et les beautés du monde, sur le caractère fragile et précieux de la vie. Et aussi sur les impacts néfastes que causent les activités humaines sur la nature et la vie.

Un peu comme saint François, la SPCA est aussi idéaliste que pratique. Elle prend soin des animaux abandonnés ou maltraités, mais elle fait aussi circuler des pétitions : voir à cet effet le site Internet [www.spcamontreal.com]. La Fraternité sacerdotale internationale pour le respect de l'animal construit, depuis 2004, un réseau de religieux soucieux du bien-être animal : consulter le site [www.animal-respect-catholique.org] pour en apprendre plus sur ce regroupement.

Rappelons cette pensée de l'anthropologue américaine Margaret Mead : « Ne mettez jamais en doute le fait qu'un petit groupe de citoyens réfléchis puisse changer le monde. En fait, rien d'autre n'y est jamais parvenu. » Ou celle de Hélène et Jean Bastaire :

5. Shakespeare, *Le marchand de Venise,* acte III, adapté par l'auteur.

> *Oui, il faut venir au secours de cette création qui gémit et qui a besoin de nous. Il faut venir au secours de l'humanité d'abord, mais aussi il faut venir au secours de la forêt, il faut venir au secours de la ronce qui demande à être une rose, il faut venir au secours de ce grand fleuve qui nous demande que nous l'empêchions de déborder, il faut venir au secours de l'oiseau et de la bête brute et de tous les animaux suivant leur espèce*[6].

Dans notre vie quotidienne, nous pouvons réduire notre consommation de viande et choisir de la viande biologique, car ces animaux auront au moins vécu jusqu'à leur maturité sans hormones et dans un milieu où ils ont pu bouger. Finalement, il nous faut jouer le même rôle que Jésus : être la voix des sans-voix de ce monde. Dénoncer les situations où les animaux souffrent, que ce soit dans les laboratoires pharmaceutiques ou dans ceux qui mettent au point des produits cosmétiques. Dénoncer aussi la chasse au service de l'industrie de la fourrure. Comme saint François d'Assise, on pourra ainsi venir en aide à nos frères et sœurs les animaux.

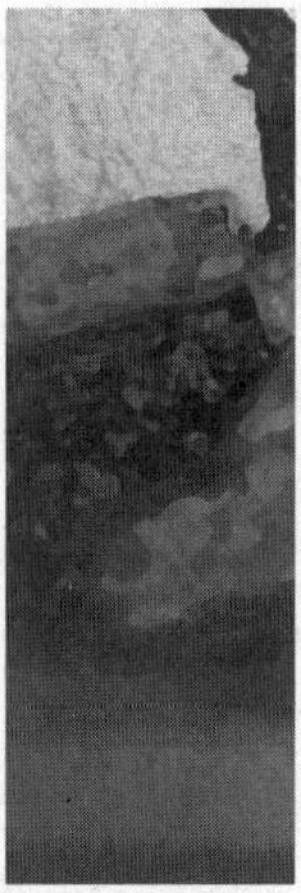

OBJECTIFS

- Visiter les sites Internet mentionnés et signer des pétitions concernant la condition animale.
- Acheter les cadeaux d'anniversaire dans un atelier qui ne porte pas atteinte à la vie animale, ou alors faire un don à un organisme de protection des animaux.
- Donner de la nourriture ou des vêtements à des organismes qui viennent en aide aux sans-abri.

6. Hélène et Jean BASTAIRE, *Pour un Christ vert*, Paris, Salvator, 2009, p. 117.

DERNIÈRE SEMAINE DE MAI

Protéger les oisillons

> *S'il se trouve devant toi sur ton chemin, n'importe où sur un arbre ou par terre, un nid avec des oisillons ou des œufs, et la mère couchée sur les oisillons ou sur les œufs, tu ne prendras pas la mère avec ses petits : tu devras laisser aller la mère, et ce sont les petits que tu prendras pour toi. Ainsi, tu seras heureux et tu prolongeras tes jours.*
>
> *DEUTÉRONOME* 22, 6-7

Nous retrouvons ici le *Deutéronome,* cet écrit réformateur. L'ordonnance ici donnée se retrouve au milieu d'un ensemble hétéroclite de prescriptions (chapitres 21 à 26) sans grand rapport les unes avec les autres sur l'organisation sociale et juridique de la collectivité. Pourquoi donc protéger la mère et manger les oisillons ?

Lors d'une balade en forêt, j'ai l'habitude de lever la tête pour observer les oiseaux. Si je vois un nid d'oiseau dans un arbre ou par terre, la première chose que je fais est d'en prendre une photo. Si je peux m'en approcher suffisamment, je ne penserai jamais à « prendre » la mère ou les petits… Même les moins écologistes d'entre nous préfèrent préserver la nature plutôt que la détruire. Nos randonnées sont des moments de contemplation, pas de chasse ! Le contexte de l'extrait du *Deutéronome* présenté ici est cependant différent.

Imaginons que nous marchons pendant des heures entre deux villages, dans un territoire semi-aride de sable et de plantes qui arrivent à vivre sur des sols arrosés seulement par deux ou trois averses par année. Nous n'avons que quelques provisions, comme du pain sec, et voilà que nous tombons sur un peu de viande ! Notre réflexe sera peut-être de tuer la mère et d'apporter les œufs pour les manger. Ce goût de tout prendre et tout de suite est typique de notre époque. Cette parole de Dieu, dans le *Deutéronome*, met un frein à notre impulsion de tout prendre, la mère et les petits, car cela pourrait compromettre la fécondité de cette espèce d'oiseau. Vous connaissez la tourte ? Il ne reste d'elle qu'un mot de notre vocabulaire culinaire : la tourtière, ou simplement la tourte. Selon les écrits de Jacques Cartier, les volées de tourtes étaient si abondantes qu'elles obscurcissaient le ciel. Aujourd'hui, cette espèce n'existe plus. La cause première de son extinction est la chasse excessive, car lorsque ces oiseaux se posaient sur le sol, comme le font les pigeons, il était facile de les assommer avec un bâton.

Vous connaissez le dodo ? Peut-être pas. Le dodo était un oiseau de près d'un mètre de haut. On le trouvait dans l'Île Maurice et il a été exterminé au XVIIIe siècle. Comme il ne pouvait pas voler, il était facile de l'assommer à coups de gourdins. Il a donc disparu parce que les humains ont tué les oiseaux adultes et que les rats, amenés par les bateaux, ont mangé les œufs.

L'enseignement du *Deutéronome* de n'emporter que les petits suggère une consommation durable. La mère oiseau, qui demeure fertile, pourra se reproduire et l'espèce continuera à se multiplier. Il s'agit ici sans doute de la première loi de protection des animaux dans leur habitat naturel !

Comment cet enseignement pourra-t-il nous rendre heureux et prolonger nos jours ? D'abord, un enfant qui voit ses parents agir ainsi répétera le même geste et préservera les espèces animales. Il serait irresponsable de prendre et de ne rien laisser. Nous pouvons enseigner à nos enfants à « prendre » dans la nature à condition d'en conserver la fécondité. De cette manière, il y aura encore des animaux en liberté à contempler au gré de nos promenades, nous serons heureux et nos jours seront prolongés !

Dans un même ordre d'idée, lors de nos randonnées dans des parcs naturels, il faut toujours marcher dans les sentiers balisés et ne jamais, comme c'est indiqué, cueillir de plantes et nourrir les animaux sauvages. Il nous faut aussi ne rien laisser derrière nous. Au cours du Vélotour, un camp de jeunes organisé par l'Église unie du Canada, qui a lieu chaque été sur les pistes cyclables du Québec, il est toujours ahurissant de constater la quantité de déchets qui sont laissés le long des pistes. Est-ce là l'indice de notre peu de respect pour la nature ?

OBJECTIFS

- La Fondation de la faune du Québec travaille très fort pour préserver les écosystèmes afin que les générations à venir puissent en profiter comme nous ! S'informer de son travail et de ses actions.
- Ne jamais rien jeter par les vitres des voitures.

DU 1er AU 7 JUIN – SEMAINE CANADIENNE DE L'ENVIRONNEMENT

Le bon Samaritain écolo

Mais [le légiste], voulant montrer sa justice, dit à Jésus : « Et qui est mon prochain ? » Jésus reprit : « Un homme descendait de Jérusalem à Jéricho, il tomba sur des bandits qui, l'ayant dépouillé et roué de coups, s'en allèrent, le laissant à moitié mort. Il se trouva qu'un prêtre descendait par ce chemin ; il vit l'homme et passa à bonne distance. Un lévite de même arriva en ce lieu ; il vit l'homme et passa à bonne distance. Mais un Samaritain qui était en voyage arriva près de l'homme : il le vit et fut pris de pitié. Il s'approcha, banda ses plaies en y versant de l'huile et du vin, le chargea sur sa propre monture, le conduisit à une auberge et prit soin de lui. Le lendemain, tirant deux pièces d'argent, il les donna à l'aubergiste et lui dit : "Prends soin de lui, et si tu dépenses quelque chose de plus, c'est moi qui te le rembourserai quand je repasserai." Lequel des trois, à ton avis, s'est montré le prochain de l'homme qui était tombé sur les bandits ? » Le légiste répondit : « C'est celui qui a fait preuve de bonté envers lui. » Jésus lui dit : « Va et, toi aussi, fais de même. »

LUC 10, 29-37

Cette parabole a-t-elle encore besoin de présentation ? Une recherche sur les paroles des Évangiles qui viennent le plus probablement de la bouche même de Jésus a démontré que cette parabole et celle du fils retrouvé avaient fait l'unanimité chez les personnes consultées. Tout y est : l'amour de Dieu, la foi, l'amour du prochain, de l'autre ; et pas n'importe quel autre ! Alors que, dans le contexte socioreligieux de Jésus, le prochain était tout membre du peuple juif à l'exclusion des étrangers, ici, dans ces paroles qui résonnent encore, l'autre, c'est celui qui est différent. La parabole va plus loin. L'autre, c'est non seulement celui qui est différent, mais c'est aussi mon ennemi, celui dont je me méfie, dont je n'apprécie par les traits culturels, les pratiques religieuses, les croyances ou la tradition vestimentaire. Message percutant et déstabilisant, parabole incomparable interprétée et réinterprétée des milliers de fois au cours des siècles, et toujours d'actualité.

Cette parabole peut facilement être relue (essayons!) en remplaçant l'homme à moitié mort par une planète bleue exploitée, dépouillée, mise à mal, laissée pour morte. Il est facile d'imaginer des villes où le smog empêche les gens de respirer, des rivières dont on n'ose pas boire l'eau, de riches écosystèmes détruits pour la construction de projets domiciliaires. Bref, une planète bleue qui tombe sous les coups des bandits de grand chemin… que nous sommes.

Qui sauvera cette planète? Qui, pris de pitié, arrêtera sa course? Qui lui viendra en aide, se penchera vers elle pour la soigner, pour bander ses plaies? Qui s'investira, qui investira temps et argent pour sa complète guérison?

Regardons ce qu'ont fait les prêtres de l'époque et les pasteurs et les religieux de la nôtre. Pendant longtemps, les chefs religieux ne se sont pas préoccupés des problèmes de l'environnement; ils ont détourné la tête. Cette catastrophe ne les concernait pas et ils étaient débordés par leurs cérémonies et leurs rituels. Ils étaient occupés à éduquer leurs ouailles à aimer le Créateur… tout en oubliant sa Création. Il fallait prendre ses distances afin de s'élever spirituellement. De plus, l'environnement était sujet de controverses, alors il ne fallait pas se salir les mains avec ça!

Regardons maintenant ce qu'ont fait les avocats, les juges, les hommes d'affaires et les politiciens. La plupart d'entre eux ont évité ou nié (et nient encore) les problèmes environnementaux. Plusieurs préfèrent ne pas y penser, ou pratiquer la procrastination volontaire, et ça se comprend. Leurs « grandes » études leur laissent penser que le problème n'est pas si grave ou que la technologie finira par trouver la solution miracle, ou les deux à la fois. Le dogme sacré de notre époque veut que l'économie réponde à nos besoins dans un monde infini. Les décisions sont prises dans cette optique et la compétition commerciale et publicitaire nous pousse à acheter de grosses voitures et à surconsommer sans retenue. Ce monde de croissance infinie leur semble normal.

La réalité est bien différente, car les ressources sont limitées pour près de sept milliards d'humains, et ce n'est pas l'économie qui améliorera leur situation, mais bien l'équilibre des écosystèmes. Je crois même que c'est Dieu notre Père qui agit par la générosité des écosystèmes qu'il crée.

Regardons enfin ce que font, chaque jour, de petits groupes de personnes engagées – étudiants, marginaux, rêveurs, artistes, peuples autochtones, regroupements de sans-terre ou d'agriculteurs biologiques : ils voient les blessures infligées à la planète et ils ne restent pas indifférents. Ils militent ; ils agissent. Ils se rassemblent, signent des pétitions, font pression et organisent des manifestations. De plus, ils recyclent, réutilisent, récupèrent, plantent des arbres et créent des jardins communautaires, prennent le transport en commun, pratiquent la simplicité volontaire. Ils investissent temps et argent au service de leurs convictions, et parfois certains y laissent leur vie. Leur vision est celle d'une planète restaurée, revivifiée, remise « sur pied » dans ses superbes beautés et merveilles.

Lequel des trois groupes (prêtres et religieux, hommes d'affaires et financiers, personnes engagées) aura été le prochain de la planète ?

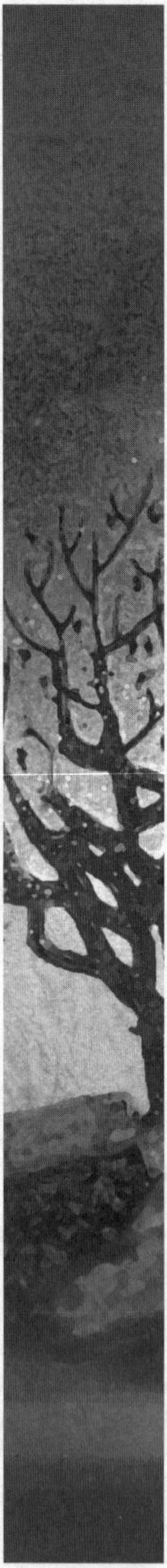

OBJECTIFS

- Prier Dieu d'inspirer les dirigeants et les dirigeantes des États et des compagnies afin qu'ils respectent la Terre et en prennent soin.
- Écrire une lettre à un dirigeant ou à une dirigeante (maire de la municipalité, député(e), président(e) d'entreprise) et lui rappeler combien le respect de l'environnement est vital pour notre qualité de vie.
- Profiter de la Semaine de l'environnement pour rejoindre un groupe écologique, et si ce n'est déjà fait, rejoindre les réseaux des Églises et des communautés vertes.

2e SEMAINE DE JUIN

Des vacances écolos

Au Seigneur, la terre et ses richesses,
le monde et tous ses habitants !
C'est lui qui l'a fondée sur les mers
et la tient stable sur les flots.
Qui gravira la montagne du Seigneur ?
Qui se tiendra dans son lieu saint ?
[La personne] aux mains innocentes et au cœur pur,
qui ne tend vers le mal
et ne jure pas pour tromper.
[Elle] obtient du Seigneur la bénédiction
et de son Dieu Sauveur la justice.

PSAUME 24, 1-5

L'été, pour beaucoup, ce sont les vacances. Ils planifient un voyage, visitent un coin de pays ou du monde qu'ils n'ont jamais vu. Et ils veulent en profiter pleinement !

Le *psaume* 24 est à emporter avec soi pour aider à la contemplation des richesses de la terre de Dieu et à la rencontre de ses habitants ; pour franchir avec respect les montagnes du monde et se tenir dans tous les lieux saints de la Création avec un cœur et des mains innocentes. En voyage, avoir les mains innocentes, c'est pratiquer un tourisme le moins dommageable possible pour l'environnement.

Depuis les années 1960, avec l'introduction des congés payés, le tourisme n'a cessé de se développer. Au plus fort du développement du tourisme de masse des dernières années, plus de 800 millions de touristes ont été recensés dans le monde, en 2005. Cependant, dès les années 1970, est apparue une nouvelle sorte de voyageurs, désireux de marcher hors des sentiers rabattus par les hordes compactes des voyages organisés. Tout comme les expressions « commerce équitable » et « produits biologiques », les notions de « tourisme équitable » et de « tourisme responsable » commencent à entrer dans notre vocabulaire.

L'écotourisme est une forme de voyage responsable dans les espaces naturels qui contribue à la protection de l'environnement et au bien-être des populations locales (*International Ecotourism Society*). Cette forme de tourisme, conçue d'abord pour de petits groupes de voyageurs, inclut un volet pédagogique ; et les professionnels de l'écotourisme sont souvent de petites entreprises locales.

Il ne fait plus de doute que le tourisme de masse a des répercussions négatives autant sur les populations locales que sur l'environnement. La construction des grands complexes hôteliers cause la destruction irrémédiable d'innombrables écosystèmes, et parfois même le déplacement de communautés. Ces nombreux et souvent lointains déplacements nécessitent une grande énergie. Des déchets sont produits en quantité industrielle. L'eau, une denrée rare dans certains pays chauds, est gaspillée au sein des grands complexes hôteliers, et ce, au détriment des populations (27 litres d'eau sont consommés en moyenne par jour par habitant de ces régions contre 1 000 litres par touriste).

Le tourisme de masse fait aussi du tort aux cultures et aux économies locales. Nombre de touristes veulent avoir le même confort que chez eux : manger, boire, parler, se divertir comme d'habitude sans prendre le temps de connaître le pays visité. Cette attitude incite les hôteliers à importer des équipements et à recruter un personnel qui n'est pas engagé dans la communauté locale. On sait aussi que les profits engrangés par cette industrie ne sont pratiquement pas réinvestis sur le plan local, mais qu'ils enrichissent plutôt les chaînes hôtelières internationales et les élites du pays.

Ces effets, nuisibles pour la culture, l'environnement et l'économie des régions visitées, obligent aujourd'hui à penser un tourisme durable conjuguant liberté (et plaisir) du voyage et respect des populations de ces régions. Pour cela, il faudra une responsabilisation des professionnels du tourisme, des collectivités, des pouvoirs publics… et des touristes eux-mêmes !

Vacances vertes, écolos, solidaires, équitables, culturelles, plusieurs avenues existent autres que les clubs à touristes et les usines à plein air pour de véritables vacances « alternatives ». Dans le choix d'un lieu de vacances, il semblerait que le critère environnemental se place maintenant en troisième position après le prix et le confort. Du coup, les vendeurs de vacances de rêve s'y mettent. Voilà pourquoi la vigilance est de mise, car l'expression « tourisme écologique » cache plusieurs idées distinctes, et parfois contradictoires, ainsi que plusieurs niveaux dans la protection de l'environnement.

Avec le tourisme dit équitable ou solidaire, on élève d'un cran le niveau d'exigence. Non seulement ces voyages prennent-ils en compte les critères environnementaux, mais un volet économique et social s'ajoute (aide au développement des populations locales, transparence du gestionnaire, répartition équitable des bénéfices, etc.), parfois occulté dans le tourisme vert. Le tourisme durable est défini par l'Organisation mondiale du tourisme comme une façon de gérer « toutes les ressources permettant de satisfaire les besoins économiques, esthétiques et sociaux et de préserver l'intégrité culturelle, les écosystèmes, la biodiversité et les systèmes de soutien de la vie ». Il est régi par sept mécanismes visant à réduire la pauvreté qui vont de l'embauche de personnes pauvres par des entreprises touristiques aux investissements d'infrastructures stimulés par le tourisme et dont les pauvres peuvent aussi bénéficier là où ils vivent, soit directement, soit par d'autres activités que ces infrastructures favorisent, en passant par des dons et une aide volontaire des entreprises touristiques et des touristes.

Le tourisme équitable est en quelque sorte la transposition des règles du commerce équitable au secteur touristique. Le tourisme solidaire quant à lui sensibilise les voyageurs avant leur départ par des réunions d'information et une documentation adéquate.

Dans une forme ou l'autre de tourisme, un haut degré de transparence de la structure à l'égard des voyageurs, mais aussi des partenaires locaux, est essentiel. Le volet économique et la répartition des bénéfices sont eux aussi importants, mais le tourisme solidaire va plus loin en encourageant les organismes touristiques à s'inscrire dans un véritable partenariat de développement local.

OBJECTIFS

Quelques critères pour s'y retrouver entre les soucis environnementaux et les astuces du marketing.

- Évaluer les moyens de transport selon la distance à parcourir : le train ou l'avion, l'autobus ou la voiture? En ce qui a trait aux émissions de CO_2, comparer le taux très faible de rejet du train et ceux de l'avion ou de l'automobile. Le CO_2 éjecté par un avion à 15 km d'altitude double son pouvoir de réchauffement, sans oublier l'énorme quantité d'essence nécessaire pour le faire décoller et voler. Comme l'avion électrique n'existe pas encore, on peut au moins acheter des crédits de carbone. Cet argent sert à financer des changements de technologie dans les pays pauvres, comme la construction d'éoliennes pour remplacer une centrale au charbon.
- Évaluer les impacts écologiques de l'hébergement; en privilégier un situé dans un milieu rural permettant de profiter de l'environnement ou situé dans un environnement naturel protégé afin de jouir de la faune et de la flore.
- Choisir un lieu proposant une palette de loisirs dans la nature, loisirs peu dommageables à l'environnement, comme la randonnée ou la baignade.

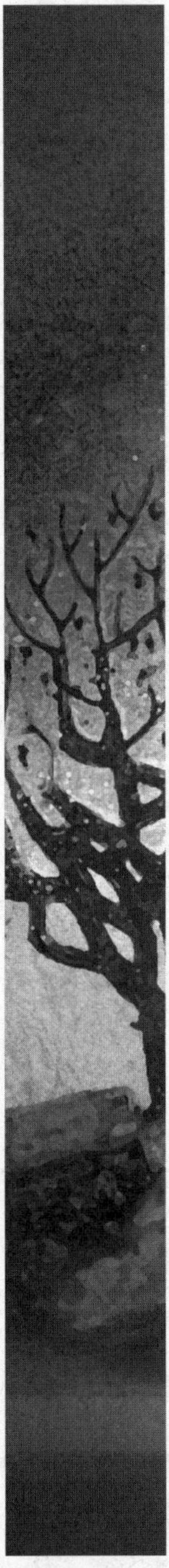

- Penser en fonction de faire les écogestes du vacancier : ne pas laisser ses détritus derrière soi, ne pas ramener de spécimens d'espèces menacées dans ses bagages, etc. Cueillir une fleur, couper une branche, nourrir les animaux ou marcher hors sentiers peuvent sembler des gestes sans conséquence, mais le plus petit changement à certains milieux naturels fragiles peut causer de graves impacts à tout l'écosystème.

- Penser aux autres : lors d'un voyage à l'étranger, il est très enrichissant de rencontrer les gens qui y vivent. Ceux-ci pourront aussi proposer aux touristes des activités gérées par des gens de la place afin de stimuler l'économie locale.

3e SEMAINE DE JUIN

Proclamez l'Évangile aux créatures

Ensuite, il se manifesta aux Onze, alors qu'ils étaient à table, et il leur reprocha leur incrédulité et la dureté de leur cœur, parce qu'ils n'avaient pas cru ceux qui l'avaient vu ressuscité. Et il leur dit : « Allez par le monde entier, proclamez l'Évangile à toutes les créatures. »

MARC 16, 14-15

Faut-il rappeler qu'il existe une incertitude quant à la finale de l'*Évangile de Marc*? La meilleure hypothèse voudrait que la véritable conclusion de l'auteur ait été très tôt perdue. Au-delà des variantes du texte de remplacement comportant d'importantes différences ou même des incongruités, la finale, que l'on trouve habituellement, est en porte-à-faux avec le reste du livre tant par le vocabulaire que par le style d'écriture. De plus, rompant abruptement avec le cours du récit (« les femmes étaient bouleversées et ne dirent rien à personne ») et ne comportant aucun matériel original ouvrant à une meilleure connaissance du Christ ou des évènements subséquents à sa résurrection, son authenticité est nettement remise en question depuis l'époque des Pères de l'Église.

Lisons-nous bien cet encouragement particulier : « […] proclamez l'Évangile à toutes les créatures »? On se rappelle plus facilement : « Allez donc : de toutes les nations faites des disciples », de l'*Évangile de Matthieu*, ou encore : « Vous serez mes témoins à Jérusalem […] et jusqu'aux extrémités de la terre » de Luc (dans les *Actes des Apôtres*), comme on le lit dans les écrits qui ont suivi l'*Évangile de Marc* (le plus ancien). La différence est marquante et elle interpelle. Pourquoi les créatures doivent-elles entendre l'Évangile?

Dans un premier temps, l'alliance avec Dieu inclut les animaux (*Genèse* 9, 9-10; voir la capsule de la 2e semaine de l'Avent). Nous sommes dans « le même bateau », si on se permet l'utilisation de ce symbole. Donc, il serait illusoire de penser que nos actions sur la Création, comme la disparition de quelques espèces, n'auront aucune conséquence sur l'espèce humaine. Par exemple, plusieurs populations d'abeilles ont été décimées récemment, et d'autres ont vu leur nombre chuter d'environ 80 %. Imaginons les conséquences de leur disparition. Les abeilles nous rendent en effet trois grands services : la cire, le miel, et surtout, la pollinisation, essentielle à toute floraison ! Par contre, si notre cœur est rempli d'amour envers les abeilles et pour le Créateur qui les a voulues pour jouer un rôle dans les écosystèmes, elles seront protégées au moins par nous, les chrétiens. Nous leur porterons l'Évangile en disant : « Nous voulons que vous soyez sauvées. »

Dans un deuxième temps, il est facile de proclamer l'Évangile aux créatures, car nous sommes faits de la même matière qu'elles (terre, eau, air). Nous sommes des produits de la terre par la volonté de notre Père créateur (*Genèse* 1, 24 ; voir la capsule de la 1re semaine de l'Avent). Donc, les liens qui unissent les humains et les autres créatures ne doivent pas être brisés et leur réparation est essentielle à l'accomplissement de l'Évangile. Le lien familial est profond et nous sommes unis à toutes les créatures jusque dans nos molécules. Des millions de molécules d'eau de notre prochaine gorgée se trouvaient peut-être dans le corps d'une truite du lac Huron, il y a deux semaines. Des millions de molécules d'air de notre prochaine respiration proviennent peut-être de l'expiration d'un chevreuil caché en forêt. Nous partageons des ressources essentielles entre frères et sœurs d'une maison planétaire. Alors, partageons aussi l'Évangile !

Est-ce que des témoins ont déjà porté l'Évangile aux autres créatures ? En fait, il y en a eu plusieurs au courant des siècles. Deux des plus remarquables sont saint Kevin d'Irlande et saint François d'Assise.

On raconte que Kevin, au milieu d'un lac, à Glendalough, priait avec les animaux. Lorsqu'il priait longtemps, une loutre venait lui porter à manger. On rapporte aussi la « conversion » d'un ours méchant à cause des paroles de Kevin.

De son côté, François, dans le village de Gubbio, a parlé à un loup menaçant. Ses paroles d'amour ont retenti dans le cœur de l'animal au point qu'il est devenu un chien docile, aimé de tous. On raconte aussi que François s'est arrêté un jour pour proclamer l'Évangile à un rassemblement d'oiseaux qu'il bénit avant de les quitter.

Pour beaucoup d'entre nous, en ce temps de l'année, les vacances approchent à grands pas. Soyons conscients que le tourisme de masse a des impacts négatifs considérables sur l'environnement : destruction des bords de mer et des milieux naturels par la construction de routes et d'hôtels ; utilisation intensive d'insecticides ; augmentation importante des niveaux de pollution (eau, terre et air) ; demande excessive d'énergie et d'électricité ; pressions sur les milieux agricoles pour des produits d'alimentation « exotiques » cultivés en monoculture ; gaspillage de l'eau dans trop de douches et trop de piscines ; animaux « nuisibles » chassés comme les alligators, les tortues et plusieurs autres espèces disparues de leurs milieux naturels.

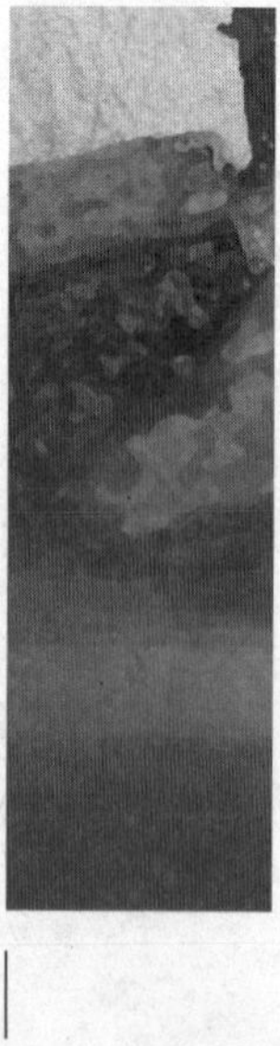

OBJECTIFS

- Proclamer l'Évangile aux animaux de notre quartier. Si nous sommes intimidés, tenter de s'approcher d'une créature sans lui faire peur, puis créer un lien avec elle. Sachons que notre langage corporel est toujours le reflet de notre âme. Avec un peu de pratique, nous verrons que l'histoire de saint François d'Assise n'est pas si loin de la réalité !
- Planifier des vacances écologiques, respectueuses de l'environnement et des animaux !

4e SEMAINE DE JUIN

Le grain de sénevé

> *Il leur proposa une autre parabole : « Le royaume des cieux est comparable à un grain de moutarde qu'un homme prend et sème dans son champ. C'est bien la plus petite de toutes les semences ; mais, quand elle a poussé, elle est la plus grande des plantes potagères : elle devient un arbre, si bien que les oiseaux du ciel viennent faire leurs nids dans ses branches. »*
>
> *MATTHIEU* 13, 31-32

Ce n'est pas la première fois, ni la dernière, que Jésus utilise une image venant du monde agricole, de la nature et des paysans. La ruralité, c'était son monde, celui aussi de la plupart de ses auditeurs. C'est dans les campagnes, sur les chemins de Galilée, région agricole entre toutes, que Jésus exerce la plus grande partie de son ministère, passant à travers champs, cueillant quelques grains, croisant les travailleurs de la terre, s'arrêtant devant un figuier improductif. Il est normal que cela se reflète dans son enseignement. Jésus utilise ou crée des images très simples, tirées de la vie de tous les jours, une vie se déroulant au rythme des saisons et affectée par les éléments naturels, les phénomènes météorologiques, les giboulées précoces et les gels tardifs dévastateurs. Une catastrophe naturelle, et ce sont la famine et les privations pour toute une collectivité, la mort pour les enfants. Mais quand la saison est bonne, c'est l'avenir qui fleurit. Une plante n'est plus un simple végétal ou une source de nourriture, elle est l'avenir du monde. Un arbre fruitier, c'est à la fois beau, grand, puissant, et c'est la promesse de jours fastes et de ventres pleins. Ici, dans la parabole de Jésus, la petite graine, c'est le royaume des cieux en devenir.

Cette courte parabole est riche de sens. Jésus nous démontre qu'il est, en bonne partie du moins, car parfois il se permet quelques libertés, un bon observateur de la nature et qu'il différencie même les plantes selon leurs semences. Il enseigne une réalité spirituelle, celle qui est généralement interprétée dans nos églises, mais aussi une réalité écologique, que nous avons un peu oubliée dans nos villes bétonnées.

Jésus nous enseigne une *réalité spirituelle*. Le royaume des cieux n'est pas tangible, mais il est bien réel. Certains évènements de notre vie, comme une promenade en pleine nature ou une période de méditation, permettent de nous en approcher un peu. La parabole de Jésus nous rappelle surtout que changer le monde commence par des petits gestes d'amour. Une caresse, une parole d'encouragement ou de consolation, voilà autant de petits gestes qui nous ouvrent à une vie spirituelle plus profonde, autrement dit, au royaume des cieux.

Jésus nous enseigne aussi une *réalité écologique*. Les arbres accueillent la vie. Leur ombre donne la chance aux oiseaux de se reposer et d'y faire leur nid. Leurs excréments, qui tombent au pied de l'arbre, portent des graines de semence. Les racines des arbres permettent de ralentir l'érosion d'une terre fragile, gardant ainsi la zone plus humide, un grand avantage dans un climat semi-désertique !

Ceci ressemble à l'histoire de Motohiko Kogo, un vieillard japonais qui a donné vie à sa passion de nourrir la terre : il plante des palétuviers, des arbres qui s'abreuvent d'eau salée et ralentissent la désertification. Il a commencé son projet *Action for Mangrove Reforestation*[7] au Koweït et l'a ensuite poursuivi au Vietnam. Il est véritablement un gardien de la Création, car sa spiritualité est vécue dans son action.

Pensons aussi à *L'homme qui plantait des arbres*, la nouvelle de Jean Giono, dont la magnifique adaptation cinématographique a valu un Oscar à Frédéric Back. Pensons aussi aux livres de Luc Fournier, comme *Le cœur de bois* paru en 2009, après avoir écrit des essais sur les arbres et ce que nous en faisons : *Les rires des arbres, les pleurs des*

7. Action pour la reforestation de la mangrove (notre traduction).

forêts et *Les dernières forêts d'arbres libres*. Cet auteur dit que « les destructions des forêts sont les pires ennemies du bien public », reprenant une citation de Cicéron qui date de 106 avant notre ère !

Du point de vue de l'écologie, planter un arbre permet de faire de la place à d'autres créatures. Les feuilles font de l'ombre sur le sol, ce qui permet d'en conserver l'humidité et d'y attirer des insectes, des petits animaux et des oiseaux. Grâce à l'oxygène produit par les feuilles, on respire mieux à côté d'un arbre. Et qui n'est jamais arrêté sous un arbre pour profiter de son ombre ?

D'un point de vue personnel, un arbre grouillant de vie près de chez soi peut nous inspirer de vivre pleinement. Certains plantent des arbres pour commémorer un événement. Cela devient un geste d'amour. Nous pourrions dire que chaque geste d'amour envers les humains et la Création est comme une graine de moutarde qu'on sème dans un champ…

OBJECTIFS

- Planter un arbre. On pourrait en planifier la plantation afin de souligner une naissance ou un anniversaire. De plus, plusieurs municipalités donnent des arbres. Il suffit de s'informer.
- Tenter l'expérience de prier au pied d'un arbre, à l'exemple de Kateri Tekakwitha, une autochtone chrétienne du Québec. Visiter le sanctuaire qui lui est consacré à Kahnawake.
- S'informer au sujet de l'Action boréale en Abitibi-Témiscamingue (ABAT), un organisme parrainé par Richard Desjardins, qui défend les forêts du Québec.

5 JUIN – JOURNÉE MONDIALE DE L'ENVIRONNEMENT

Toute la Terre chante au Seigneur

Chantez au Seigneur un chant nouveau,
chantez au Seigneur, terre entière;
chantez au Seigneur, bénissez son nom!

Proclamez son salut de jour en jour;
annoncez sa gloire parmi les nations,
ses merveilles parmi tous les peuples!

Car le Seigneur est grand et comblé de louanges,
il est terrible et supérieur à tous les dieux :
toutes les divinités des peuples sont des vanités!

Le Seigneur a fait les cieux.
Splendeur et éclat devant sa face,
force et majesté dans son sanctuaire.

Donnez au Seigneur, familles des peuples;
donnez au Seigneur gloire et force;
donnez au Seigneur la gloire de son nom.

Apportez votre offrande, entrez dans ses parvis;
prosternez-vous devant le Seigneur, quand éclate sa sainteté;
tremblez devant lui, terre entière.

Dites parmi les nations : « Le Seigneur est roi.
Oui, le monde reste ferme, inébranlable.
Il juge les peuples avec droiture. »

Que les cieux se réjouissent, que la terre exulte,
et que grondent la mer et ses richesses!

Que la campagne tout entière soit en fête,
que tous les arbres des forêts crient alors de joie,
devant le Seigneur, car il vient,
car il vient pour gouverner la terre.
Il gouvernera avec justice
et les peuples selon la loyauté.

PSAUME 96

Pourquoi ne pas profiter de la Journée mondiale de l'environnement, au mi-temps de cette année liturgique de réflexions théologiques et bibliques, pour évaluer et renouveler notre engagement envers la cause écologiste ? Il ne devrait maintenant plus faire aucun doute dans nos esprits que s'engager pleinement dans la protection de l'environnement et œuvrer à la restauration de la Création sont des impératifs chrétiens. Nous devrions maintenant savoir qu'il existe une grande multiplicité de moyens, de façons, d'endroits et d'occasions pour le faire ; notre imagination, notre invention et notre créativité ne devraient pas avoir de limites. Nous n'avons aucune excuse pour rester inactifs.

Déjà en 1993, dans son *Introduction à l'éthique de l'environnement*, André Beauchamp postulait :

> *Nous ne réglerons jamais la crise écologique. Il ne s'agit pas d'une crise passagère que nous pourrions résoudre en deux générations, le temps d'un ajustement technique et institutionnel. Maintenant que l'espèce humaine a atteint son niveau actuel de développement culturel, scientifique et technique, elle devra vivre de manière permanente avec une crise écologique à l'horizon.* […] *En positif, cette menace nous pose une question permanente : celle de notre responsabilité personnelle et collective*[8].

8. André BEAUCHAMP, *Introduction à l'éthique de l'environnement*, Montréal, Éditions Paulines, 1993, p. 52-53.

Une interpellation qu'il reprenait quinze ans plus tard dans le liminaire de son ouvrage *Environnement et Église* :

> *La crise de l'environnement n'est pas simplement à nos portes. Elle est au milieu de nous. Nous sommes en plein dedans. Ce n'est pas une crise passagère. Elle est là pour demeurer.* […] *Le présent livre est un appel à l'Église catholique (et je lis ce terme dans son sens premier : universelle) québécoise à inscrire la question de l'environnement au cœur de ses préoccupations*[9].

Nous avons déjà parlé de l'obligation pour les chrétiens de vivre leur foi comme une réponse aux menaces écologiques, à la Création de Dieu (capsule de la 3e semaine de janvier), et nous nous permettons d'insister à nouveau sur ce point. Si les Églises, toutes dénominations confondues, et les individus qui les composent ne donnent pas l'exemple, ils manquent à leur mission, ils ratent la cible, comme le terme grec *khâtâ* pour le mot « péché » : ce qui manque le but.

Il est difficile d'être écologiste, me dit-on parfois. Au début, oui, c'est en partie vrai, car il faut changer ses habitudes. C'est un peu comme essayer de se (re)mettre en forme après des années d'inactivité physique. Il faut commencer tranquillement et, très vite, plusieurs petits gestes quotidiens qui n'étaient pas spontanés deviennent naturels. Et bien que l'écologie soit à la mode, il faut apprendre à vivre avec ses convictions et affronter l'indifférence ou l'agressivité des autres, quand on leur demande, par exemple, d'éteindre leur moteur qui roule inutilement. On peut se faire traiter avec ironie de « granole » ou d'« écolo ». Comme je n'utilise jamais de mouchoirs de papier, on se moque parfois de moi quand je sors un mouchoir de coton de ma poche.

Et « ça coûte cher d'être écologiste ! », comme on l'affirme parfois. En fait, non. Si certains produits alimentaires certifiés biologiques

9. André BEAUCHAMP, *Environnement et Église*, Montréal, Fides, 2008, p. 7.

peuvent être un peu plus chers – mais bien meilleurs pour la santé ! –, être écologiste, c'est se placer sous le signe du moins : moins acheter, moins dépenser en restauration rapide, moins consommer, moins gaspiller, utiliser moins d'emballage, acheter des denrées qui parcourent le moins de distance possible, moins jeter, moins (et mieux) manger, manger moins de viande ; moins de consommation, moins de transports, moins de déchets, moins d'eau utilisée, moins de produits de nettoyage, moins de voitures, moins de grandes maisons, moins de dépenses d'énergie et moins d'enfants ! Résultat : on dépense moins et mieux, et on est en meilleure santé. Depuis 1950, la société occidentale encourage le gaspillage. Voici son premier commandement : « Je veux, j'achète. » Et son second qui lui est semblable : « Je ne veux plus, je jette. » Être écologiste, c'est refuser catégoriquement cette logique illogique.

OBJECTIFS

- Dresser un bilan de notre engagement envers la cause environnementale durant les six derniers mois. Quelles actions avons-nous collectivement entreprises ? Quelles « belles » histoires pouvons-nous partager ? Est-ce que ça a été « dur » ? Quelles ont été les difficultés rencontrées ? Que reste-t-il à faire ?

- Relisons le *psaume* 96 en insistant sur le rôle attribué aux éléments naturels : « Chantez au Seigneur, terre entière [...] Le Seigneur a fait les cieux. » Et surtout : « Que les cieux se réjouissent, que la terre exulte, et que grondent la mer et ses richesses ! Que la campagne tout entière soit en fête, que tous les arbres des forêts crient alors de joie, devant le Seigneur [...] »

7 JUIN – JOURNÉE MONDIALE DE L'AIR PUR

Le souffle des narines de Dieu

> *Le jour où le Seigneur Dieu fit la terre et le ciel, il n'y avait encore sur la terre aucun arbuste des champs et aucune herbe des champs n'avait encore germé, car le Seigneur n'avait pas fait pleuvoir sur la terre et il n'y avait pas d'homme pour cultiver le sol ; mais, un flux montait de la terre et irriguait toute la surface du sol. Le Seigneur Dieu modela l'homme avec la poussière prise du sol. Il insuffla dans ses narines l'haleine de vie et l'homme devint un être vivant.*
>
> *GENÈSE* 2, 4B-7

Nous avons déjà abondamment utilisé les deux récits de la Création de la *Genèse* (voir les capsules des saisons de l'Avent et du Carême). Et même si les contextes d'où ils proviennent n'ont rien à voir avec les problèmes environnementaux d'aujourd'hui – leurs auteurs ne peuvent même pas songer un seul instant à une « crise écologique » –, ils demeurent si riches d'enseignement que nous pouvons y revenir une autre fois en cette Journée mondiale de l'air pur. Ne serait-il pas tentant, mais légèrement hors de propos, de cogiter sur le fait qu'en français le mot « air » est utilisé pour décrire l'apparence, l'allure générale d'une personne et pour parler d'une musique composée pour être chantée ?

Adam, c'est le glaiseux, le terrien fait d'air et de poussière. Dans la grammaire hébraïque, le nom de YHWH est masculin – fort malencontreusement pour des générations de théologiennes et de théologiens. Cependant, dans les langues sémitiques, les noms des phénomènes atmosphériques comme le vent, l'air et le souffle sont féminins, de même que le mot « esprit », *ruah*, qui désigne le souffle que Dieu insuffle dans les narines du premier homme pour lui donner la vie et l'air que nous respirons.

L'air des origines était une fournaise de CO_2 et de vapeur d'eau. L'air dans lequel nous sommes aujourd'hui immergés est tout aussi essentiel à l'épanouissement de la vie que l'eau dans laquelle elle a éclos. L'air pur est un mélange de 78 % d'azote, de 21 % d'oxygène et de moins de 1 % d'argon et d'autres gaz rares ; à cela s'ajoutent les impuretés comme le gaz carbonique et les émanations toxiques. Un air que, comme l'eau, toutes les créatures partagent.

Certes, la respiration s'opère en deux temps : l'inspiration et l'expiration, double mouvement anatomique et physique qui a servi de base aux écoles de méditation de toutes les époques et de tous lieux. Mais ce double mouvement si simple en apparence est en fait, secrètement, une subtile complexité de réactions biochimiques d'un ensemble de fonctions qui assurent le processus d'oxydation (faire le plein d'énergie) d'un organisme vivant. La respiration externe, pulmonaire, n'en est que la partie visible : l'oxygène que nous inspirons par nos narines est absorbé dans les bronches par les globules blancs qui le transportent vers les cellules où les mitochondries le captent et en rejettent les déchets, le gaz carbonique expulsé à chaque expiration. Or, ce double mouvement de va-et-vient, à la fois visible et secret, s'opère aussi dans les dimensions biosphériques : dans cette Création si parfaite, les êtres vivants du règne animal respirent l'oxygène et rejettent le gaz carbonique – il s'agit du même processus que celui de la respiration branchiale des poissons –, alors que les êtres vivants du règne végétal font le contraire pour une régénérescence continue des éléments essentiels au maintien de la vie.

Mais l'équilibre est menacé. D'abord, par la pollution de l'air causée, depuis la révolution industrielle, par les monstrueuses quantités de rejets industriels et de gaz toxiques (soufre, butane, méthane) projetées dans l'atmosphère. Dans les 100 dernières années, on a noté une augmentation de 35 % de plus de CO_2 que le maximum enregistré en 650 000 ans. Les problèmes de smog urbain ne cessent d'augmenter. Il y aurait jusqu'à 10 000 produits chimiques dans l'air que nous respirons.

L'équilibre est aussi menacé par les gaz à effet de serre qui emprisonnent la chaleur dans l'atmosphère terrestre. Il faudrait les réduire de 25 % à 40 % d'ici 2020, alors que l'« accord » de Copenhague n'en prévoit qu'une réduction de 10 %. Aucun des deux États responsables de près de la moitié de toutes les émissions de GES au monde n'a voulu y prendre le moindre leadership quant à une réduction de ces émissions. Ni la Chine, première émettrice de GES au monde (22 %), dont les émissions sont causées principalement par les combustibles fossiles (pétrole, gaz, et surtout charbon) ni les États-Unis, qui ne sont pas très loin derrière avec 20 %, n'ont voulu s'engager dans le moindre processus de diminution des GES.

Plusieurs groupes écologistes avaient espéré que les pays parviendraient à un consensus aussi important que celui auquel on était arrivé, en 1987 à Montréal, concernant le trou dans la couche d'ozone, gaz bleu, dangereux à respirer qui absorbe la plus grande partie des rayons ultraviolets émis par le soleil.

Soulignons tout de même quelques pas qui se font. En décembre 2009, un règlement québécois sur la réduction des GES du parc automobile est entré en vigueur. Il a imposé une réduction de la moyenne de la consommation des nouvelles voitures... d'ici 2016! Le Canada et les États-Unis, inspirés par cette avancée, ont conclu, au printemps 2010, un accord établissant des normes communes aux deux pays quant aux émissions de GES pour tous les véhicules (des voitures qui font 6,5 l au kilomètre, ou 153 g de CO_2 par kilomètre) aussi à partir de 2016... pour laisser le temps à l'industrie automobile de s'adapter.

Soulignons aussi qu'au Québec, on fait peu pour favoriser le développement des éoliennes, une option énergétique verte extrêmement valable.

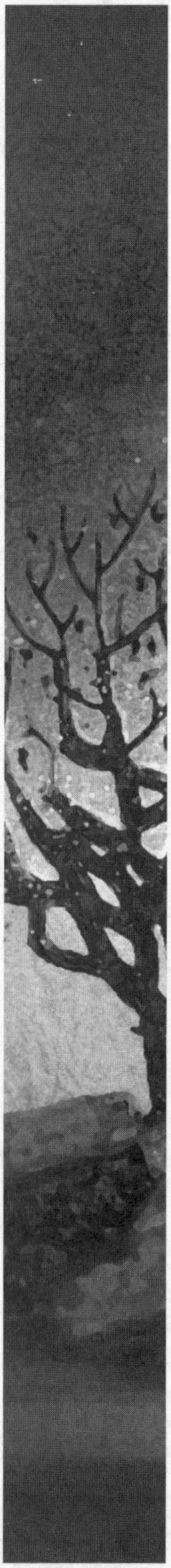

OBJECTIFS

- Profiter de ce jour pour faire des gestes visant à réduire les émissions de gaz à effet de serre. Par exemple : choisir un moyen de transport autre que celui de la voiture « en solo » pour nos déplacements et inciter amis et collègues à opter eux aussi pour un autre moyen de transport.
- Instituer un véritable système de covoiturage dans la paroisse.
- Planter un arbre.

8 JUIN – JOURNÉE MONDIALE DES OCÉANS

La pêche miraculeuse

> *(Jésus) vit deux barques qui se trouvaient au bord du lac; les pêcheurs qui en étaient descendus lavaient leurs filets. Il monta dans l'une des barques, qui appartenait à Simon, et demanda à celui-ci de quitter le rivage et d'avancer un peu; puis il s'assit et, de la barque, il enseignait les foules. Quand il eut fini de parler, il dit à Simon : « Avance en eau profonde, et jetez vos filets pour attraper du poisson. » Simon répondit : « Maître, nous avons peiné toute la nuit sans rien prendre; mais, sur ta parole, je vais jeter les filets. » Ils le firent et capturèrent une grande quantité de poissons; leurs filets se déchiraient. Ils firent signe à leurs camarades de l'autre barque de venir les aider; ceux-ci vinrent et ils remplirent les deux barques au point qu'elles enfonçaient.*
>
> *LUC* 5, 2-7

L'eau est la source de la vie. Dans l'océan primitif, il y a 3,4 milliards d'années, alors que la planète était encore toute jeune, dans cette soupe primordiale qui bougeait et remuait sans cesse et qu'avaient commencé à pénétrer les rayons du soleil, des éléments atomiques, acides aminés et autres molécules complexes se sont associés pour former les archéobactéries, encore présentes dans les sources chaudes. « Adam » et « Ève », deux microscopiques cyanobactéries (ou algues bleues) qui vivaient dans l'eau, ont été les ancêtres de toutes les bêtes et de toutes les plantes; ils ont de plus transformé l'atmosphère terrestre jusqu'alors toxique en y rejetant de l'oxygène.

Les océans recouvrent les trois cinquièmes (71 %) de la surface terrestre soit environ 361 millions de kilomètres carrés. À ce propos, il est curieux qu'on appelle notre planète « Terre », alors qu'elle est clairement une planète « Eau ». Le volume total des océans atteint 1,37 milliard de kilomètres cubes. Depuis plus de trois milliards d'années, ils ont assuré, grâce au cycle de l'évaporation de l'eau, l'éclosion et l'épanouissement de la vie sur la terre dans son extraordinaire richesse et diversité. Mais à cause des activités humaines, les océans sont maintenant menacés.

Nos écosystèmes océaniques sont littéralement en train de mourir sous l'effet de la pollution et d'une pêche industrielle non réglementée. L'acidification cause la mort du plancton, le tout premier maillon de la chaîne alimentaire. Pour enrayer durablement la destruction des océans, des décisions politiques ambitieuses sont nécessaires, ainsi qu'une mobilisation citoyenne sans faille. En 2010, Année internationale de la biodiversité, la décision du gouvernement britannique de créer la plus grande aire marine protégée au monde dans l'archipel des Chagos (océan Indien), doublant ainsi la surface mondiale des zones océaniques protégées (interdiction de la pêche commerciale et soutien aux droits des populations insulaires), a permis de conserver un patrimoine marin sans égal en ce qui a trait à sa taille et à sa richesse. C'est un exemple donné à tous les gouvernements du monde, et une victoire importante.

Cette seule décision n'aura cependant pas été suffisante pour inverser la tendance, même si elle a permis d'établir une aire marine protégée de 544 000 kilomètres carrés, plus vaste que la grande barrière de corail.

Les entreprises de pêche commerciale s'opposent à cette avancée et défendent leurs profits à court terme avant toute autre considération. Il est indispensable de ne pas les laisser faire : plus de 90 % des stocks de poissons comme le thon rouge, la morue et le marlin ont déjà disparu. L'esturgeon, l'une des plus vieilles espèces sur terre, remontant à 250 millions d'années, est l'espèce la plus menacée, d'après l'Union internationale pour la conservation de la nature (UICN). Ce poisson peut vivre jusqu'à 100 ans ; ses femelles deviennent fécondes vers 23 ou 24 ans. La menace qui pèse sur lui vient principalement du très lucratif marché du caviar, des barrages comme celui de Beauharnois en amont de Montréal, ainsi que de la pollution qui affecte sa reproduction et cause plusieurs maladies. La Convention sur le commerce international des espèces de faune et de flore sauvages menacées d'extinction (CITES, acronyme anglais pour Convention on International Trade in Endangered Species of Wild Fauna and Flora) a placé 27 sous-espèces d'esturgeons (représentant 82 % de la population mondiale) dans la liste de l'UICN. Le Québec est l'un des rares endroits où la population d'esturgeons semble stable, selon les données officielles, grâce à une gestion serrée de la pêche commerciale, même si le braconnage se poursuit avec des effets incalculables.

Plusieurs données font peur. Ainsi, depuis 1950, on est passé de 18 millions à 150 millions de tonnes de poissons pêchés par année. Les océans pourraient perdre la totalité des stocks de poissons d'ici trois ou quatre décennies, et l'ensemble des récifs coralliens risque de disparaître d'ici cent ans.

Dans le récit de l'*Évangile de Luc,* Jésus apostrophe des pêcheurs harassés qui voudraient prendre un peu de repos après une infructueuse nuit de travail. D'ailleurs, pourquoi pêchaient-ils la nuit? C'est que certains poissons sont plus actifs la nuit, car ils suivent le plancton qui remonte à la surface. Il y a aussi une raison pratique : sans procédés de conservation, il est plus logique de pêcher la nuit afin de vendre le poisson au marché pendant le jour.

En plus de la belle métaphore spirituelle – « désormais ce sont des hommes que tu captureras » –, deux éléments intéressants, du point de vue de l'environnement, sont à souligner : l'hypothèse de la découverte d'une espèce moins fréquemment pêchée et la surpêche.

Premièrement, risquons l'hypothèse de la découverte d'une espèce moins pêchée. Les populations de poissons actifs la nuit, comme la carpe, ne sont pas les mêmes que celles de poissons qui sont actifs le jour. Alors, Simon a peut-être pêché une espèce diurne, comme le tilapia. Ceci expliquerait pourquoi le poisson était très abondant dans le filet ! Une expérience similaire a été vécue dans les provinces de l'Atlantique. Le poisson le plus populaire y a longtemps été la morue, mais la quantité pêchée, pendant des décennies, était beaucoup trop grande, ne permettant plus à l'espèce de se renouveler. La population de morue a chuté de 97 % entre 1970 et 1990, et sa pêche y a été carrément interdite à partir de 1993 dans l'espoir d'un rétablissement. Les pêcheurs ont donc dû innover ; ils ont alors commencé à pêcher de nouvelles espèces, comme la plie, le flétan et le maquereau. Afin de découvrir ces espèces méconnues, le programme de certification Fourchette bleue favorise une saine gestion des ressources marines.

Deuxièmement, la surpêche. Notre époque est témoin d'un fait inquiétant : la « ressource » est moins abondante dans tous les océans. Le pic de production y a été dépassé, et maintenant, la pêche est moins abondante d'une année à l'autre. Cela n'est pas surprenant si l'on considère que certains chalutiers utilisent des filets de 15 km de long ! De plus, certains filets raclaient le fond marin, détruisant tous les niveaux d'un écosystème en un seul passage. Pour éviter une catastrophe et encourager les compagnies de pêche à se responsabiliser, le gouvernement émet la certification Pêche durable (Marine Stewardship Council ou MSC) représentée par un logo bleu sur les produits vendus chez les poissonniers. Si, en tant que consommateurs, nous recherchons ces produits, nous rendons grâce à Dieu pour les océans et faisons en sorte que la vie y abonde. C'est là une expérience de pêche miraculeuse.

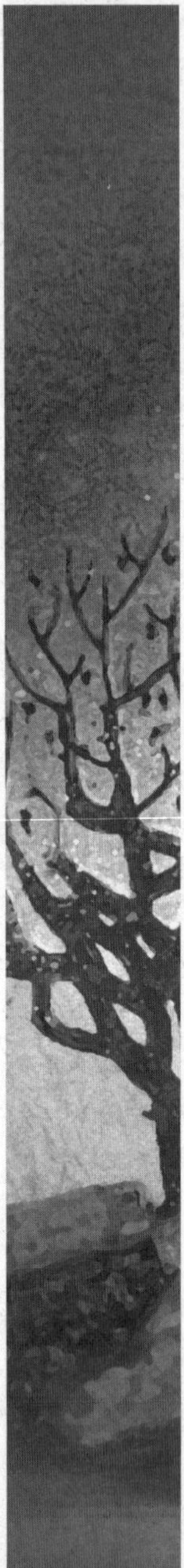

OBJECTIFS

- Acheter seulement des fruits de mer certifiés Pêche durable : consulter à cet effet le site [www.msc.org/fr].
- Lors d'une visite dans les provinces de l'Atlantique, fréquenter les poissonneries et restaurants arborant le logo Fourchette bleue : consulter le site [www.exploramer.qc.ca/fourchette-bleue].
- Plusieurs pétitions circulent sur Internet appelant à agir afin de protéger les océans contre toute surexploitation : par exemple [www.avaaz.org/en/save_our_oceans].
- Contrecarrer la voix des entreprises de pêche industrielle en répondant à l'appel du réseau Protect Chagos (en anglais) : visiter le site [www.protectchagos.org].
- Consulter le dossier de WWF Suisse sur la surpêche dans le monde : [www.bit.ly/d9bbMh].
- On trouvera des informations sur les récifs de corail sur de nombreux sites Internet.
- En ce qui concerne le 7e continent, consulter le site Internet [www.blog.greenpeace.fr/oceans].

PENTECÔTE

Des lames de feu pour transformer le monde

Donnez au Seigneur, vous les dieux,
donnez au Seigneur gloire et force !
Donnez au Seigneur la gloire de son nom !
Prosternez-vous devant le Seigneur, quand éclate sa sainteté.

La voix du Seigneur domine les eaux
– le Dieu de gloire fait gronder le tonnerre –
le Seigneur domine les grandes eaux.

La voix puissante du Seigneur
la voix éclatante du Seigneur,
la voix du Seigneur casse les cèdres,
le Seigneur fracasse les cèdres du Liban.

Il fait bondir le Liban comme un veau,
et le Sirion comme un jeune buffle.
La voix du Seigneur taille des lames de feu.

La voix du Seigneur fait trembler le désert,
le Seigneur fait trembler le désert de Qadesh.
La voix du Seigneur fait trembler les biches au travail ;
elle dénude les forêts.

Et dans son temple, tout dit : « Gloire ! »
Le Seigneur trône sur le déluge,
le Seigneur trône comme roi éternel.
Le Seigneur donnera de la force à son peuple,
le Seigneur bénira son peuple par la prospérité.

PSAUME 29

Le *psaume* 29 fait partie des hymnes de louanges. Sa lecture nous aidera à nous réjouir, avec sa collection d'impressionnantes images de la vie sauvage : la voix de Dieu sur les eaux, le tonnerre qui gronde, les majestueux cèdres du Liban, le désert qui tremble, les biches au travail, le déluge. « Sirion », au verset 6, est le nom cananéen de la montagne sacrée de l'Hermon, au sud de la chaîne de l'Anti-Liban, la plus haute montagne de Palestine avec ses 2670 mètres. Les « lames de feu », au verset suivant, sont certainement les éclairs qui éclatent dans les ciels de nuits d'orage et que la voix de Dieu commande. Quant au « désert de Qadesh », la tradition juive y voit l'oasis où Israël fit halte au sud de Béer-Shéva en route vers la Terre promise, là où Moïse a frappé le rocher et fait couler les eaux de Mériba (*Querelle*).

Souvent, dans nos églises, la réception des nouveaux membres à lieu à l'occasion de la fête de la Pentecôte – ce peut aussi être le cas à Pâques. Merveilleuse occasion de réjouissances pour toute la communauté et parfait moment pour renouveler notre engagement envers la cause environnementale ! Parmi ces nouveaux membres que l'on accueille, il se trouve peut-être quelques jeunes. Il est à propos de se demander si les jeunes d'aujourd'hui sont écologistes. On aimerait bien qu'ils aient l'envie et le désir de changer les choses. Sur les questions écologiques, les jeunes nous ressemblent, et ils vivent les mêmes ambiguïtés. Il y a d'un côté des groupes enthousiastes et convaincus comme ceux d'Équiterre et de Greenpeace, et de l'autre, ceux qui ne jurent que par la malbouffe, leur téléphone cellulaire, leur iPod et autres gadgets électroniques. Les rencontres de catéchèse, qui servent à la préparation de la première communion ou de la confirmation, peuvent s'avérer pour ces jeunes une excellente occasion de réfléchir sur leur foi écologiste, à la lumière des enseignements de l'Église. On peut y faire un « concours » entre les garçons qui ne rêvent que de voitures et de motoneiges, et les filles, de produits de beauté et de teintures pour les cheveux.

S'engager à fond dans la sauvegarde de la Création exige une « conversion », une *metanoia*, un retournement de position ; bref, une Pentecôte écologique. Pourquoi ne demanderait-on pas aux jeunes d'illustrer le *psaume* 29 par un montage de photos percutantes qui refléterait leur Pentecôte à eux ? On pourrait poursuivre cette activité par une lecture commune du *Credo* de l'Église unie auquel a été ajouté, en 1994, le texte suivant : « Vivre avec respect dans la Création ».

On pourrait adapter la liturgie de la cérémonie de réception des nouveaux membres de l'Église, ou même celle de la première communion, et y inclure, parmi les questions traditionnelles, un engagement à la sauvegarde de la Création. Cet engagement pourrait être repris par toute la communauté. Les jeunes nouvellement accueillis pourraient même s'engager, au nom de toute la communauté, à faire des gestes concrets : ne venir à l'église qu'à vélo (Montréal avec ses 552 km de pistes cyclables et son système de BIXI est idéal pour cela), transformer une partie du stationnement de l'Église en jardin communautaire où on cultiverait légumes et fines herbes, concevoir un site Internet consacré à l'écologie, etc.

OBJECTIFS

- Réfléchir à ce que pourrait être une Pentecôte écologique.
- « Verdir » les célébrations spéciales.
- Pourquoi ne pas planter un arbre à chaque célébration de baptême et de mariage ?
- Établir un programme de catéchèse orienté vers les valeurs écologiques.

17 JUIN – JOURNÉE MONDIALE DE LUTTE CONTRE LA DÉSERTIFICATION ET LA SÉCHERESSE

Dieu transforme les déserts en étangs

Les humiliés et les indigents
qui cherchent de l'eau, mais vainement,
et dont la langue sèche de soif,
moi, le Seigneur, je leur répondrai,
moi, le Dieu d'Israël, je ne les abandonnerai pas.
Je ferai jaillir des fleuves sur les coteaux pelés
et des sources au milieu des ravines,
je transformerai le désert en étang et la terre aride en fontaines.

Je mettrai dans le désert le cèdre,
l'acacia, le myrte et l'olivier ;
j'introduirai dans la steppe le cyprès, l'orme et le buis ensemble
afin que les gens voient et sachent,
qu'ils s'appliquent et saisissent ensemble
que la main du Seigneur a fait cela,
que le Saint d'Israël l'a créé.

ÉSAÏE 41, 17-20

Le mot « désert » apparaît plus de 300 fois dans la Bible, dont 52 dans le seul livre des *Nombres*. L'image du désert y est variée et complexe.

Plaine ouverte, non cultivée, contrée inculte et aride où pousse une maigre végétation non comestible, pleine de dangers, car les bêtes sauvages y errent librement (*Job* 24, 5), le désert est souvent une solitude affreuse, vraie image de désolation (*Deutéronome* 32, 10 ; *Ésaïe* 21, 1). Mais il est aussi, en un vertigineux paradoxe, lieu ultime de la rencontre avec Dieu. La traversée du désert a permis au peuple hébreu de découvrir son Dieu et sa Loi, sa pratique et sa liturgie ; époque presque idyllique (*Jérémie* 2, 2 et surtout *Osée* 2, 16-22).

C'est là que, tour à tour, Moïse (*Exode* 3, 1), Élie (*1 Rois* 19, 4), Jean-Baptiste (*Matthieu* 3, 1) et Jésus (*Luc* 4, 1) se retireront. Des personnages comme Hagar, la servante égyptienne d'Abraham fuyant le courroux de Sarah (*Genèse* 21, 14), ou David fuyant celui de Saül (*1 Samuel* 23, 24) y trouveront refuge, ainsi que le secours de Dieu.

> *Que les déserts fleurissent était certainement parmi les intercessions les plus ardentes des litanies israélites :*
> *Des eaux jailliront dans le désert, des torrents dans la steppe.*
> *La terre brûlante se changera en lac, la région de la soif en sources jaillissantes.*
>
> *ÉSAÏE* 35, 6B-7A

> *Les bêtes sauvages me rendront gloire,*
> *les chacals et les autruches,*
> *car je procure en plein désert de l'eau,*
> *des fleuves dans la lande,*
> *pour abreuver mon peuple, mon élu (Ésaïe 43, 20).*
> *Il peut changer le désert en nappe d'eau*
> *et la steppe en source.*
>
> *PSAUME* 107, 35

> *Car je répandrai des eaux sur l'assoiffé,*
> *des ruissellements sur la desséchée.*
>
> *ÉSAÏE* 44, 3

Il est à remarquer que le mot « desséchée » au féminin désigne souvent la Terre elle-même, mais peut aussi désigner une personne. L'alternance du masculin et du féminin, fait rare dans la Bible, suggère que tous les membres du peuple dépérissent, et que tous et toutes auront droit à la restauration.

Tous ces versets, ces appels lancés vers Dieu à faire reverdir le désert, sont on ne peut plus appropriés, alors que le phénomène de la désertification est devenu mondial. Certes, 500 millions d'humains vivent dans les déserts, des Touaregs dans le Sahara aux Mongols dans le désert de Gobi, ayant au cours des générations adapté leur mode de vie à la rigueur et aux exigences du climat désertique. En maints endroits, les terres arides et incultes gagnent du terrain sur les contrées verdoyantes, à cause des activités humaines. La moitié des terres d'Australie sont touchées par la sécheresse. La moitié des marais du monde, ces écosystèmes humides d'une richesse considérable, ont été asséchés depuis 50 ans.

Parfois, la déforestation a malheureusement été une question de survie. Le peuple haïtien en souffre ainsi que d'un environnement malsain. Loin d'être des « punitions de Dieu », ces attaques contre la Terre ont été causées par la pauvreté, elle-même suscitée par l'exploitation des puissances mondiales.

Mais la plupart du temps, la déforestation est causée par des exploitations industrielles. Treize millions d'hectares de forêts disparaissent chaque année à cause, principalement, de l'élevage des bovins, des cultures des biocarburants (comment on transforme des forêts magnifiques en viande hachée ou en VTT !) ou encore des monocultures intensives de soja, d'huile de palme ou d'eucalyptus, qui fournit une excellente fibre pour la fabrication de papier.

Un fleuve sur dix n'atteint plus la mer et disparaît par évaporation ou par surexploitation avant de pouvoir s'y jeter. Déjà que 5 000 personnes meurent chaque jour à cause de l'insalubrité de l'eau, le manque d'eau potable pourrait toucher 2 milliards de personnes en 2025.

On prévoit qu'il y aura, avant la fin du XXIe siècle[10], plus de 200 millions de réfugiés « climatiques » dans le monde. Plusieurs souffriront de conditions de vie totalement détériorées par le manque d'eau et la désertification. D'autres fuiront des conflits armés qui auront éclaté pour le contrôle des sources d'eau.

10. Selon le rapport du GIEC en 2007.

D'après un rapport accablant publié par Greenpeace, la multinationale Nestlé utilise de l'huile de palme issue de la destruction des forêts tropicales et des tourbières indonésiennes pour la fabrication de certains de ses produits. Le géant alimentaire mène ainsi les orangs-outans au bord de l'extinction et accélère les changements climatiques. Au cours des trois dernières années, la consommation annuelle d'huile de palme du groupe Nestlé a presque doublé, pour s'établir aujourd'hui à 320 000 tonnes. Cette huile se retrouve dans la fabrication de divers produits, comme les chocolats Kit-Kat, Rolo, Coffee Crisp, Turtles et Aero.

Greenpeace rappelle également qu'en Indonésie, le rythme de la déforestation compte parmi les plus importants de la planète et les plantations de palmiers à huile sont parmi les principaux moteurs de cette catastrophe écologique. L'Indonésie se classe désormais au troisième rang des plus gros émetteurs de gaz à effet de serre, derrière la Chine et les États-Unis.

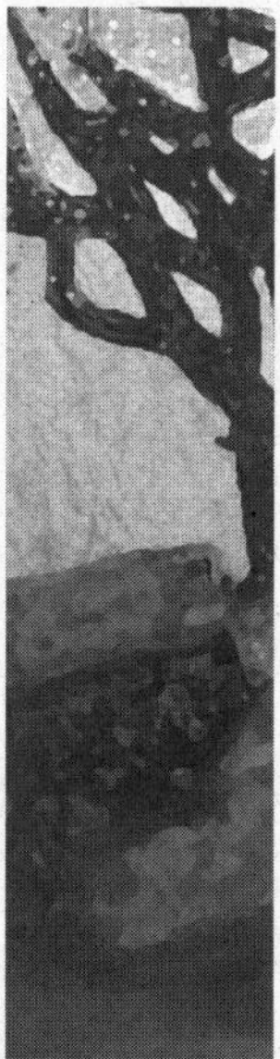

OBJECTIFS

- Économiser l'eau.
- Protester contre la destruction des boisés et des terrains humides pour le développement urbain.
- Pour une liste complète des produits Nestlé vendus au Canada qui contiennent de l'huile de palme, consulter le site [www.greenpeace.ca/produits-nestle].

21 JUIN – FÊTE DES PEUPLES AUTOCHTONES

La Terre appartient à Dieu

> *La terre du Pays ne sera pas vendue sans retour, car le pays est à moi ; vous n'êtes chez moi que des émigrés et des hôtes.*
>
> *LÉVITIQUE* 25, 23

Ce passage du *Lévitique* ressemble beaucoup à une parole de sagesse des Premières Nations : « Nous ne croyons pas que la Terre nous appartient, nous savons que nous appartenons à la Terre. » C'était là leur conviction quand les nations autochtones du Québec ont accueilli les explorateurs et les premiers colons européens. Ils pensaient que ceux-ci respecteraient la terre et vivraient en harmonie avec elle, comme eux-mêmes le faisaient. Les Blancs ont trahi leur confiance.

Alors que la spiritualité amérindienne traditionnelle conçoit le territoire comme un élément identitaire fondamental, affirmant que « chacun vient de la Terre », la tradition biblique adopte plutôt une approche utilitaire. Ce n'est pas étonnant, car la descendance d'Abraham était un peuple de pasteurs nomades. Quand un pâturage avait été mangé jusqu'à la racine par ses brebis, le clan se déplaçait vers une autre zone. Il fallait lever les tentes et s'installer ailleurs. Ensuite, selon la trame biblique, le peuple resta plus de quatre cents ans en Égypte, une société agraire le long du Nil, où il a dû s'acclimater. Puis, après une installation qui semblait définitive en terre de Canaan, il y eut l'exil à Babylone, une autre société agraire entre le Tigre et l'Euphrate.

Depuis longtemps, quand on est agriculteur, on possède la terre que l'on cultive. On la lègue en héritage aux enfants, souvent au fils aîné. La tentation est grande de regarder la terre seulement pour son utilité, sans réfléchir à son origine. Qui étaient les propriétaires avant nous ? Quelle est son histoire ? Qui l'a créée ?

Prenons un autre exemple, celui de la vallée du Saint-Laurent. Il y a dix mille ans, le territoire a été peuplé par les très astucieuses peuplades iroquoiennes[11]. Elles vivaient dans de longues maisons et cultivaient le maïs, les fèves et la courge (les trois sœurs) sur ce territoire très fertile. Elles appartenaient et appartiennent encore à cette terre près du grand fleuve qu'elles appelaient Kahnawake. Ce fut aussi le cas en Amérique du Sud où des civilisations entières se sont épanouies et ont prospéré grâce à la culture du maïs.

Ensuite, les colons français sont arrivés. Ils se sont établis dans des seigneuries, et chaque habitant avait accès à la rivière. Chaque colon devait faire une corvée et payer une redevance au seigneur qui était le propriétaire de cette terre. Et maintenant que plusieurs générations ont passé, les deux peuples, les autochtones et les descendants des colons français et anglais, réclament le même territoire. Alors, que faire ?

La situation est complexe, mais sans doute devrions-nous reconnaître les Premières Nations dans nos discours officiels, comme l'a fait le gouvernement australien. Dans certaines paroisses de l'Église unifiante d'Australie (Uniting Church of Australia), on célèbre en effet le culte en treize langues autochtones. Ensuite, nous pourrons faire silence et prier ensemble notre Créateur pour ce beau territoire qui lui appartient, « car je ne suis qu'un immigré chez toi, un hôte comme tous mes pères » (*Psaume* 39, 13).

S'inspirer des spiritualités amérindiennes dans nos liturgies est certes un pas méritoire ; et nous pourrions sans doute aussi nous inspirer de leurs enseignements quant au respect dû à la nature. Nous devrions aussi réfléchir sérieusement sur l'état plus que lamentable des peuples autochtones au Canada : 90 % des jeunes ne terminent pas leur secondaire avant l'âge de 18 ans ; 60,4 % des adultes ont des revenus annuels de moins de 20 000 $; 10 % des itinérants sont d'origine autochtone. Un enfant autochtone sur

11. Ces peuplades iroquoiennes incluent les Mohawks, les Hurons, les Iroquois. Elles faisaient tous de l'agriculture.

quatre vit dans la pauvreté (comparativement à 1 sur 9 dans la population canadienne). Les femmes autochtones ont cinq fois plus de risques de connaître une mort violente que les femmes non autochtones et 30 % des familles algonquines du Québec sont monoparentales[12].

Les peuples autochtones constituent 5 % de la population mondiale, c'est-à-dire 370 millions de personnes dans 90 pays; ils constituent cependant, à l'échelle de la planète, le tiers des 900 millions de personnes qui vivent dans une extrême pauvreté dans les zones rurales du monde, en Australie, en Nouvelle-Zélande, au Népal, au Canada, en Amazonie, au Guatemala. Plusieurs peuples autochtones ont disparu, victimes de massacres, de vexations et d'épidémies : c'est le cas des Aztèques et des Incas, des Tainos dans les Caraïbes, et plus près de nous, des Béothuks à Terre-Neuve.

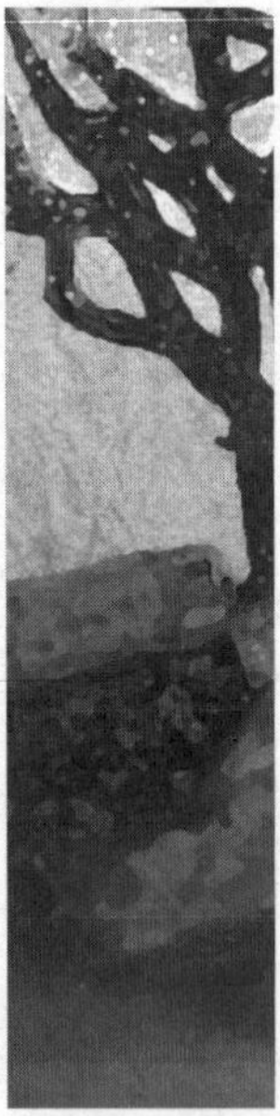

OBJECTIFS

- Visiter un territoire autochtone et créer un lien avec la communauté.
- S'informer des spiritualités autochtones qui décrivent les réalités de notre territoire en Amérique du Nord.

12. *Agir*, septembre 2009.

4e PARTIE

Saison après la Pentecôte et saison d'Action de grâce

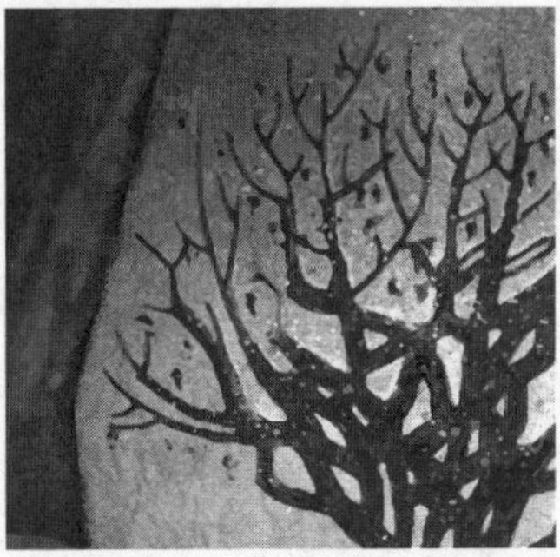

1re SEMAINE DE JUILLET

Le Soleil, symbole de Dieu

Les cieux proclament la gloire de Dieu,
le firmament raconte l'ouvrage de ses mains.
Le jour au jour en livre le récit
et la nuit à la nuit en donne connaissance.

Pas de paroles dans ce récit,
pas de voix qui s'entende ;
mais sur toute la terre en paraissent le message
et la nouvelle, aux limites du monde.

Là se trouve la demeure du soleil :
tel un époux, il paraît hors de sa tente,
il s'élance en conquérant joyeux.

Il paraît où commence le ciel,
il s'en va jusqu'où le ciel s'achève :
rien n'échappe à son ardeur.

PSAUME 18A, 1-7, TIRÉ DE LA LITURGIE DES HEURES

Voici que commence le mois de juillet, le plus chaud de l'année au Québec. Le soleil, dont il est question dans ce psaume, brille de tous ses feux ; se plaindra-t-on qu'il fasse trop chaud dans ce pays de neige et de poudrerie ?

Comment les cieux proclament-ils la gloire de Dieu ? Par le témoignage du soleil ! Le soleil et ses rayons ont très tôt symbolisé la divinité dans la quête de transcendance des humains. Le dieu solaire était sans doute déjà adoré aux temps préhistoriques. En Égypte, la force naturelle du soleil est si écrasante qu'on la louera dans nombre d'hymnes et qu'on représentera sa divinité sous plusieurs formes. Elle constitue le noyau de la première théologie monothéiste de l'humanité. C'est durant l'ancien Empire que s'est développée la doctrine dominante en l'honneur de Rê, dans son principal centre de culte, Iounou (appelé par les Grecs Héliopolis : la ville du soleil). Plusieurs noms désignent le soleil dans l'Égypte ancienne, et chacun décrit un des aspects de Rê : Khêpri est le soleil levant (enfant), Rê le soleil de midi, Atoum le soleil qui décline (vieillard), symbole de résurrection ou de vie posthume. Les rois étaient considérés comme les fils de Rê. Très tôt dans l'histoire égyptienne, Rê fut identifié à Horus, comme un aigle ou un faucon d'or représentant la hauteur du ciel. Plus tard, il formera avec Amon, le maître de l'univers Amon-Rê. On juge d'ailleurs que le *psaume* 104 est une hymne à Amon-Rê, adaptée par la théologie hébraïque.

La religion inca était également fondée sur le culte du dieu Soleil, appelé *Inti* – son nom signifiait « puissance créatrice ». Celui-ci était représenté par le *punchao,* une statue de forme humaine surmontée d'un disque en or, statue conservée dans le Coricancha, le célèbre temple du Soleil de Cusco, la capitale inca. La plus importante fête du calendrier inca, l'*Inti Raymi*, au solstice de juin, lui était consacrée.

Sol invinctus (Soleil invaincu) était, pour sa part, une divinité de l'Empire romain au IIIe siècle. Ce dieu reprenait les attributs tant d'Apollon que de Mithra et connaissait une grande popularité dans l'armée romaine. L'empereur Aurélien le proclamera patron principal de l'Empire romain et fera du 25 décembre (le jour suivant le solstice d'hiver) une fête officielle (*dies natalis solis inuicti*). C'est cette fête que la religion chrétienne absorbera en faisant du 25 décembre Noël, la fête de la Nativité.

Le Soleil est la forme d'énergie à la base de toute la vie sur terre. C'est une énorme boule de feu dont le diamètre est 108 fois celui de la Terre et dont la masse est composée à 99,8 % de la matière du système solaire, qui consume son hydrogène depuis 5 milliards d'années (et il en a encore pour un autre 5 milliards d'années). Et dire que, dans cet univers de 12 milliards d'années-lumière aux milliards de galaxies, il y aurait plus d'un billion – 1 000 000 000 000 –

d'étoiles, c'est-à-dire de soleils. La lumière prend huit minutes pour atteindre la Terre, et sans le Soleil, la vie n'existerait tout simplement pas (comme l'eau) : les plantes ne pourraient pas faire de photosynthèse, transformant le CO_2 de l'air en chaînes de carbone appelées hydrates de carbone (ou simplement, sucres). Ces sucres, ceux contenus dans les fruits, les légumes et les céréales que nous mangeons, soutiennent notre métabolisme. Et quand nous faisons de l'exercice, nous les brûlons et nous émettons de la chaleur. Nous rayonnons donc à nouveau l'énergie du soleil qui a atteint la terre !

Pourrait-on dire la même chose de Dieu ? Dieu, le Créateur de tous les soleils de l'univers et du nôtre bien sûr, laisse rayonner tant d'amour sur nous que certains l'ont capté et transmis dans les Évangiles et les psaumes. Et quand nous venons nous alimenter à la parole de Dieu, notre âme digère son amour, que nous rayonnons à nouveau autour de nous.

Cette sagesse d'énergie transformée est aussi appliquée sur le plan environnemental. Les panneaux solaires photovoltaïques (électricité) ou thermiques (eau chaude) sont une solution d'énergie inépuisable et sont maintenant intégrés aux bâtiments. En Allemagne, plusieurs églises profitent de leur grand toit pour produire de l'électricité sans pollution. Vive le soleil !

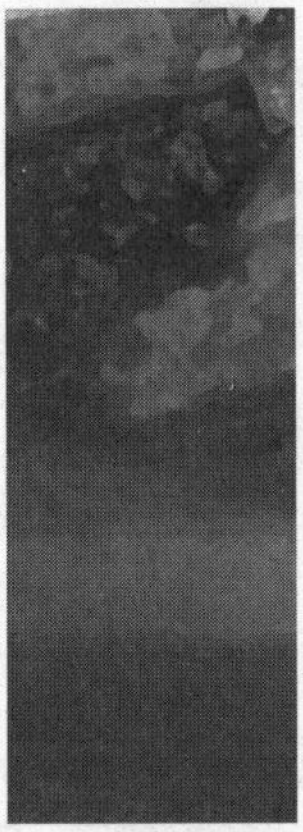

OBJECTIFS

- Le soleil rayonne sa lumière qui, sur terre, est transformée en chaleur et en vie. Prendre un instant pour goûter cette réalité.
- L'été coûte cher, très cher en énergie à cause des ventilateurs et des climatiseurs ; comment en réduire l'utilisation ?
- S'informer sur la possibilité d'installer des panneaux solaires à la maison et à l'église.

2e SEMAINE DE JUILLET

Vive les fourmis et les sauterelles !

Il existe sur terre quatre êtres tout petits
et pourtant sages parmi les sages :
les fourmis, peuple sans force,
qui, en été, savent assurer leur nourriture ;
les damans, peuple sans puissance,
qui savent placer leur maison dans le roc ;
les sauterelles qui n'ont pas de roi
et qui savent sortir toutes en bande ;
le lézard qui peut être attrapé à la main
et qui pourtant est dans le palais des rois !

PROVERBES 30, 24-28

Nous pouvons beaucoup apprendre de la nature, les auteurs bibliques l'avaient bien compris.

Je me rappelle une activité où j'invitais des gens à observer une créature de leur choix pendant dix minutes. Certains élevaient leur regard vers les nuages, les oiseaux et les hautes branches, mais d'autres décidaient plutôt de s'étendre sur le sol et de découvrir la richesse du monde au ras de la terre. Le monde fascinant des insectes venait de leur être révélé. La plupart du temps, ce sont les fourmis qu'ils apercevaient en premier.

Dans cette série humoristique de conseils « numériques » des *Proverbes*, appelés ainsi parce que tout y est quantifié, on retrouve tant les corbeaux, les aigles, le serpent, le lion et le zèbre qu'un jeune homme amoureux, un navire sur la mer, un esclave, un roi, une mégère et une servante. Le sage auteur des *Proverbes* s'est aussi penché sur le monde des petites bestioles. Et plutôt que de se plaindre de la piqûre des moustiques, de l'impolitesse des fourmis ou du bourdonnement des mouches, il en a tiré un enseignement sur Dieu.

Les fourmis forment une collectivité travaillante, besogneuse jusqu'à l'acharnement, qui peut accomplir de grandes choses : elles font de l'agriculture (culture des champignons), utilisent les télécommunications (par des signaux chimiques appelés phéromones), déploient une force héroïque en transportant des centaines de fois leur poids et édifient des gratte-ciel (termitières d'Australie). Cela leur assure la sagesse de prévoir leur nourriture pour la saison. N'est-ce pas ce que racontait La Fontaine dans sa fable *La cigale et la fourmi*?

Les sauterelles méritent l'honneur du nombre. Une certaine solidarité innée leur permet de se promener en bande sans avoir de chef. C'est un signe de sagesse si impressionnant qu'elles méritent d'être montrées en exemple aux humains orgueilleux. C'est ce que reprendra le prophète Ésaïe : « [Dieu] habite sur le dôme couvrant la terre dont les habitants font figure de sauterelles » (40, 22). Belle leçon d'humilité !

Les damans sont de petits rongeurs de la grosseur d'un lièvre. Présents en Afrique et en Asie, ils creusent des terriers et des tunnels, montrant une grande ingéniosité. Leur équivalent en Amérique est la marmotte, une ingénieure du sol caricaturée avec de l'équipement de mineur, comme si elle connaissait les richesses qui se trouvent sous nos pieds !

Les petits lézards sont mignons et malins. Ils grimpent le long des murs, et à la vitesse de l'éclair se faufilent dans les fentes. Ils rendent d'immenses services à plusieurs peuples sur terre et sont souvent signe de bon augure, car ils mangent beaucoup d'insectes nuisibles. Voilà pourquoi ils sont même invités dans les palais des rois, comme le dit le livre des *Proverbes*.

L'espèce animale la plus nombreuse dans la nature est celle des insectes. Elle comprend des dizaines de milliards d'individus ! Les scientifiques ont décrit près d'un million d'espèces d'insectes (soit environ les deux tiers des espèces animales connues), et il pourrait en exister de quatre à six millions de groupes différents. On les retrouve sous tous les climats ou presque, du plus chaud au plus froid. Le plus petit insecte du monde est une minuscule guêpe qui ne mesure que 0,17 mm. Elle porte le doux nom de *Caraphractus Cinctus* ; elle est plus connue sous l'appellation de trichogramme. Cette fascinante petite guêpe pond ses œufs dans ceux des papillons !

Les plus grands insectes au monde sont les phasmes : l'*Acrophylla titan* peut mesurer entre 20 et 23 cm sans les pattes, et plus de 30 cm avec les pattes. Les femelles adultes des *Phobaeticus serratipes* peuvent, pour leur part, faire presque 50 cm avec les pattes. Le record du monde a été atteint par une femelle d'un phasme de Malaisie, *Pharmacia serratipes*, qui faisait 55,5 cm, pattes étendues !

Il n'y a certes pas de mal à écraser un maringouin qui nous pique effrontément, à dérouler un papier tue-mouches ou à allumer une lampe halogène sur la terrasse du chalet pour passer une soirée sans se faire dévorer. Cependant, nous combattons ces bestioles, « bébêtes », « bibites » et autres parasites avec acharnement en utilisant des pesticides et des insecticides – parmi de nombreux produits toxiques comme les herbicides, les désherbants, les débroussaillants et autres raticides –, et, quand il n'y a plus d'insectes dans un territoire donné, les oiseaux doivent chercher leur pitance ailleurs, quand ils n'en meurent pas. En ce qui concerne les abeilles, n'importe quel apiculteur nous dira qu'elles ne produisent pas seulement du miel et qu'elles sont essentielles à la pollinisation. Ainsi, les orchidées meurent quand il n'y a pas d'abeilles.

Toutes les petites bêtes sont précieuses et ont un rôle essentiel dans « la grande chaîne de la vie, où il fallait que nous soyons », comme le chantait Raymond Lévesque. Inspirons-nous de la sagesse de l'Évangile : « Est-ce que l'on ne vend pas deux moineaux pour un sou ? Pourtant, pas un d'entre eux ne tombe à terre indépendamment de votre Père » (*Matthieu* 10, 29).

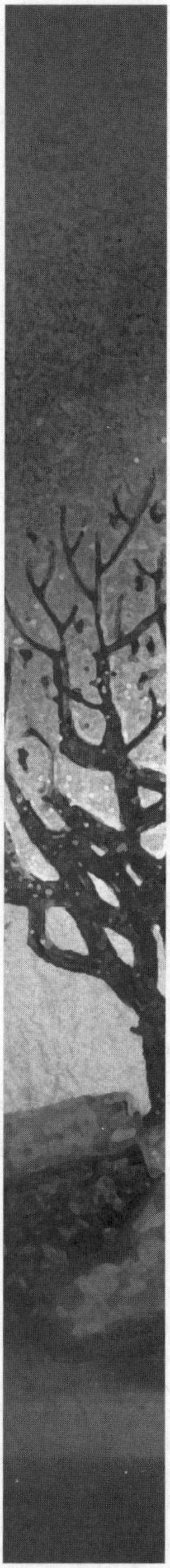

OBJECTIFS

- Afin de mieux goûter la sagesse de ces petites créatures, voir le film *Microcosmos.* Leur solidarité et leur humilité inspireront peut-être nos pratiques environnementales.

- Dans le cas d'une extermination dans la maison ou de la nécessité d'utiliser des pesticides et des fongicides pour les parterres, on choisira un produit approuvé par le ministère de l'Environnement.

- On n'hésitera pas à écrire une lettre à un dirigeant pour lui demander de gérer avec sagesse, c'est-à-dire une gestion des espaces verts, du développement immobilier et des ressources naturelles qui réduit au maximum les conséquences néfastes sur les populations et les habitats naturels.

3e SEMAINE DE JUILLET

La nature enseigne

Mais interroge donc les bestiaux, ils t'instruiront,
les oiseaux du ciel, ils t'enseigneront.
Cause avec la terre, elle t'instruira,
et les poissons de la mer te le raconteront.

JOB 12, 7-8

La technologie devait permettre une société des loisirs, mais nous sommes plus stressés que nos parents ne l'étaient. Nous sommes plus gâtés et nous voulons tout rapidement. Notre rythme de vie est rapide. Comment nous en sortir ?

Il faut d'abord s'arrêter et écouter. Mon père m'a toujours dit : « La nature est un excellent professeur. » C'est impossible de connaître la vie, son sens profond, sans ressentir le temps qui passe, sans jamais regarder des couchers de soleil. La nature donne des signes que l'on peut apprendre à lire : les feuilles qui tournent annoncent une averse, et les vaches qui se couchent, du temps maussade. Les animaux qui s'agitent et se cachent annoncent un tremblement de terre, et l'arrivée des bernaches, le printemps. Si nous poursuivons notre train-train « express » sans jamais nous arrêter pour goûter ces signes, nous manquons un beau spectacle que la nature offre gratuitement.

Les Fables de Jean de La Fontaine, chef-d'œuvre de la littérature française, présente d'une manière humoristique comment la nature nous donne des leçons : un renard, un corbeau, un héron, un âne, un loup et un agneau, une grenouille, un bœuf, une cigale et une fourmi, un lion et un souriceau, des rats, un chêne, un roseau, etc. Nul doute que La Fontaine s'amusait ferme à observer tous ces êtres du monde animal.

Retrouvons notre cher Job, que nous avions laissé se dépêtrer en plein hiver (voir capsule de la 4e semaine de janvier). Répondant à ses amis venus lui apporter des réponses toutes faites, Job va plus loin que l'auteur des *Proverbes* : les animaux, les poissons et jusqu'à la terre elle-même ont quelque chose à enseigner aux humains. Ce quelque chose, c'est la sagesse, et cette sagesse est celle de Dieu.

L'auteur du livre de *Job* utilise lui aussi un bestiaire inépuisable pour soutenir ses thèses théologiques et morales. Qu'y a-t-il de plus abruti qu'un bovin ruminant à longueur de journée dans les champs ? De plus éphémères que les vols de petits oiseaux qui pépient ? De plus amorphes que les carpes des mares ? Et pourtant, ce sage y puise un enseignement sur Dieu et sur la vie.

Et moi, qu'est-ce que j'ai appris en observant la nature ? J'ai appris la minutie quand je me suis arrêté pour observer une araignée tisser sa toile, avec une géométrie et une élégance parfaite. J'ai appris la liberté en regardant un goéland voler dans la brise de mer. J'ai appris la patience grâce à l'escargot, sans oublier la persévérance de porter une charge sur son dos. J'ai appris la loyauté du cheval quand j'ai fait de l'équitation. J'ai appris la tendresse en prenant soin d'une brebis et de son agneau pendant tout un été. Mon langage corporel avait un grand impact sur leurs réactions. J'ai appris à rester calme quand une abeille marche sur ma peau. En regardant une chèvre de montagne sautiller, j'ai pu apprendre à me déplacer en montagne comme elle, encore plus rapidement. J'ai appris plus de choses fondamentales dans la nature qu'en ville.

L'auteur de ce fascinant livre de *Job* nous propose un dialogue avec la terre elle-même. Nous sommes nous aussi invités au dialogue. D'un côté, nous labourons, semons, récoltons, mais la terre répond, car elle accueille, soutient et nourrit. Chaque action de notre part reçoit une réponse de la sienne. Ce qui est intrigant dans le passage qui ouvre cette capsule, c'est que la terre est présentée sur le même plan que les vivants (bestiaux, oiseaux et poissons). La terre est vivante, car elle grouille de vie et la soutient.

Saint Benoît, saint Kevin, saint François d'Assise, pour n'en nommer que quelques-uns, ont vécu cette règle : ralentir et écouter les enseignements de la nature. La Création est aussi une école qui attend avec joie d'avoir des étudiants aussi attentifs que nous. C'est en la connaissant qu'on pourra la protéger.

L'agriculture moderne a-t-elle perdu son âme ? En cent ans, trois quarts des variétés agricoles ont disparu. De plus, la monoculture provoque la prolifération des parasites, puis la fabrication de produits toxiques pour les combattre.

Nous ne voulons certes pas partir en guerre contre les – petits – paysans, mais plutôt lutter contre la puissante « industrie » de l'agriculture. Le mouvement écologique a souvent été en conflit avec le milieu agricole et c'est très désolant. Il est vrai que les chiffres ne manquent pas de faire réagir bien des écologistes : l'agriculture utilise 70 % de la consommation d'eau dans le monde ; 18 % des émissions de GES sont générés par le transport du bétail et de sa nourriture. Manger un kilo de viande équivaut à rouler 250 kilomètres en voiture ! Mais, à la défense du milieu de l'agriculture, il nous faut établir certaines comparaisons avec d'autres secteurs d'activité. Parmi les causes du réchauffement climatique, notons : la production d'énergie, 24 % ; l'industrie, 23 % ; l'agriculture, 18 % ; la déforestation, 14 % ; les transports, 14 % ; l'industrie du bâtiment, 12 %. En soixante ans, la population mondiale a triplé et la « révolution verte » a été sacrifiée à la marchandisation à outrance et aux intérêts financiers.

L'agriculture a été la première grande révolution de l'humanité entraînant la construction des villes et des civilisations. Elle est l'occupation première de cinquante pour cent de l'humanité et trois quarts des agriculteurs cultivent encore leur terre « à la main ». Trois pour cent seulement des agriculteurs du monde ont un tracteur. Ils ne sont donc pas tous à blâmer pour la détérioration de l'environnement.

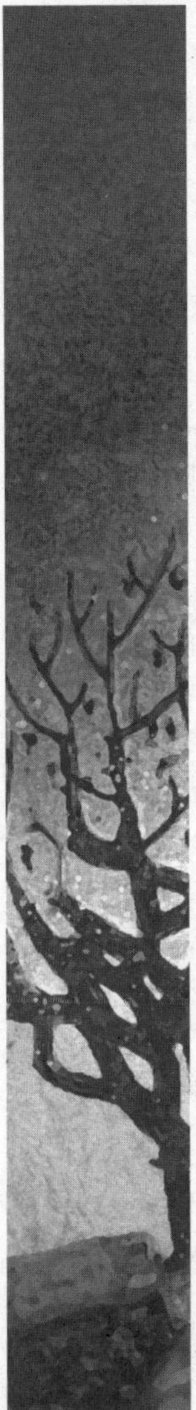

OBJECTIFS

- C'est l'heure de s'assoir, d'observer et d'écouter, l'heure de fraterniser avec nos frères et sœurs de la Création.
- Visiter une ferme familiale. Les guides touristiques en font la promotion.
- Acheter des légumes dans un marché local. À noter que l'église anglicane St. George, à Sainte-Anne-de-Bellevue, ouvre son sous-sol tous les samedis d'hiver à un marché d'agriculteurs.

4e SEMAINE DE JUILLET

La Terre proteste

Si ma terre se plaint contre moi, si ses sillons ont fondu en larmes,
si j'ai dévoré sa vigueur sans avoir payé,
ayant fait rendre l'âme à son maître,
alors qu'au lieu du froment l'épine y croisse
et au lieu de l'orge, l'herbe puante.

JOB 31, 38-40

On ne peut que se réjouir de voir des chrétiens militer en nombre de plus en plus grand contre les gaz à effet de serre, le réchauffement climatique, la disparition des forêts, la pollution des sols, des lacs et des rivières, le tarissement des eaux et la réduction de la biodiversité. On ne peut que se réjouir de constater que les dirigeants des Églises et des différentes religions commencent à donner l'exemple d'une prise de conscience écologique. Pensons à la modératrice de l'Église unie et à sa campagne nationale de conscientisation et d'action L'âme, la communauté et la création. Pensons à l'évêque anglican sud-africain Geoffrey Davies, parfois qualifié d'« évêque vert » en raison de son soutien affiché à la cause environnementale, et qui se déplace toujours soit à vélo soit en train. « Les entreprises qui ont contribué aux changements climatiques doivent payer », a-t-il déclaré, en mai 2010, lors d'une conférence à Johannesburg sur l'influence que peuvent avoir les Églises sur les discussions futures des Nations Unies en matière de changements climatiques.

Les croyants, quelle que soit leur foi, se doivent d'être des éveilleurs de conscience, des éclaireurs, des porte-lumières allant au fond des zones sombres pour en trouver le sens. Ils se doivent de dénoncer de toutes les façons le rapport utilitaire avec la Terre qui caractérise l'époque moderne.

Quels sont nos rapports avec la Terre ? En sommes-nous les propriétaires ? Voilà des questions lourdes de sens pour les Québécois. Si l'on demande aux peuples autochtones, qui vivaient sur cette terre avant sa colonisation par les Européens, s'ils en étaient les propriétaires, ils répondent que non, car c'est la terre de Kije Manitou (Dieu) (voir la capsule du 21 juin). Ils n'en sont que les gardiens et les protecteurs, c'est ce que leurs spiritualités enseignent.

La harangue de Job porte à nouveau. Alors que, précédemment, il prenait à témoin la sagesse que procure l'observation minutieuse et humble des animaux, ici, il utilise, pour se situer devant la justice de Dieu, ce que le sol produit. De quoi, en effet, la terre se plaindrait-elle ? Pourquoi ses sillons fondraient-ils en larmes ? La réponse à ces questions apparaît déjà dans le livre du *Lévitique* (26, 34-35) : la Terre se plaindrait – et Dieu viendrait alors à son secours – quand les sabbats prescrits et les repos ne sont pas observés, quand il y a surexploitation, capture et soumission, quand la Terre n'est plus respectée, mais utilisée à outrance pour le seul profit de l'être humain. La Terre se plaint – et Dieu (lui) répond – lorsque nous « dévorons » sans vergogne, sans retenue et de manière insensée sa « vigueur » et sa capacité de production sans « payer » en retour, sans la laisser reposer, sans lui permettre de se régénérer adéquatement.

Alors, pour l'avoir ainsi traitée, pour l'avoir rendue improductive, il n'est que justice qu'elle ne produise plus qu'épines et herbes puantes. C'est le juste retour des choses.

Voilà un dur coup pour l'orgueil humain ; notre Père créateur écoute non seulement ses fils et ses filles, les humains, mais il écoute même la Terre ! Cet amas de matière organique et de roche semble avoir autant d'importance à ses yeux que l'espèce humaine. La Terre écoute la souffrance de Dieu et il passe par elle pour donner des signes aux humains afin qu'ils changent, se convertissent et en prennent soin. Ce passage de la Bible est particulier, car il envoie le message que la Terre peut nous faire signe. Un écosystème agressé par de mauvaises intentions peut se défendre.

Mon père a toujours cultivé un jardin derrière chez nous, et son exemple m'a toujours fasciné. Au printemps, tout y était boueux. Ensuite, mon père remuait la terre et lui ajoutait du fumier et du compost. Puis il y plantait des tomates, des concombres et des poivrons. Il semait aussi des carottes et des betteraves. À partir de rien, de quelques graines, il créait, magiquement, un foisonnant jardin. Cet extrait biblique fait écho dans mes souvenirs : les années où mon père avait amplement de temps pour prendre soin de son jardin, les légumes y poussaient vite. Mais les années où il était débordé par les rénovations ou les heures supplémentaires au travail, ses plants ne poussaient pas aussi vite. Leur sol était moins riche et les mauvaises herbes les étouffaient. C'est ainsi que j'ai appris comment il fallait prendre soin de la Terre.

Dans mon quartier, en banlieue de Montréal, il y a un grand parc tout en longueur. Les personnes âgées, qui ont vécu toute leur vie dans ce quartier, m'ont dit qu'en dessous de ce parc se trouvait un ancien dépotoir. Voilà pourquoi, selon elles, le gazon y est jaune ou ne pousse pas à certains endroits. Le sol qui recouvre ce dépotoir n'est pas de bonne qualité. Il s'en plaint, et la mauvaise herbe et les épines y poussent.

Apprenons de ces signes que Dieu nous envoie dans la nature. Merci à tous ces écologistes qui savent mieux lire ces changements que bien des chrétiens. Ouvrons le dialogue, car c'est la Création que nous protégeons tous ensemble !

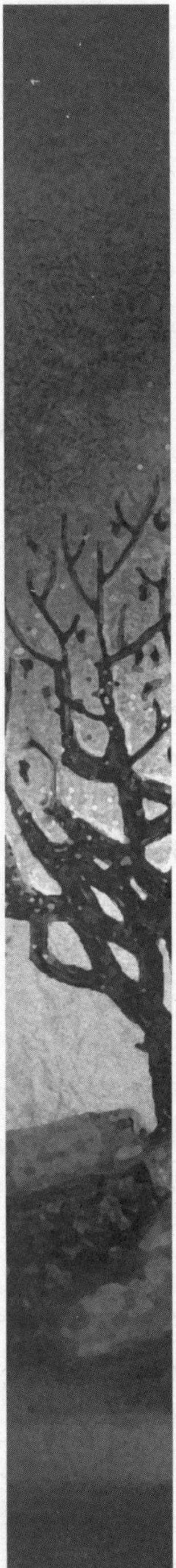

OBJECTIFS

- Réduire nos déchets ! Le recyclage et le compostage permettent de réduire de presque 75 % le poids du sac de nos poubelles. Avec moins de déchets, les dépotoirs se remplissent moins vite, et la vie autour se porte mieux !

- Faire du compost avec nos déchets. Il suffit de trouver un coin dans la cour et d'y déposer nos déchets compostables dans une boîte bien aérée. Le compostage prend quatre minutes par semaine ! Contacter les services municipaux ou une pépinière qui fourniront les outils nécessaires.

- Penser à mettre sur pied une campagne de financement comme celle de l'Église unie de Queenswood à Orléans, en Ontario, où l'on vend des sacs de compost.

1re SEMAINE D'AOÛT

La pollution rompt l'Alliance

La terre en deuil se dégrade,
le monde entier dépérit et se dégrade,
avec la terre dépérissent les hauteurs.
La terre a été profanée/polluée[1] sous les pieds de ses habitants,
car ils ont transgressé les lois,
ils ont tourné les préceptes,
ils ont rompu l'alliance perpétuelle.
C'est pourquoi la malédiction dévore la terre,
ceux qui l'habitent en portent la peine.
C'est pourquoi les habitants de la terre se consument,
il n'en reste que très peu.

ÉSAÏE 24, 4-6

Lors d'une entrevue diffusée sur les ondes de Radio Ville-Marie, en avril 2010, Albert Jacquard, parlait de sa rencontre avec le grand naturaliste Théodore Monod. Lors d'une manifestation contre les politiques du gouvernement français, il lui avait demandé : « Pensez-vous que cela sert à quelque chose ? » Théodore Monod lui avait répondu : « Je ne sais pas, mais ce que je sais c'est que je n'ai pas le droit de ne pas le faire ! »

Tous les disciples écologistes du Christ pourraient certes faire leur cette motivation : on n'a pas le droit de ne pas le faire ! L'obligation d'agir – et de changer – est on ne peut plus évidente pour aujourd'hui et pour demain.

Dans cette même entrevue, Albert Jacquard, parlant de ce qu'est la Vie, ne faisait pas la distinction habituelle entre l'animé et l'inanimé (« le virus et le rocher »), mais plutôt celle entre les êtres vivants doués de conscience et ceux qui n'en sont pas (« l'être humain et le

1. Le mot « pollué » (profané, souillé) est généralement utilisé dans les traductions anglaises de la Bible.

virus »). C'est la conscience de soi qui rend l'être humain sacré. Enfin, en parlant du pouvoir unique que possède l'être humain, il ajoutait qu'avec ce pouvoir vient une responsabilité tout aussi unique. « Ce n'est pas parce qu'on *peut* faire une chose, qu'on *doit* la faire », affirmait-il.

La Bible répète que la responsabilité de la Création appartient aux êtres humains. Non seulement est-ce une question de « lois » naturelles afin de respecter les équilibres écologiques, mais c'est aussi une question d'harmonie. L'extrait du livre d'*Ésaïe*, qui ouvre cette capsule, parle d'une « alliance perpétuelle » qui a été rompue. Cette alliance, c'est la reconnaissance que nous sommes, avec toutes les créatures, les enfants d'une même famille, celle de Dieu. L'expression est loin d'être nouvelle : on la retrouve dans les récits de Noé (*Genèse* 9, 16; voir capsule de la 2e semaine de l'Avent) et d'Abraham (*Genèse* 17, 7.13.19). Elle apparaît dans les prescriptions données à Moïse (*Exode* 31, 16 et *Lévitique* 24, 8). Elle est aussi présente dans le livre des *Psaumes* (105, 10 reprise intégralement dans *1 Chronique* 16, 17). C'est dire ses dimensions multiples. Si nous avons l'arrogance de penser que nous pouvons tout contrôler, tout détruire sans conséquence, autrement dit ne pas respecter cette « alliance perpétuelle », on brise alors notre part de contrat. L'esprit humain se plaît beaucoup plus à prendre soin qu'à détruire. Faire fleurir la terre est une louange, tandis que la polluer est une malédiction pour nous-mêmes.

Quelles lois ont été transgressées? Les lois humaines, les lois divines, les lois naturelles?

Les lois de la nature sont celles de l'équilibre, fragile et complexe, des écosystèmes. Et la lecture de l'Évangile permet une réponse plus large encore : les lois humaines, que Jésus ignora à plusieurs reprises – guérir, par exemple, un jour de sabbat –, deviennent secondaires après que Jésus eut dicté sa loi d'amour : « Aimez-vous les uns les autres comme je vous ai aimés. » L'application de cette loi d'amour, au sein de l'alliance perpétuelle, est exigée par notre Dieu. Lorsque nous ne pensons qu'à nous-mêmes, en exploitant la nature pour notre propre bénéfice, la Terre est alors « polluée », souillée. Les conséquences sur la faune sont évidentes : maladies, dérèglements génétiques, malformations et chute draconienne du nombre de la population. Au Québec, 76 espèces animales sont en péril, dont plusieurs à cause de la pollution. Respectons le travail des biologistes et des écologistes qui effectuent des recherches dans nos rivières, nos lacs, nos forêts et autres écosystèmes afin de connaître les « lois de la nature ».

Les lois de Dieu sont profondément humaines et écologiques; elles créent une alliance entre toutes les créatures. Elles sont intrinsèquement liées et l'ignorance de l'une ou de l'autre mène à la pollution irrémédiable de notre environnement. Les piles électriques et la peinture doivent être récupérées dans un centre de récupération ou encore au magasin où nous les avons achetées. Que faisons-nous de nos déchets toxiques? On ne peut plus se cacher derrière la simple pratique religieuse pour retrouver la paix et l'harmonie, alors que l'on contamine les sols par des gestes quotidiens irréfléchis. Si la Terre proteste, écoutons-la pour finalement acquérir une sagesse… écologique!

Connaissez-vous le septième continent? Il s'agit d'une immense masse de déchets – superficie : 3,43 millions de kilomètres carrés, l'équivalent du tiers de l'Europe – qui s'est accumulée en deux endroits de l'océan Pacifique, au nord de l'archipel d'Hawaï et à l'ouest de celui du Japon. Les courants marins font que tous les rebuts jetés dans les mers et dans les rivières terminent leurs courses dans l'océan où ils s'accumulent et s'agglutinent en un inextricable conglomérat de matières plastiques quasi indestructibles : brosses à dents, stylos, bouteilles d'eau, sacs de plastique et même des valises! Une masse totale de 3,5 millions de tonnes de plastique. Ce continent, né il y a 50 ans, a triplé de taille depuis 1990, et ce n'est que la pointe de l'iceberg : 70 % du plastique qui se retrouve dans l'océan crée un tapis nocif à la faune et à la flore. Ce tapis prendra jusqu'à mille ans pour se décomposer! À certains endroits, on retrouve plus de plastique que de plancton. Et personne ne veut nettoyer ce désastre écologique.

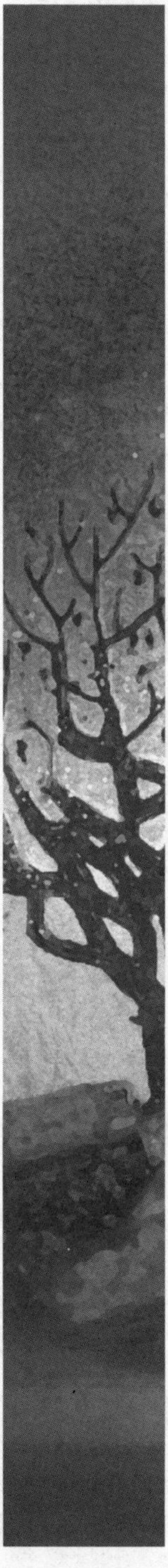

OBJECTIFS

- Contacter sa municipalité pour découvrir comment se départir de ses déchets toxiques (peinture, piles, appareils électroniques, etc.).
- Trouver les magasins qui acceptent de recycler les produits qu'ils ont vendus. Ils sont de plus en plus nombreux.
- Organiser un grand nettoyage des rivages canadiens ; consulter à cet effet le site [www.shorelinecleanup.ca/fr].
- Découvrir les actions de Greenpeace visant à protéger les écosystèmes (notamment les océans) ; consulter le site [www.greenpeace.ca].
- Au sujet du septième continent, consulter le site [www.blog.greenpeace.fr/oceans].

2e SEMAINE D'AOÛT

Moïse et l'eau polluée

> *Moïse fit partir Israël de la mer des Joncs et ils sortirent vers le désert de Shour. Ils marchèrent trois jours au désert sans trouver d'eau. Ils arrivèrent à Mara, mais ne purent boire l'eau, car elle était amère – d'où son nom « Mara ». Le peuple murmura contre Moïse en disant : « Que boirons-nous ? » Celui-ci cria vers le Seigneur et le Seigneur lui indiqua un arbre d'une certaine espèce. Il en jeta un morceau dans l'eau et l'eau devint douce.*
>
> *EXODE* 15, 22-25

Cette histoire peut paraître banale pour un Québécois, car nous avons de l'eau en abondance. Le Québec représente 0,1 % de la population mondiale, mais son territoire détient 3 % de l'eau potable de la planète. La quantité d'eau disponible est certes un enjeu, mais c'est la qualité de l'eau qui est très préoccupante. Vilain défaut que celui de l'abondance, car *l'abondance mène au laisser-faire et au gaspillage*. Savons-nous que, selon l'UNESCO, plus de 1,2 milliard de personnes n'ont pas accès à de l'eau potable dans le monde ?

On gaspille l'eau par nos actions quotidiennes. La chasse d'eau et le bain représentent 65 % de l'utilisation de l'eau dans une maison. Les enfants ont appris à fermer le robinet quand ils se brossent les dents et les laveuses fonctionnent maintenant à l'eau froide, et c'est tant mieux. Il y a cependant encore moyen de réduire la consommation-gaspillage de l'eau : moins utiliser le lave-vaisselle, ne pas arroser intensivement le gazon, laver la voiture avec un seau et un chamois, prendre des douches plus courtes et moins fréquentes, équiper les cuvettes des toilettes de chasses d'eau à deux volumes. On peut aussi demander aux enfants d'uriner dans la douche : une chasse d'eau équivaut à 18 litres, une fois de moins par semaine représente une épargne de près de 1 000 litres.

Il faut aussi regarder la qualité de l'eau qui coule dans le drain, circule dans les égouts et où aboutissent une bonne partie de nos déchets. Bien sûr, cette eau est « épurée » avant d'être relâchée dans les cours d'eau, mais elle n'est pas « filtrée ». Plusieurs polluants s'y trouvent encore, comme les médicaments que l'on jette dans la cuvette des toilettes ou qui sont contenus dans les urines.

En ce qui concerne la qualité des eaux usées, il est facile de rejeter notre responsabilité sur quelqu'un d'autre. Le citoyen pollue l'eau, et c'est la municipalité qui est ensuite responsable. L'agriculteur se dit que la rivière nettoiera tout. Quant aux industries, elles doivent obéir à plusieurs règlements, mais les sanctions ne sont pas assez sévères lorsqu'elles sont négligentes. Nous oublions que, si l'eau est source de vie, elle peut aussi être source de mort. Imaginons que nos services de purification de l'eau fassent défaut, comme à Walkerton en Ontario, il y a une quinzaine d'années. Imaginons que nos systèmes d'aqueducs ne fonctionnent plus ! Nous ouvrons le robinet, et une seule goutte tombe. Que faire ? Si nous n'avions pas pollué nos rivières, nous pourrions aller y boire, mais cette idée est terrifiante pour la très grande majorité de la population québécoise. Dans un tel cas, nous aurions soif comme les Hébreux dans le désert. Nous voudrions nous plaindre comme eux. Nous regarderions vers le ciel pour demander à Dieu quoi faire. Jeter une branche d'arbre dans la rivière ? Renforcer les lois sur les eaux usées ? Interdire les produits nettoyants toxiques ?

N'avons-nous pas été baptisés avec de l'eau ? Pour plusieurs, l'eau bénite et l'eau de Pâques ne signifient-elles pas quelque chose ? Il nous faut retrouver un sentiment d'appartenance envers l'eau. Chaque communauté chrétienne devrait adopter une rivière qui coule près de chez elle et s'engager pour une meilleure qualité de l'eau en dénonçant les empoisonneurs. Crions vers les décideurs pour que ça change ! Une nouvelle réglementation rendra l'eau de plus en plus claire et nous pourrons ensuite puiser l'eau de la rivière pour vivre notre baptême.

La solution que bien des gens envisagent est d'acheter de l'eau embouteillée ! Parlons-en, justement, de l'eau en bouteille ! Le produit est sain, mais l'industrie qui le produit, elle, ne l'est pas. L'eau embouteillée est un produit superflu et inutile, qui crée plus de pollution qu'autre chose : usine de pompage et d'embouteillage, utilisation de pétrole pour fabriquer les bouteilles de plastique, transport sur de longues distances, réfrigération. Toutes ces étapes entraînent des dépenses folles d'énergie. Cette florissante industrie repose sur un mythe mensonger : l'eau du robinet ne serait pas bonne à boire ! C'est tout à fait *faux* ! L'eau de nos municipalités est excellente, d'aussi bonne qualité que l'eau embouteillée et pour une fraction du prix (environ 1/40); et plus la municipalité est grande, plus son eau est bonne. L'industrie de l'eau embouteillée en est une de « développement non durable » et elle est grandement néfaste pour notre santé et celle des générations futures. Avec l'eau du robinet ou une gourde pour nos randonnées, on peut se passer d'acheter de l'eau en bouteille.

Selon RECYC-QUÉBEC, 775 millions de bouteilles d'eau auraient été vendues, en 1995, au Québec : 102 par personne ! Et en 2009, c'était un milliard de bouteilles, dont la fabrication avait nécessité 100 millions de litres de pétrole, et qui n'auront été recyclées qu'à 57 %. C'est dire que plus de 400 millions de bouteilles plastiques sont déversées dans les dépotoirs chaque année ! Des chiffres astronomiques qui défient toute logique économique, mais « il s'agit aussi d'un beau gâchis écologique puisque la production et l'acheminement d'eau embouteillée consomment de 1 000 à 2 000 fois plus d'énergie qu'un service d'eau municipal[2] ». Un vrai désastre comme il y en a peu et sur lequel il serait si facile d'intervenir ! La ville de Bundanoon, dans le sud de l'Australie, a interdit la vente d'eau embouteillée sur tout son territoire. Touristes et visiteurs boivent aux fontaines publiques installées un peu partout.

2. Frédéric JULIEN, « On ne fête pas la Terre avec une bouteille d'eau », *Le Devoir*, 23 avril 2010, p. A9.

Cesser la consommation de l'eau en bouteille n'est peut-être qu'une goutte d'eau dans l'océan des mesures à envisager pour rendre notre développement vraiment durable, mais c'est néanmoins, une mesure symbolique forte : l'eau est le sang de cette Terre.

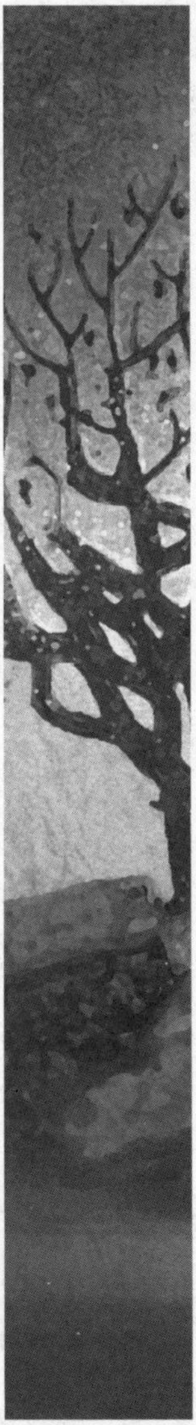

OBJECTIFS

- Visiter le site Internet de la Coalition Eau Secours pour une gestion responsable de l'eau : [www.eausecours.org].
- Organiser une pétition sur un enjeu concernant l'eau dans notre région et la faire signer lors d'une célébration.
- Ne rien jeter de toxique dans l'évier, dans la toilette ou dans les égouts !
- Bannir à tout jamais, si ce n'est pas encore fait, les bouteilles d'eau en plastique, c'est une catastrophe écologique !

3e SEMAINE D'AOÛT

Les signes du temps

Voilà la parole que j'avais à dire à Pharaon, Dieu a révélé à Pharaon ce qu'il va faire. Sept années de grande abondance vont venir dans tout le pays d'Égypte. Puis surviendront après elles sept années de famine et l'on perdra le souvenir de toute cette abondance au pays d'Égypte. La famine épuisera le pays et on ne saura plus ce qu'est l'abondance dans le pays à cause de la famine qui suivra, tant qu'elle sévira durement. Si le songe a été répété par deux fois à Pharaon, c'est que la chose a été décidée par Dieu et que Dieu va se hâter de l'accomplir. Et maintenant que Pharaon découvre un homme intelligent et sage pour le préposer au pays d'Égypte. Que Pharaon mette en place des commissaires sur le pays pour taxer au cinquième le pays d'Égypte pendant les sept années d'abondance! Ils collecteront tous les vivres et entreposeront du froment sous l'autorité de Pharaon comme réserves de vivres dans les villes. Ce sera une réserve pour le pays en vue des sept années de famine qui surviendront au pays d'Égypte : ainsi la famine ne dépeuplera pas le pays.

GENÈSE 41, 28-36

Cette histoire est passionnante pour deux raisons. D'abord, parce qu'elle traite de changement climatique : l'Égypte va passer d'un climat humide, favorisant les récoltes, à un climat de sécheresse. Ensuite, parce que Joseph et le pharaon partagent un don magnifique, celui de prévoir ! C'est ce même don qui permet à une jardinière de planter quelques graines dans son jardin communautaire, à Longueuil, et d'y récolter fraises, carottes, poivrons et petits pois !

Cette histoire est hautement symbolique – historiquement, l'Égypte n'a jamais enregistré une telle succession d'événements –, et son symbole est important : l'être humain a la capacité de lire les signes pour faire face aux difficultés à venir, et s'y adapter. Rappelons-nous la clairvoyance de Noé devant l'imminence du Déluge dont il a su lire les signes.

Nos « prophètes modernes », météorologues et climatologues, annoncent un changement de climat important dans les décennies à venir. Le climat a déjà commencé à changer, et rapidement. Les températures moyennes s'élèvent partout sur le globe. Les ouragans sont plus nombreux dans l'océan Atlantique. L'hiver 2010 a été le plus chaud jamais enregistré, et de même pour la dernière décennie.

Nous pouvons déjà agir en cessant d'être hypocrites pour enfin prendre conscience que nos gestes influencent le climat. Le transport et le chauffage sont en cause ! Le gaz carbonique (CO_2) garde la chaleur près du sol. Il n'y en a jamais eu autant dans l'atmosphère. Il est évident que garder plus de chaleur dans l'air aura des conséquences sur les vents et la pluie. Il faut écouter ceux qui étudient les divers aspects de la Terre et du ciel, ceux qui observent la fonte des glaciers, la sévérité des orages, les jours de smog et les canicules meurtrières. Le nombre d'événements météorologiques extrêmes est six fois plus grand qu'il y a cinquante ans !

Il ne s'agit pas de faire peur ni d'avoir peur. J'imagine mal Noé baissant les bras ou Joseph annonçant que nous sommes perdus ! Mais tout comme Joseph, Noé, et plus tard, Jésus, nous devons être à l'écoute des signes et passer à l'action. Nos petits-enfants se rappelleront notre décision.

Gro Harlem Brundtland est une prophétesse moderne qui a su lire les signes du temps. Femme politique de Norvège, première ministre de son pays à trois reprises, elle a été présidente de la Commission mondiale pour l'environnement et le développement, à l'ONU, et elle a laissé son nom à un célèbre document, le rapport Brundtland de 1987. Celui-ci définissait, à la manière de Joseph, ce que la collectivité devait entreprendre pour faire face à la crise qui pointait, en s'attardant sur le concept de développement durable défini comme « un développement qui répond aux besoins des générations présentes sans compromettre la capacité des générations futures à répondre aux leurs ». Vingt ans plus tard, ce terme est allègrement perverti, trituré, dénaturé par les rois du marketing et autres devins relationnistes de l'industrie pour faire la promotion de la « croissance durable ». Et pire encore, par toutes les industries qui font de l'écoblanchiment, une technique savante insidieuse et manipulatrice qui consiste à faire croire, faussement, qu'un produit nuisible légèrement transformé est subitement devenu écologique. Pensons aux téléphones cellulaires fabriqués en partie de plastique recyclé ou aux voitures moins énergivores ! Quelle ironie d'entendre la compagnie Naya se poser en écologiste convaincue ! « En lançant la première bouteille faite à 100 % de plastique recyclé, Naya a fait un grand pas pour diminuer son empreinte environnementale[3] », pouvait-on lire dans une annonce publicitaire. « [L'écoblanchiment] s'est répandu comme une épidémie, à tel point que le consommateur moyen est porté à croire que chacun de ses achats est écoresponsable[4]. »

Les vaches grasses s'empiffrent aujourd'hui pour ne rien laisser plus tard. Nos enfants en subiront les conséquences si rien n'est fait pour contrer la baisse du niveau du fleuve Saint-Laurent, la salinisation de l'eau, la sécheresse et les feux de forêt plus sévères, les inondations, la possibilité de tornades plus fréquentes dans le sud du Québec. Et plus encore ! Les vaches grasses de l'abondance broutent chez nous ! Nous sommes, nous des pays du Nord, ces vaches qui s'engraissent en mangeant les maigres ressources des pays rachitiques et émaciés du Sud. Nous faisons partie des 20 % de la population mondiale qui consomment 80 % des ressources, y compris les ressources alimentaires, de la planète. Cela revient à dire que chacun et chacune d'entre nous consomment seize fois

3. *Le Devoir,* 17 avril 2010, cahier spécial sur l'environnement.
4. « Cul-de-sac écologique et économique », *Le Devoir,* 22 avril 2010, p. A7.

plus qu'un habitant du Sud : nos vaches sont seize fois plus grosses que les leurs ! Un milliard de personnes ont faim sur la terre, dont quinze millions dans les pays d'abondance. L'obésité des uns se traduit par la famine des autres.

Dans l'entrevue d'Albert Jacquard à Radio Ville-Marie citée précédemment (voir la capsule de la 1re semaine d'août), il intimait cet ordre à son auditoire : « Décroissons ! C'est ainsi qu'on redevient soi-même. » Il martelait, un peu comme le Joseph de l'Ancien Testament, qu'il est important de planifier à long terme et non à court terme, comme nos gouvernants le font.

OBJECTIFS

- Participer au mouvement 350 pour encourager les gouvernements à réduire les émissions de GES : consulter le site Internet [www.350.org].
- S'informer au sujet d'une campagne de sensibilisation mondiale qui a été lancée pour nous rappeler le compte à rebours climatique : consulter le site [www. tcktcktck.org/fr].
- Pratiquer le « cocktail transport » qui consiste à varier notre moyen de transport selon la circonstance. Ceux qui le pratiquent font des économies d'environ 50 % de leurs frais de transport s'ils utilisaient leur voiture.
- Faire de l'autopartage dans des villes comme Montréal, Québec, Gatineau et Sherbrooke grâce à Communauto : consulter le site [www.communauto.com].
- Faire attention à l'écoblanchiment et aux faux produits verts !
- Encourager les produits de la compagnie Cascades, dont la conscience écologique est évidente depuis des années, et même avant que ce terme soit à la mode.

4e SEMAINE D'AOÛT

Comme un arbre près des courants d'eau

Heureuse la personne
qui ne prend pas le parti des méchants,
ne s'arrête pas sur les chemins des pécheurs
et ne s'assied pas au banc des impies ;
mais qui se plaît à la loi de Dieu
et récite sa loi jour et nuit !

Elle est comme un arbre planté près des ruisseaux :
elle donne son fruit en sa saison
et son feuillage ne se flétrit pas ;
elle réussit tout ce qu'elle fait.

Tel n'est pas le sort des méchants :
ils sont comme la bale que disperse le vent.
Lors du jugement, les méchants ne se relèveront pas,
ni les pécheurs au rassemblement des justes.
Car Dieu connaît le chemin des personnes justes,
mais le chemin des méchants se perd.

PSAUME 1

Il n'est pas rare que, dans la Bible, l'être humain soit comparé aux arbres, comme ici dans ce célèbre psaume premier. D'autres psaumes le font : « Le juste pousse comme un palmier, s'étend comme un cèdre du Liban » (92, 13) ; ou les prophètes : « Pareil à un arbre planté au bord de l'eau qui pousse ses racines vers le ruisseau, il ne sent pas venir la chaleur, son feuillage est toujours vert » (*Jérémie* 17, 8a).

L'arbre pousse là où est tombée sa semence, où bien là où on l'a planté et il arrive souvent que le terrain ne soit pas idéal ; non seulement il doit s'en accommoder, mais encore, en général, il l'améliore de plusieurs manières. Parfois, il se trouve dans des rochers, ou bien il est entouré d'épines et de broussailles, il doit donc lutter pour survivre et bien souvent il doit vaincre ou mourir. Il accepte d'être transplanté, taillé, travaillé ou délaissé. Il ne fait point ce qu'il veut : il doit se plier aux circonstances, notamment à la volonté de son créateur, ainsi qu'à celle de son maître terrestre et « tout arbre qui ne porte pas un bon fruit, on le coupe et on jette au feu[5] ».

MATTHIEU 7, 19

Plusieurs épisodes de la Bible se déroulent auprès d'un arbre ou d'un groupe d'arbres : les jardins d'Éden où poussent et l'arbre de vie et l'arbre de la connaissance du bien et du mal (*Genèse* 2, 9 et 3, 6); la visite de YHWH à Abraham aux chênes de Mambré (*Genèse* 18, 1); l'apparition de l'ange du Seigneur à Moïse dans un buisson (*Exode* 3, 2); les jugements que la prophétesse Déborah rend sous le palmier entre Rama et Béthel (*Juges* 4, 5); la place qu'occupent les arbres fruitiers dans les visions d'Ézéchiel (47, 12) ou l'arbre produisant douze récoltes dans la vision de Jean de Patmos (*L'Apocalypse* 22, 2). Déjà, la loi deutéronomique en interdisait l'abattage intensif (*Deutéronome* 20, 19; voir à ce sujet la capsule de la 4e semaine de septembre). Salomon, fin horticulteur, était fier des arbres (*Qohéleth* 2, 4-6) et il en a beaucoup parlé (*1 Rois* 5, 13). Ésaïe se sert du cèdre, de l'acacia, du myrte, de l'olivier, du cyprès, de l'orme et du buis dans un même élan prophétique (41, 19; voir la capsule du 17 juin). Et dans ses paraboles Jésus se sert tant d'un arbre malade (*Luc* 6, 43-44), du figuier (*Luc* 13, 6-9), que du sénevé (*Matthieu* 13, 31-32; voir la capsule de la 4e semaine de juin). On se souviendra également de sa condamnation d'un figuier qui ne portait pas de fruits (*Matthieu* 21, 18-22).

Pas moins de 75 arbres et arbrisseaux peuvent être recensés dans la Bible depuis l'abricotier jusqu'au zizyphe en passant par le bambou, le bananier, le cognassier, l'érable, le houx, le jujubier, le micocoulier, l'olivier, la pimprenelle, le styrax ou la vigne!

---

5. Hervé FINÈS, *Les arbres de la Bible*, édition à compte d'auteur, Montréal, 2003.

On n'insistera jamais trop sur l'importance des arbres pour notre propre existence et pour celle de tout le règne animal. [...] *En effet, nous dépendons énormément des arbres ; nous utilisons leurs fruits et leurs feuilles pour notre nourriture et nos médicaments, leur bois pour notre logement, notre chauffage et toutes sortes d'usages, de plus nous profitons de leur beauté, de leur abri, de leur ombre, de leur humus, mais surtout nous dépendons d'eux pour la qualité de l'air que nous respirons : grâce à la photosynthèse, ils assimilent le gaz carbonique de l'air et rejettent une grande quantité d'oxygène et de vapeur d'eau : un kilomètre carré de forêt consomme en un an plus de 350 000 mètres cubes de gaz carbonique et dégage de deux à trois mille tonnes d'oxygène et trois millions de tonnes d'eau ; un palmier dattier utilise environ 60 000 litres d'eau de mai à septembre et un grand chêne émet dans l'atmosphère plus de cent tonnes d'eau, soit plus de cent mille litres, pendant la saison. Ces chiffres sont tellement énormes que nous avons de la difficulté à les visualiser.*

De plus, les arbres et les arbrisseaux abritent une quantité innombrable d'êtres vivants ; ils protègent le sol de l'ardeur du soleil, des ravages du vent, des pluies torrentielles ainsi que du débordement des cours d'eau ; enfin, ils absorbent les poussières, les microbes, la pollution naturelle, ainsi que celle que nous provoquons, mais bien sûr, ils ont des limites ! Dans certains cas, nous les outrepassons et nous les tuons[6] *!*

6. *Ibid.*

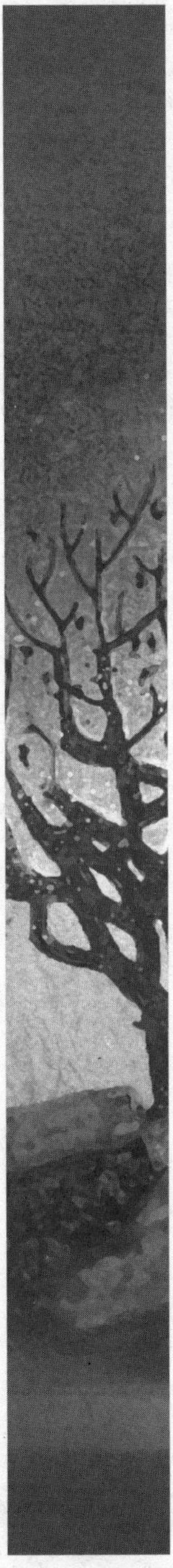

OBJECTIFS

Ces pages veulent rendre un hommage tout particulier à feu le pasteur Hervé Finès, ainsi qu'à son ouvrage *Les arbres de la Bible,* d'où sont tirées les citations.

- Soigner les arbres malades par le moyen le plus écologique possible.
- Faire une sortie en famille : par exemple, un tour à vélo dans les sentiers du mont Royal ou dans les pistes cyclables de la région des Bois-Francs.
- Organiser une épluchette de blé d'Inde à l'ombre d'arbres majestueux.

DERNIÈRE SEMAINE D'AOÛT

Jubilez sur cette belle Terre

C'est que, comme descend la pluie ou la neige,
du haut des cieux,
et comme elle ne retourne pas là-haut
sans avoir saturé la terre,
sans l'avoir fait enfanter et bourgeonner,
sans avoir donné semence au semeur
et nourriture à celui qui mange,
ainsi se comporte ma parole
du moment qu'elle sort de ma bouche :
elle ne retourne pas vers moi sans résultat,
sans avoir exécuté ce qui me plaît
et fait aboutir ce pour quoi je l'avais envoyée.

C'est en effet dans la jubilation que vous sortirez,
et dans la paix que vous serez entraînés.
Sur votre passage, montagnes et collines
exploseront en acclamations,
et tous les arbres de la campagne battront des mains.

Au lieu de la ronce croîtra le cyprès,
au lieu de l'ortie croîtra le myrte,
cela constituera pour le Seigneur une renommée,
un signe perpétuel qui ne sera jamais retranché.

ÉSAÏE 55, 10-13

C'est la cinquième fois que nous puisons notre inspiration dans le livre du prophète Ésaïe. Alors que l'été tire à sa fin, le prophète offre cette magnifique vision, vers la fin de son livre, d'un peuple en marche, promis au bonheur, pour repeupler une Jérusalem délaissée. Après la promesse d'une nourriture régénératrice qui procurera la vie en plénitude (55, 1-3a ; voir la capsule de la

2e semaine de mars) et celle d'un redressement semblable au règne de David (3b-5), après un vibrant appel à la conversion et à la confiance au pardon de Dieu (6-9), le prophète laisse entrevoir, dans un tableau extraordinairement évocateur qui utilise abondamment les éléments naturels (pluie, neige, terre, bourgeons, semence, montagnes, collines, arbres, ronces, cyprès, ortie, myrte), les effets bienfaiteurs, bienfaisants et salutaires de la parole de Dieu : satiété, jubilation, paix sont au rendez-vous ; acclamations et foisonnement explosent de toutes parts.

Tableaux magnifiques que cette eau fraîche qui coule des monts aux neiges éternelles jusque dans les ruisseaux impétueux des collines ; que ces arbres de la montagne qui battent des mains ; que ces bosquets de ce gracieux arbrisseau qu'est le myrte, plus odorant que la rose, aux feuilles vert foncé, aux petites fleurs blanches et aux baies ovales d'un rouge pourpré !

Notre civilisation se trouve devant un grand paradoxe : nous avons des moyens de communication comme jamais, mais nous communiquons très mal. La surdose de publicité et de musique, les centaines de chaînes de télévision, les courriels, les cellulaires ou les téléphones intelligents et autres iPod nous ont fait perdre la valeur d'une parole vraie, d'une parole agissante. Des récits irlandais racontent que les druides parlaient très peu, mais quand ils parlaient, les gens et toutes les créatures s'immobilisaient. Leur parole avait de l'autorité, alors imaginez la parole de Dieu. On appelle Dieu le Verbe, car sa parole ne revient pas sans résultat. La Création a besoin de ce type de parole créatrice de notre part.

La sensation de joie *dans* la nature est ressentie par tous ceux et celles qui, par exemple, aiment faire du camping dans la forêt. Mais la sensation de joie *avec* la nature est d'une profondeur spirituelle que même les évêques ignorent. Hildegarde de Bingen, François d'Assise, Kevin d'Irlande et Kateri Tekakwitha, pour ne nommer qu'eux, ont témoigné de l'amour de la nature par leur vécu. La profondeur spirituelle qu'ils vivaient leur permettait de se réjouir avec les oiseaux, les loutres et les arbres. L'image des arbres qui battent des mains exprime une grande solidarité, car il ne s'agit pas d'une joie égoïste comme celle que nous connaissons ; elle exprime une joie en Dieu, une joie qui arrose toutes les créatures.

Ces quelques versets du livre d'*Ésaïe* appellent à la conversion des cœurs, conversion qui s'effectue par la parole de Dieu agissante et qui se manifeste par une transformation dans la nature. Ne suggèrent-ils pas aussi que cette conversion du cœur apporte une conversion « environnementale » ? La ronce et l'ortie sont des mauvaises herbes dont l'une a des épines et l'autre des poils irritants. Elles seront remplacées par le cyprès, un arbre robuste qui peut atteindre trente mètres dont le bois est très apprécié des charpentiers, et le myrte, un arbrisseau au doux parfum utilisé lors de fêtes juives. Imaginons qu'au Québec une vague de conversion se produise parmi les surconsommateurs et les pollueurs. Au lieu de l'herbe à puce croîtrait le sapin baumier, au lieu des poubelles, des bacs à fleurs, des signes perpétuels de l'amour du Créateur.

OBJECTIFS

- Découvrir nos parcs nationaux et y planifier des randonnées : consulter le site Internet [www.sepaq.com].
- Prier au pied d'un arbre, comme Kateri Tekakwitha le faisait.
- Ajouter des plantes dans la maison ou dans l'église et les arroser abondamment.

1er SEPTEMBRE – JOURNÉE DE PRIÈRE POUR LA PROTECTION DE L'ENVIRONNEMENT

Louez Dieu depuis les cieux et la terre

Alléluia !

Louez le Seigneur depuis les cieux :
louez-le dans les hauteurs ;
louez-le, vous tous ses anges ;
louez-le, vous toute son armée ;
louez-le, soleil et lune ;
louez-le, vous toutes les étoiles brillantes ;
louez-le, vous les plus élevés des cieux,
et vous les eaux qui êtes par-dessus les cieux.

Qu'ils louent le nom du Seigneur,
car il commanda, et ils furent créés.
Il les établit à tout jamais ;
il fixa des lois qui ne passeront pas.

Louez le Seigneur depuis la terre :
dragons et vous tous les abîmes,
feu et grêle, neige et brouillard,
vent de tempête exécutant sa parole,
montagnes et toutes les collines,
arbres fruitiers et tous les cèdres,
bêtes sauvages et tout le bétail,
reptiles et oiseaux,
rois de la terre et tous les peuples,
princes et tous les chefs de la terre,
jeunes gens, vous aussi jeunes filles,
vieillards et enfants !

Qu'ils louent le nom du Seigneur,
car son nom est sublime, lui seul,

sa splendeur domine la terre et les cieux.
Il a relevé le front de son peuple.
Louange pour tous ses fidèles,
les fils d'Israël, le peuple qui lui est proche !
Alléluia !

PSAUME 148

Un autre psaume magnifique qui nécessite peu de commentaires. Laissons-nous charmer par ses images sorties de la représentation cosmologique de l'Univers d'il y a trois mille ans ou à peu près : par exemple, les différents niveaux des cieux (il y en avait jusqu'à douze) ; les eaux qui se trouvent au-dessus des cieux, contenues dans la voûte céleste qui, lorsqu'elle s'ouvre, laisse échapper les pluies ; les « dragons », mot traduit par « énormes poissons » dans *La Bible, nouvelle traduction*[7] ; les vents des tempêtes générés par la puissante parole de Dieu plutôt que par une explication naturelle.

Laissons-nous charmer par cette image d'une liesse populaire à laquelle participent sans honte les rois et les princes, les jeunes garçons souriants et les jeunes filles radieuses, et même les vieillards chevrotants et les bambins, qui gambadent dans les jambes de tout ce beau monde ! N'aurions-nous pas envie d'une telle kermesse sur le parvis de nos églises ?

Deux choses, au moins, invitent à la prière dans ce psaume. D'abord, la communion de louange vers notre Créateur, allégrement partagée par tout le monde. Toutes les créatures, ce qui inclut les corps célestes, comme les anges et les astres, les phénomènes naturels, comme le feu et la grêle, le brouillard et le vent, les êtres vivants, végétaux et animaux quadrupèdes et reptiles, jusqu'aux humains, tous sont invités à louer Dieu sans cesse. Une liturgie à l'extérieur de l'église, dans un parc ou dans la nature serait sans doute une occasion idéale pour « prier » ce psaume de

7. Bayard/Médiaspaul, 2001.

louanges. Nous devons redécouvrir la richesse d'une communion avec la nature lors de nos célébrations.

La fin de ce psaume est très inspirante : « Il a relevé le front (littéralement : la corne, la force) de son peuple. » Alors que nous pleurons les maladies liées à la dégradation de l'environnement, comme l'asthme ou les diverses allergies, alors que nous pleurons l'extinction des espèces, comme la tourte et le dodo, et que nous nous désolons à la vue des rivières si polluées que leur eau est devenue imbuvable, Dieu relève notre front. Il est proche de tous ses fidèles et nous soutient dans nos démarches pour sauvegarder sa Création.

En avril 2010, la Conférence mondiale des peuples autochtones contre le changement climatique a eu lieu à Cochabamba en Bolivie. Dans la déclaration finale, on pouvait lire : « Le changement climatique est le produit d'une compréhension humaine de la nature qui la voit comme un objet de domination, d'exploitation et de manipulation et où l'être humain en est le propriétaire et le possesseur. »

Ses signataires « reconnaissent qu'une interprétation particulière de la tradition judéo-chrétienne a contribué à l'élaboration d'un tel anthropomorphisme et d'une telle exploitation impitoyable de la nature, mésinterprétant la responsabilité de "gardien" et de défenseur de la Création confiée à l'humanité par le Créateur » (notre traduction). Que ces mots nous servent d'inspiration.

La règle verte – Les traditions de foi respectent l'environnement[8]

Bahaïsme : « Soyez l'incarnation de la justice et de l'équité au milieu de toute la création » (*Kitáb-i-Aqdas*, 187).

Bouddhisme : « Abats la forêt du désir et non la forêt des arbres » (*Dhammapada*, 283).

8. Ces informations ont été fournies par le Centre canadien d'œcuménisme.

Christianisme : « Gardez-vous de nuire à la terre, à la mer et aux arbres » (*L'Apocalypse* 7, 3).

Islam : « Le monde est vert et beau et Dieu vous a désigné pour en être l'intendant » (*Hadith Sahih Muslim*, 6606).

Judaïsme : « Le Seigneur Dieu prit l'homme et l'établit dans le jardin d'Éden pour cultiver le sol et le garder » (*Genèse* 2, 15).

Spiritualité autochtone : « Nous sommes vivants pourvu que nous gardions vivante la Terre » (Chef Dan George).

Sikhisme : « L'Air est gourou, l'Eau est le Père et la Terre est la grande Mère de tout » (*Gurû Granth Sahib*, 146).

OBJECTIFS

- Organiser, avec notre communauté chrétienne, des célébrations à l'extérieur sur le thème de la Création. Comment, à l'exemple de nos ancêtres dans la foi, louer Dieu avec la nature ?
- Prendre contact avec une communauté de foi voisine pour mettre sur pied un projet écologique commun ou une célébration œcuménique. Consultez des exemples sur le site [www.egliseverte.ca].
- Ajouter à notre bibliothèque des livres de prières à caractère écologique comme :

  A. Beauchamp. *Devant la création,* Montréal, Fides, 1997.

  A. Beauchamp. *L'instant divin,* Montréal, Bellarmin, 1999.

  A. Beauchamp. *Vivre sa vie comme un chant*, Montréal, Bellarmin, 2010.

  Collectif. *Oser le dire, Prières de vie et d'engagement,* Novalis-Lumen vitæ, Montréal, 2006.

1re SEMAINE DE SEPTEMBRE

Servir Dieu ou l'argent ?

> *« Aucun domestique ne peut servir deux maîtres : ou bien il haïra l'un et aimera l'autre, ou bien il s'attachera à l'un et méprisera l'autre. Vous ne pouvez servir Dieu et l'Argent. »*
>
> *LUC* 16, 13

Ce n'est pas la seule fois que Jésus parle d'argent, sujet d'une incessante préoccupation pour les gens de son époque comme pour ceux d'aujourd'hui ! Comme quoi, plus ça change, plus c'est pareil !

Jésus se sert abondamment de l'argent dans ses paraboles : celles des talents (*Matthieu* 25, 14 et suiv.) ou des mines (*Luc* 19, 12 et suiv.) ; celle des ouvriers de la onzième heure (*Matthieu* 20, 1 et suiv.) ; celle du débiteur impitoyable aux 10 000 talents de dette (*Matthieu* 18, 23 et suiv.) ; celle du riche insensé (*Luc* 12, 16 et suiv.) ; celle de la pièce retrouvée par une ménagère pugnace (*Luc* 15, 8-10) ; celle du gérant habile (*Luc* 16, 1 et suiv.). Même dans les paraboles très connues du Fils retrouvé (*Luc* 15, 11 et suiv.) et du bon Samaritain (*Luc* 10, 30 et suiv.), l'argent joue un rôle important.

Parfois, Jésus se sert de l'argent pour proposer un enseignement sur le pardon, c'est le cas chez Simon le pharisien (la dette remboursée : *Luc* 7, 36 et suiv.) ou sur la générosité, avec l'offrande de la pauvre veuve (*Marc* 12, 41-44). Il y fait encore allusion dans les conseils qu'il donne à ses disciples en les envoyant en mission : « Ne vous procurez ni or, ni argent, ni monnaie à mettre dans vos ceintures [...] » (*Matthieu* 10, 9 ; voir aussi *Luc* 9, 3 et *Marc* 6, 8). Il nous incite même à nous faire « des amis avec l'argent trompeur ! » (*Luc* 16, 9)

Si les disciples ont quelques fois manqué d'argent (*Marc* 6, 37 et *Jean* 6, 7), Jésus s'est toujours acquitté de ses impôts, par exemple en envoyant Pierre pêcher un poisson en or (*Matthieu* 17, 27) ou en évitant le piège des pharisiens quant au tribut à payer à César (*Matthieu* 22, 15 et suiv. ; *Marc* 12, 13 et suiv. et *Luc* 20, 20 et suiv.).

Enfin, Jésus insiste à plusieurs reprises sur le conseil qu'il donne de tout vendre ce qu'on a pour éviter justement de servir deux maîtres ; c'est particulièrement le cas du jeune homme riche (*Matthieu* 19, 21 ; *Marc* 10, 21 ; *Luc* 18, 22) ou de tous ses auditeurs (voir par exemple *Luc* 12, 33-34 et *Matthieu* 6, 19-21).

Le bibliste Claude Lacaille, p.m.é., rappelait[9] ces mots d'Oscar Romero : « Je dénonce avant tout l'"absolutisation" de la richesse. Voilà le grand mal du Salvador : la richesse, la propriété privée, comme un absolu intouchable[10]. »

André Beauchamp, quant à lui, en fin observateur de la société, faisait remarquer qu'avec la désaffectation des églises le dimanche matin, un nouveau culte était tranquillement survenu, une nouvelle célébration dominicale : le pèlerinage au centre commercial. Rituel, gestes liturgiques, et surtout, adoration de ce dieu argent qui offre tout, donne tout, permet tout, délices, plaisirs, extases, et nous fait tout nous procurer. Nous sortons notre carte de crédit, et voilà, le monde est à nous ! Ce genre de situation n'est pas nouveau. Jésus observe aussi autour de lui, et il voit, deux mille ans avant l'invention même des centres commerciaux, que c'est « l'argent qui mène le monde ».

La religion est devenue inutile pour la majorité de nos concitoyens parce que les rituels d'achat les ont remplacés. Dans leur tête, ce n'est plus Dieu qui pourvoit à leurs besoins, mais l'Économie. Ils ne sont pas d'abord au service de Dieu et de son œuvre, mais plutôt à celui de leur employeur, souvent dans le seul but d'amasser de l'argent. Les chrétiens s'engouffrent dans cette pensée en suivant le courant social, alors que notre amour en Dieu le Créateur doit ouvrir sur plus que cela.

---

9. *Interbible*, mars 2010.
10. Homélie du 12 avril 1979.

Pourquoi (encore) parler d'argent ? Parce qu'il ne peut y avoir de réponse à la crise environnementale sans action concrète contre les inégalités sociales. Parce que justices écologiques et sociales sont indissociables. L'Amérique du Nord, qui compte seulement 6 % de la population mondiale, utilise près de 50 % de toutes les ressources naturelles. À l'échelle de la planète, 20 % des humains s'approprient 86 % des ressources disponibles. Selon Setri Nyomi, secrétaire général de l'Alliance réformée mondiale : « La meilleure façon de vivre la communion, c'est de lutter en faveur de l'Alliance pour la justice économique et écologique[11]. »

La « justice écologique », c'est plus que faire payer les riches pour les dommages environnementaux. Rembourser la « dette écologique » d'un pays en voie de développement n'est pas de l'aumône, mais un dû, qui s'accumule et nous fait honte. D'autant plus que ce sont justement ces petits pays qui ont les plus faibles moyens de faire face à la crise et qui sont les premières victimes des changements climatiques.

La justice écologique, c'est considérer le pillage passé des ressources et mettre fin à la destruction présente. Les pays riches ont longtemps profité de l'exploitation économique des pays du Sud et ils profitent toujours aujourd'hui de leur exploitation, sans rien rembourser.

La justice écologique, c'est arrêter l'exploitation sans frein du tiers monde, c'est payer et réparer les impacts négatifs de cette exploitation. C'est aussi évaluer le poids que fait porter notre exploitation éhontée des ressources sur les générations futures.

Mgr Bejoy D'Cruze, évêque catholique de Khulna au Bangladesh du Sud – qui forme une partie du delta du Gange –, a déjà déclaré, estimant qu'il y avait une augmentation des désastres naturels dans son pays : « Nous sommes en train de devenir les victimes du réchauffement climatique. Je suis toujours effrayé par

11. *ARM-Update*, décembre 2009.

les cyclones, les ouragans et les inondations. » En 2007, le cyclone Sidr y a fait 34 500 victimes[12]. Le Bangladesh se situe au premier rang de l'index de 2009 des risques liés aux changements climatiques. Cet index, créé par Germanwatch, une ONG qui travaille dans les domaines du développement et de l'environnement, regroupe 170 pays vulnérables.

OBJECTIFS

- Jusqu'où faut-il donner ? Jusqu'à ce que ça fasse plaisir ! Pourquoi ne pas consacrer nos offrandes d'aujourd'hui à la lutte aux changements climatiques ?
- S'engager collectivement par des gestes de solidarité envers une population menacée par les changements climatiques de l'autre côté de la planète.
- Le transport aérien émet une désastreuse quantité de gaz à effet de serre. Compenser notre empreinte de carbone en achetant des crédits qui financeront des projets d'énergie verte dans les pays défavorisés : consulter à cet effet le site [www.planetair.ca].

12. *Orient*, n° 334, nov.-déc. 2009.

2e SEMAINE DE SEPTEMBRE

L'horreur du sacrifice animal

> *Qu'on agisse avec bonté : voilà ce que je désire plutôt que des sacrifices ; et qu'on me reconnaisse comme Dieu, plutôt que de consumer des animaux sur l'autel.*
>
> *OSÉE* 6, 6 ; BIBLE EN FRANÇAIS COURANT

Les gens qui vivaient dans des milieux de vie difficiles, où la pluie était rare et les récoltes pas toujours bonnes, pouvaient facilement penser que le Dieu créateur désirait un cadeau pour changer d'humeur, ce cadeau pouvant même prendre la forme d'un sacrifice humain. Les Hébreux se sont distingués en cela des autres peuples en affirmant haut et fort que le Dieu de l'Univers refusait le sacrifice humain. Le sacrifice d'un animal premier-né remplaça cependant celui des enfants ; et ainsi, taureaux, bœufs, vaches, béliers, brebis, agneaux, boucs, chèvres, pigeons et tourterelles se retrouvèrent sur le bûcher en victimes expiatoires. Plusieurs récits du Premier Testament en témoignent, dont celui de Noé qui sacrifia des animaux sur un autel après le Déluge (*Genèse* 8, 20) malgré le fait qu'il en avait pris soin pendant des mois ! Au moment de la libération de l'esclavage en Égypte, Dieu demanda qu'on sacrifie un agneau par famille et qu'on en répande le sang sur la porte (*Exode* 12, 3-5). C'est là l'origine de la Pâque. Par la suite, les chrétiens prirent rapidement leurs distances de ces sacrifices d'animaux au nom de Dieu, puisque Jésus fut le dernier sacrifié (*Actes des Apôtres* 15, 29). Le sacrifice de Jésus renouvelé à chaque eucharistie est un acte d'amour qui surpasse de beaucoup celui des animaux sacrifiés.

L'inconfort existait déjà dans le monde juif en ce qui concernait les animaux tués au nom de Dieu. « Samuel dit alors : "Le Seigneur aime-t-il les holocaustes et les sacrifices autant que l'obéissance à la parole du Seigneur ? Non ! L'obéissance est préférable au sacrifice, la docilité à la graisse des béliers" » (*1 Samuel* 15, 22). Et le prophète

Osée, sept cents ans avant Jésus, dénoncera ces sacrifices inutiles : « En guise de taureaux, nous t'offrirons en sacrifice les paroles de nos lèvres » (14, 3b). Paul, de son côté, traitera longuement des viandes sacrifiées aux idoles dans sa *Première lettre aux Corinthiens*, chapitres 8 à 10.

Manger de la viande pour notre propre subsistance est une chose, mais sacrifier un animal pour un dieu ou une idéologie en est une autre. Il serait très mal vu d'amener un porc ou même une souris sur l'autel d'une église et de faire couler son sang. Mais des expériences se font à répétition dans les laboratoires, derrière des portes fermées. Des animaux y sont sacrifiés au nom de la « Science ». Certains cosmétiques sont encore testés sur des animaux au nom de la « Beauté ». Des activistes dénoncent cette cruauté envers les animaux. Certains les trouvent zélés, mais on peut aussi les trouver chrétiens.

Ce qui est chrétien, c'est de s'insurger contre l'extinction massive des animaux qui se déroule sous nos yeux, des animaux sacrifiés aux idoles du divertissement, de la rentabilité ou de la cupidité. Cinquante mille espèces disparaissent chaque année. D'après certaines estimations, de 20 à 50 % des espèces pourraient disparaître durant les 30 prochaines années.

Est-ce une coïncidence que la survie des deux plus gros animaux sur la terre et dans la mer soit gravement compromise ? La menace qui pèse sur les éléphants, surtout à cause du braconnage et du trafic criminel de l'ivoire, pourtant interdit depuis 1989, mais plus lucratif que jamais, à cause de la demande venant des pays asiatiques, est on ne peut plus réelle. Au début du XXe siècle, il y avait plus de 2 000 000 d'éléphants ; aujourd'hui, leur nombre en Afrique est estimé à environ 350 000, si bien qu'en 2010, les Nations Unies ont placé cette espèce sur la liste de celles en danger d'extinction.

Quant à la pêche commerciale de la baleine, elle est illégale depuis 1986. Devant la menace d'extinction des baleines, on se mobilisa partout dans le monde afin que la pêche en soit interdite.

Ce moratoire est une des grandes victoires du mouvement de défense de l'environnement.

Un fort consensus international a permis de s'opposer à la chasse à la baleine, mais cela n'a pas empêché le Japon, la Norvège et l'Islande de continuer à les chasser, d'ignorer le moratoire international et d'utiliser une sorte de vide juridique dans cet accord pour prétendre que leurs expéditions se situaient dans le cadre de la « recherche scientifique ». Il est malheureux de constater que la persistance des ces États voyous (ou notre laisser-faire) rendra bientôt à nouveau légale cette chasse, même si l'espèce ne s'est pas rétablie. Pire encore, un certain nombre de pays suivent attentivement ce processus avec, en arrière-plan, l'idée de lancer leur propre programme de pêche à la baleine si le projet en discussion est accepté. En effet, si le Japon, la Norvège et l'Islande peuvent chasser et vendre les baleines, d'autres pays risquent de se demander : « Pourquoi pas nous? »

Aujourd'hui, les baleines font face à de nombreuses menaces : en plus d'affronter les harpons des chasseurs, elles doivent subir les changements climatiques, la destruction des écosystèmes, l'acidification du plancton et la pollution, sans compter les filets prévus pour pêcher d'autres poissons. Une nouvelle vague de chasse commerciale pourrait décimer ces créatures douées d'intelligence et capables d'une vie sociale. Le risque d'un recul est bien présent si on tient compte d'un projet, récemment dévoilé par la Commission baleinière internationale, de lever le moratoire et de légaliser la chasse commerciale à la baleine. Le ministre néo-zélandais des Affaires étrangères a déjà déclaré que certaines clauses de ce projet étaient « inacceptables, provocatrices et choquantes ». Mais d'autres pays clés semblent prêts à en soutenir le texte, mais on peut espérer qu'ils soient attentifs à la réaction de l'opinion publique, si réaction il y a...

L'appel est lancé. Le sacrifice animal doit cesser. Les prophètes bibliques se sont opposés aux injustices des temps anciens, et les prophètes modernes intensifient leur appel. Joignons notre voix à la leur.

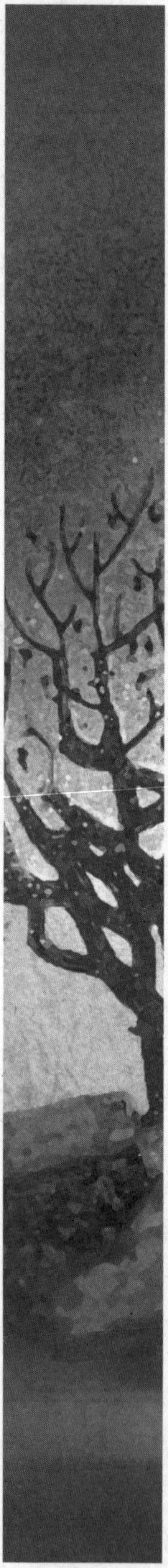

OBJECTIFS

- Visiter le site de l'Association canadienne pour la recherche sur les services et les politiques de la santé : [www.chera.ca].

- Visiter aussi celui de la Fraternité sacerdotale internationale du respect de l'animal : [www.animal-respect-catholique.org].

- Soutenir la Coalition africaine de défense des éléphants ou encore le réseau Species Survival Network.

- Le groupe Avaaz a lancé une pétition urgente demandant la protection des baleines et non sa chasse meurtrière à des fins commerciales. Cette pétition sera acheminée aux délégués de la Commission baleinière internationale. Pour joindre notre voix : [www.avaaz.org/fr/whales_under_threat].

22 SEPTEMBRE – JOURNÉE SANS VOITURE

Le cheval, brave créature

Est-ce toi qui donnes au cheval la bravoure,
qui revêts son cou d'une crinière,
qui le fais bondir comme la sauterelle ?
Son fier hennissement est terreur.
Exultant de force, il piaffe dans la vallée
et s'élance au-devant des armes.
Il se rit de la peur, il ignore l'effroi,
il ne recule pas devant l'épée.

JOB 39, 19-22

Dans la Bible, le cheval est généralement utilisé pour la guerre. Rappelons-nous l'épisode de la fuite du peuple hébreu d'Égypte et de la poursuite de l'armée du pharaon dont les chars et les cavaliers furent engloutis par les flots, et dont « il ne resta personne » (*Exode* 14, 28 ; voir aussi *Exode* 15, 1). Josué vaincra des régiments montés sur des chevaux en « très grand nombre » (*Josué* 11, 4). Absalom se servira de sa cavalerie pour chasser le roi David, son père, du pouvoir (*2 Samuel* 15). Salomon, un autre fils de David qui lui succédera, possédait 4 000 stalles (*2 Chroniques* 9, 25) (ou 40 000 selon *1 Rois* 5, 6) et 12 000 cavaliers. Ce n'est pas pour rien que Jésus a préféré se promener sur un âne, animal combien plus humble et plus docile, bien moins associé au pouvoir et à la force militaire.

Le cheval domestique est un grand ami et une grande aide pour l'être humain. Il a été pendant des millénaires son principal moyen de transport, après la marche à pied, ainsi que sa force motrice. Un ou deux chevaux pouvaient être attelés à un chariot, conduisant ainsi des passagers et leurs bagages. Les auberges avaient toutes une étable, une aire de stationnement pour chevaux. Il est intéressant de noter qu'un règlement, encore en vigueur à Montréal, indique qu'une auberge doit offrir du foin et de l'eau aux chevaux.

Le cheval, animal généreux, demande des soins et il doit sentir qu'on s'occupe bien de lui. En plus du foin pour se nourrir, de l'eau pour s'abreuver et d'être brossé dans une étable propre, il doit faire régulièrement de l'exercice. Animal social, on peut distinguer ses différentes personnalités. Certains chevaux sont plus patients, d'autres sont plus énergiques.

Le cheval a été graduellement remplacé par les voitures à moteur. De nos jours, les chevaux ne servent plus qu'aux défilés, aux visites du Vieux-Québec ou du Vieux-Montréal, aux balades de jeunes mariés, à quelques corps policiers ou encore aux compétitions équestres. Siegfried Marcus, dès 1877, mit au point une automobile équipée d'un moteur d'une puissance… d'un cheval-vapeur. Dès 1904, la Ford modèle B était munie d'un moteur de 24 chevaux-vapeur. Aujourd'hui, l'économique Toyota Écho offre une puissance de 108 chevaux-vapeur, ce qui est peu en comparaison d'une Ferrari Enzo, équipée de 660 chevaux sous son capot ! On aura remarqué que, malgré la disparition de cet animal de nos routes, le cheval est resté l'unité de référence en ce qui concerne la puissance ; c'est notre étalon !

Est-ce que les motorisés qui ont remplacé le cheval resteront, à leur tour, toujours le moyen privilégié de se déplacer ? De grands penseurs, Hubert Reeves par exemple, pensent que non, car le pétrole aura bientôt fini de nous offrir une énergie à faible coût. Nous vivons actuellement, selon plusieurs penseurs, le pic de l'exploitation pétrolière, et dans quelques décennies à peine, l'épuisement des réserves commencera à se faire sentir. Est-ce que le cheval reviendra alors graduellement sur nos chemins pour nous permettre de nous déplacer ?

La Journée sans voiture a été créée dans les années 1970, mais c'était alors par mesures économiques dans le cadre du choc pétrolier. Plusieurs décennies plus tard, le monde a changé et la conscience environnementale des gens est bien plus aiguisée. Cette journée a donc maintenant pour but premier d'attirer l'attention de la population sur les impacts considérables sur l'environnement de la croissance et de la pollution des voitures.

Les transports sont responsables de 38 % des émissions de gaz à effet de serre au Québec et de 10 % des maladies respiratoires dans la région métropolitaine de Montréal, sans oublier l'augmentation continue des journées d'alerte au smog où il est recommandé aux personnes asthmatiques et bronchitiques, ainsi qu'aux personnes âgées de rester chez elles. Cet événement vise donc, chaque année, à inciter la population à changer ses habitudes de déplacements pour des modes de transports collectifs et actifs. Si chaque habitant de la région de Montréal prenait les transports en commun une fois par semaine pour se rendre au travail, cela équivaudrait à retirer 118 000 voitures de la circulation !

D'autres moyens permettront des économies d'énergie : interdiction des démarreurs à distance, installation d'un système d'arrêt quand la voiture est immobilisée, augmentation des taxes des véhicules gourmands, réduction de la vitesse. En imposant, par exemple, la norme européenne de 90 km/h comme vitesse maximale, on éviterait l'émission de millions de tonnes de GES. Et à quand des transports en commun 100 % écoénergétiques (des trains électriques, par exemple)? Il faut aussi penser à l'aménagement urbain : en banlieue, les maisons sont trop espacées et plusieurs boulevards sont dangereux pour les marcheurs. Rêvons, comme Laure Waridel, à « des villes conçues pour les humains qui y vivent, et non pas pour les voitures qu'ils conduisent ».

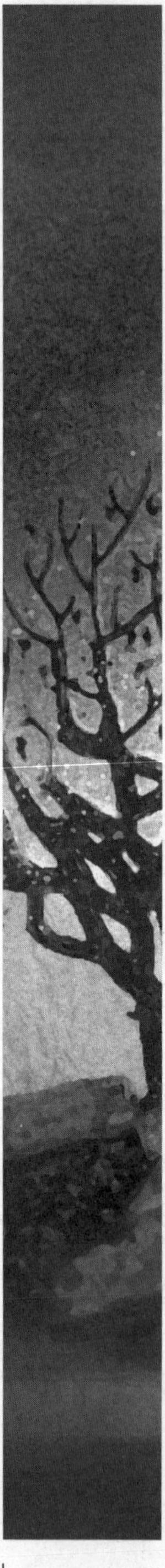

OBJECTIFS

- Lors de nos prochaines vacances, tentons de faire une promenade à cheval pour voir à quel point cette créature est brave et une fidèle compagne des humains.
- Instaurons un efficace système de covoiturage à la grandeur de la paroisse.
- Allo-Stop est un service de jumelage chauffeur-passager au Québec : consulter le site [www.allostop. com].
- Amigo Express est un autre service de covoiturage plus personnalisé : [www.amigoexpress.com].
- Le programme Faites de l'air ! s'occupe du recyclage de vieux véhicules. [www.faitesdelair.org] ou 1 888 819-7330.

3e SEMAINE DE SEPTEMBRE

Écoute mes commandements

> *[Le Seigneur dit :] « Si vous suivez mes lois, si vous gardez mes commandements et les mettez en pratique, je vous donnerai les pluies en leur saison ; la terre donnera ses produits et les arbres des champs donneront leurs fruits ; chez vous, le battage durera jusqu'à la vendange, et la vendange durera jusqu'aux semailles ; vous mangerez de votre pain à satiété et vous habiterez en sûreté dans votre pays ; je mettrai la paix dans le pays ; vous vous coucherez sans que rien vienne vous troubler ; je ferai disparaître du pays les animaux malfaisants ; l'épée ne passera plus dans votre pays… »*
>
> *LÉVITIQUE* 26, 3-6

Le *Lévitique*, c'est le livre des *prêtres*, terme qui désigne en premier lieu les membres de la tribu sacerdotale de Lévi, mais aussi toutes les personnes appelées par le Christ à faire partie de son « royaume de prêtres » (*L'Apocalypse* 1, 6). C'est donc à nous de lire ses 27 chapitres qui traitent abondamment d'erreurs rituelles, d'impuretés en tous genres et d'infidélité morale, et d'y trouver, dans notre année écologique, matière à réflexion.

La belle affirmation « conservez mes commandements » sonne comme celle d'un père bienveillant à sa progéniture. C'est une demande sincère qui témoigne d'expérience. C'est un héritage de sagesse. D'après une lecture stricte de la *Torah,* les juifs ont jusqu'à 613 lois à respecter… lois que Jésus, l'homme de la simplicité (volontaire), a réussi à résumer ainsi : « Tu aimeras le Seigneur ton Dieu de tout ton cœur, de toute ton âme, de toute ta force et de toute ta pensée, et ton prochain comme toi-même » (*Luc* 10, 27). C'est la réponse qu'il avait donnée à un légiste qui voulait posséder la vie éternelle. Cette vie éternelle est, comme son nom l'indique, durable dans le temps. Devant la crise écologique, n'est-ce pas un monde durable auquel nous aspirons ? N'est-ce pas un peu la même question que les jeunes demandent aujourd'hui : Que dois-je faire afin que la vie continue pour les générations à venir ?

En revenant à cette affirmation du *Lévitique*, n'est-ce pas magnifique que la loi d'amour soit celle qui nous garantit une relation saine avec la Terre ? C'est le regard d'amour donné à Dieu, à nos semblables et à notre environnement qui permet de conserver un monde juste et une Terre féconde. C'est la relation à Dieu, l'aide aux autres et le soin de la Terre qui permet une récolte abondante, une distribution juste et une action de grâce à Dieu. Loin d'être une pensée magique – les tornades détruisent aussi des fermes chrétiennes –, c'est un conseil précieux. Rien d'autre que le commandement d'amour peut nous assurer une agriculture durable. Le projet d'agriculture soutenue par la communauté du groupe Équiterre est un exemple de l'accomplissement concret de cette parole de Dieu.

Parmi tous les commandements qui se trouvent dans le Premier Testament, les « dix commandements » sont les plus populaires. Le livre de l'*Exode* (20, 1-17) raconte que Moïse est redescendu du Sinaï avec deux tables de la Loi. On pouvait y lire les dix commandements en deux séries de cinq : cinq qui concernent notre rapport à Dieu et cinq notre rapport aux autres.

Lors du Jour de la Terre 2009, pendant une belle méditation, j'ai demandé à Dieu s'il existait des commandements pour l'environnement. Voici ce qui m'a été inspiré.

DIEU

1. Je suis le Seigneur ton Dieu qui t'a fait sortir du pays d'Égypte.
2. Tu n'auras pas d'autre Dieu que moi.
3. Tu ne prononceras pas le nom de Dieu en vain.
4. Souviens-toi du jour du sabbat.
5. Honore ton père et ta mère.

HUMANITÉ

6. Tu ne tueras point.
7. Tu ne commettras pas d'adultère.
8. Tu ne voleras pas.
9. Tu ne feras pas de faux témoignage.
10. Tu ne convoiteras ni la femme, ni la maison, ni rien de ce qui appartient à ton prochain.

CRÉATION

11. Tu seras émerveillé par ma Création et tu protégeras les milieux naturels, car je t'ai fait cocréateur.
12. Tu ne seras pas cruel envers les animaux, car tu es toi aussi une créature.
13. Tu ne gaspilleras pas et tu utiliseras seulement ce dont tu as besoin.
14. Tu réutiliseras et tu recycleras les ressources de la Terre. Tu répareras ce qui est brisé.
15. Tu ne pollueras pas. L'air que tu respires, l'eau que tu bois et la terre qui te soutient resteront propres.

Que ce soit ces nouveaux commandements ou d'autres, notre foi nous appelle aujourd'hui à les faire nôtres et à les mettre en pratique autant que les dix premiers.

OBJECTIFS

- Écrire ces quinze commandements et les afficher. Lesquels méritent un peu plus d'attention ?
- S'inscrire aux paniers bio d'hiver : consulter le site [www.equiterre.org].
- Cueillir des pommes et faire de la compote. Attention : la culture de pommes biologiques est très délicate, il faut donc accepter des pommes moins rondes, mais tout aussi juteuses.

4e SEMAINE DE SEPTEMBRE

Les mauvais prophètes et les mauvais fruits

Gardez-vous des faux prophètes, qui viennent à vous vêtus en brebis, mais qui en dedans sont des loups rapaces. C'est à leurs fruits que vous les reconnaîtrez. Cueille-t-on des raisins sur un buisson d'épines, ou des figues sur des chardons? Ainsi, tout bon arbre produit de bons fruits, mais l'arbre malade produit de mauvais fruits. Un bon arbre ne peut pas porter de mauvais fruits, ni un arbre malade porter de bons fruits. Tout arbre qui ne produit pas un bon fruit, on le coupe et on le jette au feu. Ainsi donc, c'est à leurs fruits que vous les reconnaîtrez.

MATTHIEU 7, 15-20

Les prophètes et leurs prophéties jouent indéniablement un grand rôle dans tout mouvement religieux dissident ou marginal, et il en a été de même dans les premières communautés chrétiennes, ce qui n'était pas sans provoquer des troubles (*Matthieu* 24, 24; *1 Jean* 4, 1) et même des conflits (*Actes des Apôtres* 13, 6-10) ébranlant la jeune Église (*2 Pierre* 2, 1; *L'Apocalypse* 19, 20) et provoquant des égarements (*Matthieu* 24, 11).

Offrant des réponses faciles et souvent simplistes à des problèmes complexes et sérieux, ces faux prophètes ont l'oreille attentive et crédule d'une population qui ne demande qu'à se faire rassurer et conforter dans ses croyances et ses comportements. Dans le domaine de la protection de l'environnement et de la restauration de la Création, n'avons-nous pas à contrecarrer le message enjôleur des faux prophètes?

Faux prophètes, les experts en écoblanchiment qui « verdissent » des produits de consommation non pas dans un but écologique, mais pour des raisons uniquement commerciales : vendre davantage, nous faire consommer plus encore, et même avec bonne conscience. Leur message est donc des plus insidieux : « Consommer nos produits fait du bien à la terre ! » Faux prophètes encore, les thuriféraires de la solution scientifique dont l'équation passe-partout se pose ainsi : « L'homme » est si ingénieux qu'il trouvera, grâce à son intelligence, une résolution scientifique à tous les problèmes environnementaux, que ce soit ceux de la pollution, des changements climatiques ou de l'effet de serre, et s'il n'en trouve pas, il ira vivre sur d'autres planètes. La recherche et les découvertes scientifiques sont des phénomènes d'extraordinaires avancées pour le bien-être de l'espèce humaine et des sources d'émerveillement perpétuel. Cependant, elles sont aussi la cause de nombreuses menaces : énergie nucléaire, manipulations génétiques, nanoparticules, marées noires, etc. Les écologistes doivent faire alliance avec les membres de la communauté scientifique pour trouver ensemble des solutions durables aux problèmes actuels.

Faux prophètes aussi, les gouvernements qui tiennent des messages contradictoires, comme le « plan Nord[13] » du gouvernement du Québec, qui n'était qu'une annonce pompeuse pour faire illusion ! Et pendant ce temps, on se traîne les pieds dans le dossier des éoliennes. Le gouvernement du Canada, quant à lui, a interrompu le programme ÉcoÉNERGIE qui permettait aux propriétaires d'obtenir jusqu'à 5 000 $ de remboursement pour des rénovations en vue d'augmenter l'efficacité énergétique ; le programme allait trop bien, il était si populaire que les fonds ont été épuisés. Sans oublier que ce même gouvernement avait aboli, dès son arrivée au pouvoir, le programme ÉnerGuide. Réjouissons-nous au moins que la province de l'Ontario ait décidé, en 2010, de consacrer 8 milliards à l'énergie verte, pour un total de 184 projets.

Faux prophètes, les politiciens qui utilisent à tort et à travers le concept de « développement durable ».

13. Un projet de développement économique de l'immense territoire boréal du Québec.

Fausse prophétie que l'illusion des actions individuelles. Nous annonçons aujourd'hui que le recyclage est antiécologique... si nous ne nous contentons que de cela. Croire que nous sauverons la planète en remplissant nos bacs de recyclage est une pathétique illusion : il y a exigence de changements de nos comportements essentiels et fondamentaux. Après réflexion, conscientisation et actions collectives, cela ne nous semble-t-il pas une évidence? Certes, chaque action individuelle de recyclage, de réutilisation, de récupération ou de réduction de consommation d'énergie est valable en soi; ce ne sont que des gouttes d'eau dans l'océan, et « l'océan est fait de gouttes d'eau », comme l'écrivait Guy Gilbert. Mais l'action politique et à grande échelle est aussi nécessaire pour un changement profond. Il est étrange que, dans notre univers politique, les partis verts ne récoltent pas davantage d'appuis, élection après élection.

Enfin, un dernier « mauvais fruit » à dénoncer, à « couper et à jeter au feu », celui de l'obsession de la propreté : pour avoir un environnement proche propre, on salit la Terre dans sa globalité. Combien de produits de nettoyage, tous plus polluants les uns que les autres, emploie-t-on : détergents à lessive, antistatique dans la sécheuse; détergents pour la vaisselle, les planchers, les vitres, la voiture; shampooings, conditionneurs, teintures et autres produits de l'industrie de la coiffure; savons pour les mains, gel pour la douche – douche quotidienne et même deux fois – manucure, pédicure, bains, spas, traitements à la cire, aux algues, vernis à ongles; aérosols, rasoirs jetables, mouchoirs de papier, papier essuie-tout et bien d'autres produits! Au secours! Quel désastre que la propreté!

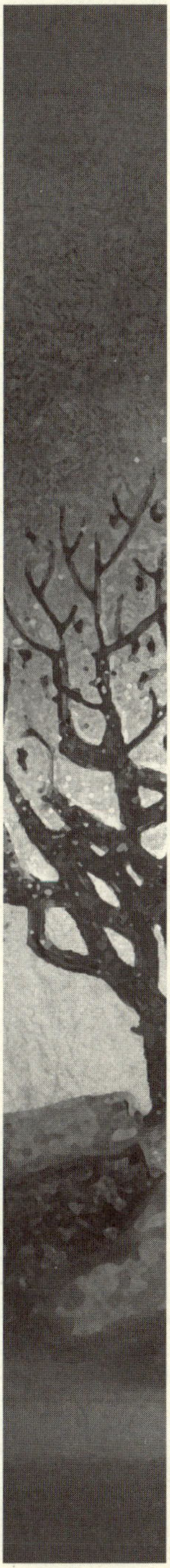

OBJECTIFS

- Se convertir définitivement aux savons, produits de nettoyage et autres détergents ayant la certification ÉcoLogo [www.ecologo.org/fr] et biodégradables. La certification ÉcoLogo a été développée par Environnement Canada, mais elle est maintenant reconnue partout en Amérique du Nord. Elle est plus sévère que la certification de l'EPA aux États-Unis.
- Dénoncer l'écoblanchiment auprès d'un marché d'alimentation.
- Écrire une lettre à un député au sujet d'une politique environnementale : [www.assnat.qc.ca]. Mettre des serviettes en tissu dans les salles de bain ; éliminer le papier et les séchoirs chauffants.

1re SEMAINE D'OCTOBRE

Prophète de l'environnement

> *La parole du Seigneur s'adressa une seconde fois à Jonas : « Lève-toi, va à Ninive et profère contre elle l'oracle que je te communiquerai. » Jonas se leva et partit, mais – cette fois – pour Ninive, se conformant à la parole de Dieu*[14].
>
> JONAS 3, 1-3A

Le livre de *Jonas* est atypique dans la série de livres des prophètes. Plutôt qu'une série d'oracles ou d'admonestations révélant ou annonçant les actions de Dieu au sein de son peuple ou envers toute la Terre, ce livre est constitué d'un récit en trois scènes anecdotiques où un personnage, qui ne ressemble en rien aux prophètes de profession, semble totalement dépassé par les événements. Dans la première de ces scènes, la parole du Seigneur « en personne » s'adresse au personnage de Jonas, sans avertissement et sans raison apparente. Jonas s'enfuit ; à première vue, il a raison de refuser l'appel de Dieu d'une incohérence et d'une impertinence abyssale. Il sait qu'il va en prendre pour son rhume, qu'il ne sortira pas indemne s'il obéit à cet ordre de Dieu d'aller brasser la cage des mécréants de Ninive et de leur dire leurs quatorze vérités ! Mission absolument et parfaitement impossible ! Et comme la fuite à l'autre bout de la mer ne semble pas suffisante, Jonas préfère mourir que de faire la volonté de Dieu, que de faire ce qu'il doit faire.

N'avons-nous pas déjà réfléchi à la difficulté d'être écologiste ? N'avons-nous pas souligné l'incompréhension que cela peut engendrer autour de nous, l'ignorance, et même le mépris ou l'hostilité ?

Le message que Dieu ordonne à Jonas de porter aux gens de Ninive la grande est très simple : ils doivent changer de comportements !

14. Il serait intéressant de relire le livre de *Jonas* dans son entier.

C'est exactement le message que doivent sans cesse répéter les environnementalistes dans les grandes villes du monde : « Vous devez changer ! Ça ne peut plus continuer comme ça ! »

Worldwatch Institute écrivait : « Sans un changement culturel radical qui mettra fin à la culture de surproduction et de surconsommation, toutes les politiques écologiques ne serviront à rien[15]. »

Après que Jonas a répondu au second appel de Dieu, un miracle se produit : Ninive se repend et le roi proclame un décret ordonnant un jeûne à la population entière, y compris, détail savoureux, « [...] les bêtes, le gros et le petit bétail » (3, 7).

L'histoire de Jonas nous enseigne que le découragement n'a pas lieu d'être dans la bataille pour la protection de l'environnement ; elle nous permet de croire au potentiel de changement chez les autres, même chez les puissants. Il suffit parfois d'un petit coup de pouce pour que les gens se mettent en marche et modifient leurs comportements.

Nous sommes portés à croire que l'environnement est une question de science, alors que la révolution écologique qui s'opère ces dernières années est beaucoup plus une question de valeurs. Polluer ou recycler ? Gaspiller ou économiser ? Être égoïste ou léguer un héritage ? Il suffit d'un rien parfois pour que quelqu'un prenne conscience de ses propres contradictions.

Le monde a besoin de prophètes pour dénoncer les actes de pollution, de gaspillage et de dégradation des habitats. On ressent parfois l'élan de le dire... mais on préfère se taire. Jonas a osé dire aux gens que leurs comportements manquaient de sagesse. Il existe de bonnes habitudes qui font une différence pour que la Création conserve sa richesse.

Ce texte de Jonas rejoint chez les environnementalistes ce sentiment de dire aux gens de recycler une canette plutôt que de la jeter

15. *État du monde 2010.*

aux poubelles, de prendre une douche rapide plutôt que de gaspiller l'eau potable, de boire du café équitable plutôt que celui d'une grande marque, etc. Ce sentiment est légitime. Dieu les encourage à se prononcer, car il y a toujours la possibilité qu'un désir de changement existe chez les autres !

Évidemment, on ne saurait ignorer qu'il y a une manière de dire les choses. Traiter d'imbécile quelqu'un qui arrose l'asphalte devant chez lui, et lui dire que ce geste est honteux, risque de ne pas susciter les bénéfices escomptés ! Cependant, sourire à cette personne et lui dire : « J'ai arrêté de faire ça, parce que je me suis rendu compte que je gaspillais l'eau potable. Maintenant, je préfère passer le balai, ou encore mieux, j'offre 2 $ au petit voisin pour le faire. » Durant l'été 2010, un bon nombre de municipalités québécoises ont mis en application des règlements restreignant la consommation de l'eau.

Récemment, j'ai commencé à faire le signe de tourner une clef à un automobiliste pour l'inviter à éteindre le moteur de sa voiture stationnée. Et je le fais avec un sourire. Constat : huit fois sur dix, la personne réalise son erreur et éteint son moteur. Évidemment, je n'étais pas accusateur… je préfère l'approche sympathique !

Je pense que nous avons tous, comme Jonas, un message de sagesse à livrer à notre entourage, et ce n'est jamais tentant de le faire. Mais, pour que la qualité de vie soit meilleure, Dieu nous invite à dénoncer certains comportements malsains.

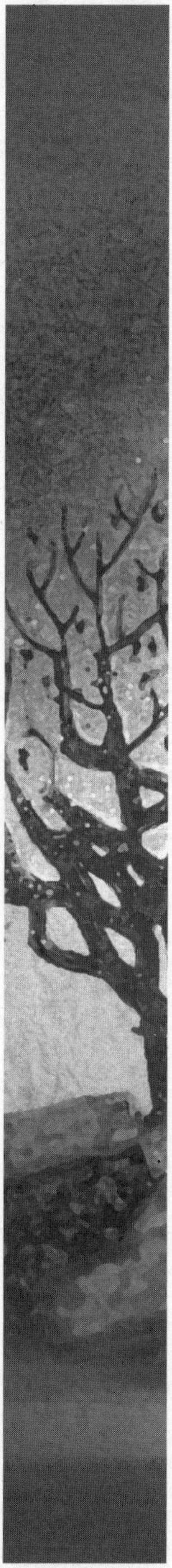

OBJECTIFS

- Comme Jonas, trouvons la façon de faire face aux gouvernants par des pressions politiques, en étant à l'écoute de cette parole de Dieu en nous et en sachant défendre la cause écologique. Notre conviction fera qu'ils nous écouteront.

- Écoutons le message des prophètes contemporains que l'on retrouve dans plusieurs films : *Home, L'Erreur boréale, Le dernier continent, La 11e heure, Planet Earth, Le renard et l'enfant, La marche de l'empereur.*

PREMIER LUNDI D'OCTOBRE – JOURNÉE MONDIALE DE L'HABITAT

Une nouvelle Terre

> *Alors je vis un ciel nouveau et une terre nouvelle, car le premier ciel et la première terre ont disparu et la mer n'est plus. Et la cité sainte, la Jérusalem céleste, je la vis qui descendait du ciel, d'auprès de Dieu, comme une épouse qui s'est parée pour son époux. Et j'entendis, venant du trône, une voix forte qui disait : Voici la demeure de Dieu avec les hommes. Il demeurera avec eux. Ils seront ses peuples et lui sera le Dieu qui est avec eux. Il essuiera toute larme de leurs yeux. La mort ne sera plus. Il n'y aura plus ni deuil, ni cri, ni souffrance, car le monde ancien a disparu.*
>
> *L'APOCALYPSE* 21, 1-4

Dieu pleure sur la Création, Dieu dit non ! Dans le livre de *L'Apocalypse*, on lit que vient le temps de la destruction pour ceux qui détruisent la Terre (11, 18). « Ce n'est pas une prophétie, c'est un avertissement durable[16] ! »

Bien des gens ne se douteraient pas de trouver dans *L'Apocalypse*, le livre sur la « fin du monde », un enseignement sur la sauvegarde de l'environnement. Et pourtant en y regardant de plus près, cela n'est pas surprenant.

Le mot « apocalypse » est la transcription d'un terme grec qui signifie « révélation ». Le courant apocalyptique se différencie du genre littéraire prophétique en ce que son message se caractérise par le dévoilement et l'interprétation de visions (exclusivement révélées et la plupart du temps eschatologiques) plutôt que par l'oracle, parole dite sous l'impulsion de Dieu et prononcée au sujet de situations contemporaines. Le livre de *Jean* s'inscrit dans ce courant qui se retrouvait déjà chez *Ézéchiel*, chez *Daniel*, et dans nombre d'écrits apocryphes.

16. Commentaire de Mardi Tindal, modératrice de l'Église unie du Canada.

L'apocalypse décrite dans ce livre n'est pas la fin du monde, mais la fin d'un monde et le début d'un ordre nouveau, une période où coexistent « le temps présent » et « l'ère nouvelle ». Tout comme les récits de la Création qui ouvrent la Bible, les écrits de *L'Apocalypse* sont des textes religieux qui ne cherchent pas à expliquer le comment des choses, mais à donner un sens à notre vie. La dernière décennie du premier siècle de notre ère est une période de crise. Les communautés chrétiennes sont menacées, elles ont déjà souffert de persécutions sous Néron et Domitien. Jérusalem a été détruite, un puissant et implacable empire établit sa domination sur toute la terre. Les populations vivent un changement de civilisation, et ajouté au retard de l'avènement glorieux du Christ, elles vivent dans la perplexité, l'impatience, les questionnements et le découragement. N'y voyons-nous pas des ressemblances avec ce que nous vivons aujourd'hui?

Ainsi, un thème important du livre de *L'Apocalypse* est la restauration des cieux et de la terre. L'auteur « voit » bien que ça va mal sur la terre et qu'il faut des changements radicaux : rien de moins qu'« un ciel nouveau et une Terre nouvelle » où les peuples, tous les peuples, pourront vivre heureux dans la paix et la sécurité.

C'est sur la recommandation de la Commission des établissements humains que l'Assemblée générale de l'ONU a décidé, en 1985, que le premier lundi d'octobre de chaque année serait la Journée mondiale de l'habitat. Celle-ci a été célébrée pour la première fois en 1986; 2011 marquera donc sa 25e célébration.

Les deux derniers siècles ont connu une ère d'urbanisation rapide. Plus de la moitié de la population mondiale vit maintenant dans des villes; en fait, c'est en 2008 que le cap des 50 % a été franchi, et l'attraction des villes ne faiblit pas. UN-Habitat a élaboré des modèles visant à combiner des politiques d'urbanisation judicieuses à des initiatives rurales axées sur le développement en vue d'aider à modifier le flux de demandeurs d'emploi vers les centres urbains. Parmi les questions sur lesquelles cet organisme se penche, notons :

l'urbanisation accélérée, les impacts sur l'environnement, l'aménagement de l'espace, la croissance des taudis et l'augmentation de la pauvreté urbaine, alors que la croissance urbaine se continue entraînant des problèmes de sécurité et de violence. De plus, la recherche d'une solution pour un logement adéquat et décent, incluant les services de base que cela impose (l'eau, l'assainissement, l'électricité, les services médicaux, les voiries, etc.), est plus urgente que jamais, particulièrement dans les pays en voie de développement. Un milliard de personnes vivent dans des bidonvilles. Et trente-cinq millions de réfugiés s'entassent dans des camps.

Un autre phénomène est apparu récemment : les expulsions des centres urbains. En réaction à ce phénomène brutal, l'Alliance internationale des habitants a lancé, depuis octobre 2005, la campagne Expulsion zéro, et la Journée mondiale de l'habitat a été renommée Journée mondiale de l'habitation – Expulsion zéro. Quinze pour cent de la population mondiale sont menacés par les investissements étrangers dans les pays endettés, les privatisations dans le secteur des travaux publiques et la libéralisation du marché immobilier, les nettoyages ethniques, les occupations et les guerres, les spéculations humaines sur les désastres naturels. L'Alliance internationale des habitants base son action sur le droit de vivre en paix, en sécurité, avec dignité et pour un coût acceptable.

Il n'y a donc rien d'incongru à lier les questions écologiques et l'urbanisation : les villes consomment plus de 70 % des énergies produites, elles émettent des tonnes de gaz à effet de serre et rejettent des millions de tonnes de déchets chaque jour. Dans toutes les mégapoles du monde, de la Smokey Moutain de Manille à la décharge de Dandora à Nairobi, des populations entières, dont bon nombre d'enfants qui ne vont jamais à l'école, vivent dans des dépotoirs et trouvent leur survivance dans une inlassable fouille quotidienne. N'auraient-elles pas droit à « une nouvelle Terre » où n'y aurait ni deuil, ni cri, ni souffrance ?

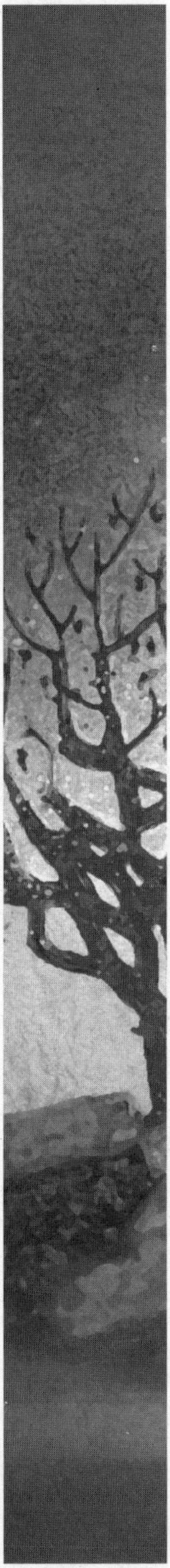

OBJECTIFS

- Organiser un parrainage entre une église urbaine et une église rurale ou une église d'un pays en développement.
- N'utiliser que des matériaux de construction que la nature remplace en permanence.

2e SEMAINE D'OCTOBRE

L'Action de grâce et le marché

Quand tu seras arrivé dans le pays que le Seigneur ton Dieu te donne en héritage, quand tu en auras pris possession et que tu y habiteras, tu prendras une part des prémices de tous les fruits de ton sol, les fruits que tu auras tirés de ton pays, celui que le Seigneur ton Dieu te donne. Tu les mettras dans un panier, et tu te rendras au lieu que le Seigneur ton Dieu aura choisi pour y faire demeurer son Nom. Tu iras trouver le prêtre qui sera en fonction ce jour-là et tu lui diras : « Je déclare aujourd'hui au Seigneur ton Dieu que je suis arrivé dans le pays que le Seigneur a juré à nos pères de nous donner. […] *Et maintenant, voici que j'apporte les prémices des fruits du sol que tu m'as donnés, Seigneur. » Tu les déposeras devant le Seigneur ton Dieu, tu te prosterneras devant le Seigneur ton Dieu, et, pour tout le bonheur que le Seigneur ton Dieu t'a donné, à toi et à ta maison, tu seras dans la joie avec le lévite et l'émigré qui sont au milieu de toi.*

DEUTÉRONOME 26, 1-3 ; 10-12

Dans l'Histoire et dans toutes les cultures, on a toujours loué Dieu (ou les dieux) parce que c'est lui (ou eux) qui pourvoyait à tout. C'est grâce à Dieu (ou aux dieux) que tombait la pluie bienfaisante essentielle aux récoltes qui assuraient d'une année à l'autre la survie de la communauté. C'est grâce à Dieu (ou aux dieux) que les récoltes poussaient abondantes. C'est grâce à Dieu (ou aux dieux) qu'on pouvait se nourrir de ce qui vient de la terre. Une fois par année, on faisait une grande fête pour le (ou les) remercier : l'Action de grâce.

Le texte du *Deutéronome* ne mentionne pas spécifiquement que cette fête était célébrée à l'automne ni à la fin des récoltes : « Tu prendras une part des prémices de tous les fruits de ton sol […] », est-il écrit. Dès que ces premiers fruits apparaissent, au milieu de l'été, il ne faut pas perdre de temps et remercier le plus tôt possible le Dieu bon qui nous entoure, nous tient dans ses mains et nous comble de tous biens. Si nous célébrons maintenant l'Action de grâce en automne, c'est pour équilibrer le rythme des célébrations après un hiver bien rempli (Avent et Noël), un printemps chargé (Semaine sainte et Pâques) et un été qu'embrase la Pentecôte. Depuis l'arrivée, en 1620, des premiers colons du Mayflower en Amérique du Nord, le jour de l'Action de grâce, on décore l'église, la table ou l'autel de pommes, de pommes de terre et d'épis de maïs.

Par ailleurs, ce passage du *Deutéronome* démontre bien que la fête de l'Action de grâce est très ancienne, toutes les sociétés agraires la célébraient, comme l'Égypte et la Mésopotamie. Le fait que ses assises aient été incorporées dans les ordonnances promulguées dans la loi de Moïse montre à quel point les théologiens de l'époque désiraient en affermir l'importance pour la vie religieuse du peuple.

Il est intéressant de remarquer que, dans le calendrier des Églises chrétiennes, la fête de l'Action de grâce est la seule qui n'a pas de lien direct avec la vie ou le message de Jésus Christ : l'Avent, Noël, les Rois, l'Épiphanie, le Carême, le Vendredi saint, Pâques, la Pentecôte et l'Ascension commémorent toutes un épisode significatif de son existence, de même que la Transfiguration, la Fête-Dieu et l'Annonciation. Ce qui donne à l'Action de grâce son caractère unique, c'est qu'elle permet à nos communautés de réfléchir à ce qui les rattache à la tradition millénaire dont elles sont issues ainsi qu'à leur rapport avec les « fruits de l'automne », les produits de la nature, l'usage qu'elles en font et leur alimentation.

Qui, aujourd'hui, remercie Dieu, ailleurs qu'en cette occasion, pour la nourriture ? Très peu de gens, car, pour beaucoup, ce n'est pas Dieu qui donne la nourriture, mais le supermarché ! Voilà le nouveau sanctuaire, le temple des achats.

Une fois par semaine, on y fait un pèlerinage – louons le grand marché, le SUPERMARCHÉ ouvert, merci mon Dieu, le dimanche !

On y voit l'abondance et on s'y rappelle toutes les incantations entendues à la télévision. Plusieurs marques sont aussi dignes de confiance que des icônes religieuses. Et tout cela est offert parce que notre économie va bien. Le supermarché nous donne la viande rouge et fraîche. On ne se douterait jamais qu'elle vient d'un bœuf bien vivant ; on veut ignorer toutes les manipulations et les interventions que cette bête a subies à coups de médicaments et de produits chimiques, comme les hormones de croissance.

Les emballages colorés sont invitants, les légumes bien polis et préparés pour l'offertoire. À la fin du rituel du magasinage vient le moment d'offrir le tout sur l'autel de la caisse. On laisse son dû, presque une offrande. Puis on quitte les lieux avec l'intention de revenir religieusement chaque dimanche après-midi.

Ne soyons pas cyniques, mais, et c'est de circonstance, soyons plutôt reconnaissants. La religion est certes devenue inutile pour plusieurs de nos concitoyens, et les rituels d'achat ont remplacé ceux des célébrations dominicales. Dans leur tête, ce n'est plus le Dieu bon qui pourvoit à leurs besoins, mais l'industrie agroalimentaire. Beaucoup ne sont plus en contact avec l'abondance de Dieu et de son œuvre ; combien d'enfants ne sont jamais allés dans une ferme ou n'ont jamais mis les pieds dans un verger ?

Les chrétiens s'engouffrent-ils dans cette façon de faire en suivant le courant social ? Notre amour de Dieu le Père créateur doit ouvrir sur plus que cela. L'industrie de l'alimentation produit en quantité « industrielle » des fruits et des légumes qui débordent des étalages des supermarchés ; quelle place y fait-on au Dieu créateur qui pourvoit à nos besoins ? Pourrions-nous recommencer à sentir l'action de Dieu, si bon et généreux envers nous ? Pour inverser la tendance, quoi de mieux, pour les chrétiens, que de commencer par la fête de l'Action de grâce ?

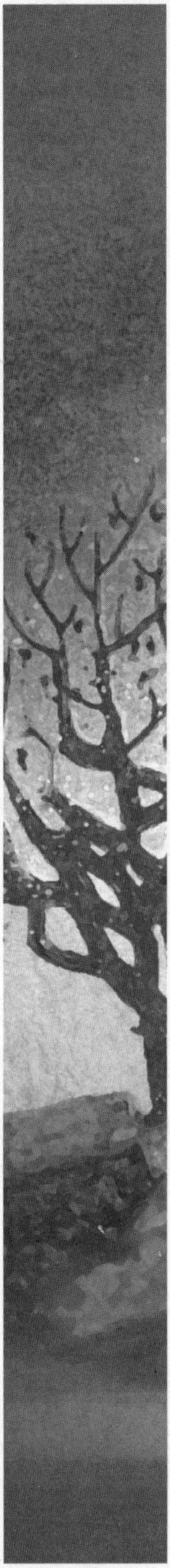

OBJECTIFS

- Privilégier les achats locaux d'abord, biologiques ensuite. La certification biologique assure une agriculture en harmonie avec la Création : [www.quebecvrai.org].

- Pour le repas d'Action de grâce, acheter de la viande et des légumes produits localement, et si possible biologiques. Parfois, ils coûtent un peu plus cher, mais qui est notre dieu ? Celui qui fait économiser ou celui qui a créé le ciel et la Terre ?

- Ne plus faire les courses dans les supermarchés le dimanche. Visiter plutôt un marché. Les enfants, petits et grands, seront enchantés d'y choisir leurs tomates ou leurs carottes, d'y découvrir des produits variés, ainsi que des couleurs vives et des odeurs envoûtantes.

- Pouvons-nous penser à reprendre la prière avant le repas ?

15 OCTOBRE – JOURNÉE MONDIALE DE L'ALIMENTATION

Un simple verre d'eau… et plus

> *« Quiconque donnera à boire, ne serait-ce qu'un verre d'eau fraîche, à l'un de ces petits en sa qualité de disciple, en vérité, je vous le déclare, il ne perdra pas sa récompense. »*
>
> *MATTHIEU* 10, 42

Nous avons déjà parlé de la faim dans le monde et de la symbolique de l'eau. Ce court verset de l'*Évangile de Matthieu* rassemble de façon saisissante ces deux aspects de la crise écologique. Pourquoi la Journée mondiale de l'alimentation devrait-elle se retrouver dans un recueil de méditations bibliques écologiques ? Parce que la crise écologique et la crise alimentaire sont intrinsèquement liées. Les dommages à la planète provoquent des pénuries récurrentes qui s'ajoutent au problème de la mauvaise répartition des ressources.

La Journée mondiale de l'alimentation a été proclamée en 1979 par l'Organisation pour l'alimentation et l'agriculture (FAO) dans le but de faire mieux connaître les problèmes alimentaires dans le monde et de renforcer la solidarité dans la lutte contre la faim, la malnutrition et la pauvreté. Cette journée commémore la date de fondation de la FAO en 1945. En 2010, le thème en était « Unis contre la faim », simple mais efficace, presque une paraphrase du verset de l'*Évangile de Matthieu*. Qui sont les « petits » pour lesquels Jésus intercède ? La réponse n'est pas difficile à trouver.

Avec l'agriculture, il y a environ 10 000 ans, commencent la sédentarisation, les villes, la civilisation, l'écriture et la culture. Mais agriculture ne rime plus avec échanges culturels ou économiques non plus qu'avec prospérité ou croissance démographique. En ces temps du « tout à la crise économique », escamotant la crise écologique qu'elle a elle-même provoquée, on oublie la crise alimentaire. Cette dernière est la conséquence de la surexploitation des terres agricoles et du système de spéculation du libéralisme, et elle frappe de plein fouet les pauvres du monde, les petites exploitations agricoles et les zones rurales, là où travaillent et (sur)vivent 70 % des personnes souffrant de la faim dans le monde.

Le nombre de personnes sous-alimentées ayant augmenté approximativement de 105 millions en 2009, on compte à l'heure actuelle 1,02 milliard de personnes souffrant de la faim dans le monde, ce qui signifie que presque un sixième de l'humanité est victime de sous-alimentation[17]. Plus d'un milliard de personnes meurent ou souffrent de la faim et se couchent chaque soir le ventre complètement vide[18].

Rappelons que même si depuis la signature de la Convention des droits de l'enfant adoptée par l'ONU en 1989 la mortalité et la sous-nutrition ont diminué de presque 30 % en 20 ans grâce aux efforts concertés des États, il y a encore et toujours 9 millions d'enfants de moins de 5 ans qui meurent chaque année et 29 % des enfants qui survivent dans les pays en voie de développement sont victimes de sous-nutrition. À ces chiffres, on peut ajouter que 1,3 milliard de personnes n'ont pas accès aux soins médicaux de base et qu'une femme meurt chaque minute des complications d'une grossesse.

Devant une telle situation, des investissements sont essentiels à tous les niveaux : gouvernements, secteur privé, organismes internationaux et organisations de solidarité internationale comme les Églises. C'est par l'entremise de son programme ACT (*Action of Churches Together*), doté d'un budget de 1,5 milliard $ US et auquel collaborent plus de 30 000 personnes, que le Conseil œcuménique des Églises (COE) tente de répondre à la faim dans le monde.

17. FAO, *Atteindre la sécurité alimentaire en temps de crise,* note d'information sur la Journée mondiale de l'alimentation-TeleFood 2009 ; [www.fao.org/getinvolved/wfd].
18. *Agir,* septembre 2009.

« Le scandale de la faim exige l'attention immédiate des Églises », affirmait le pasteur Samuel Kobia, secrétaire général du COE, à la fin d'une conférence de haut niveau sur la sécurité alimentaire mondiale, qui s'est tenue à Rome en 2008. Pour lui, « la sécurité alimentaire fait partie des plus grands défis auxquels l'humanité est confrontée », et il a appelé les Églises à « développer et mettre en œuvre des programmes qui s'attaquent au problème de la faim et à ses causes structurelles ». Entre autres initiatives, les Églises « sont appelées à militer contre la production d'agrocarburants aux dépens de la production alimentaire et de l'environnement » et à presser les États de « s'attaquer à l'impact du changement climatique sur la production alimentaire et la bioénergie et surmonter les obstacles que crée cette situation pour la réalisation de la sécurité alimentaire mondiale ».

Selon le communiqué du COE, la cause première de la crise alimentaire mondiale réside « dans des agissements humains inappropriés, qui ont entraîné des changements climatiques et ont fait grimper en flèche le prix des aliments ». Puisque les comportements qui sont à l'origine de la pauvreté, de la faim et du changement climatique sont « mus par la cupidité, l'humanité doit s'efforcer de surmonter sa cupidité », a expliqué le pasteur Kobia.

> *Pour ce faire, il convient de remettre en question le « paradigme actuel du développement », qui pousse le marché à être le principal mécanisme prenant en charge la production et la distribution de la nourriture. C'est ce même mécanisme qui incite « des entreprises cupides à spéculer sur le cours des denrées alimentaires et du pétrole*[19] *».*

Quant à nous, relisons la vision du festin du prophète Ésaïe : « Le Seigneur, le Tout-Puissant, va donner sur cette montagne un festin pour tous les peuples, un festin de viandes grasses et de vins vieux, de viandes grasses succulentes et de vins vieux décantés » (25, 6).

19. *Due à la cupidité, la crise alimentaire mondiale exige une attention immédiate de la part des Églises*, communiqué du COE, 9 juin 2008.

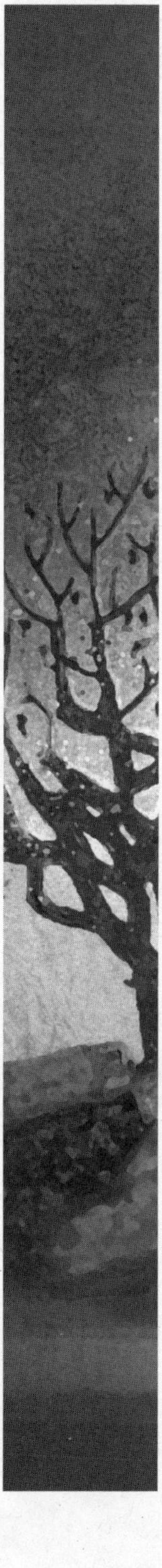

OBJECTIFS

- Éviter tout gaspillage de nourriture dans les repas paroissiaux et y réduire la consommation de viande.
- Éduquer les enfants sur les façons de bien manger.
- Soutenir Moisson Montréal ou tout autre organisme local de partage de nourriture.
- Se renseigner sur les activités de ACT : consulter le site [www.actalliance.org].

3e SEMAINE D'OCTOBRE – SEMAINE QUÉBÉCOISE DE RÉDUCTION DES DÉCHETS

La sagesse à l'œuvre

Moi, la Sagesse, j'ai pour demeure la prudence.
J'ai découvert la science de l'opportunité.

Le Seigneur m'a engendrée, prémices de son activité,
prélude à ses œuvres anciennes.
J'ai été sacrée depuis toujours,
dès les origines, dès les premiers temps de la terre.
Quand les abîmes n'étaient pas, j'ai été enfantée,
quand n'étaient pas les sources profondes des eaux.
Avant que n'aient surgi les montagnes,
avant les collines, j'ai été enfantée,
alors qu'Il n'avait pas encore fait la terre et les espaces
ni l'ensemble des molécules du monde.

PROVERBES 8, 12.22-26

Ce n'est que le troisième passage du livre des *Proverbes* que nous utilisons dans ce recueil (voir les capsules de la 3e semaine de février et de la 2e semaine de juillet). Un retour en arrière montrera que nous n'avons en effet pas beaucoup puisé notre inspiration, pour ces « pages vertes » de la Bible dans le courant littéraire sapientiel (c'est-à-dire les écrits de sagesse), sauf peut-être le livre de *Job*. Nous avons plutôt utilisé des récits de la *Genèse* (Création, Noé, Joseph), des appels des prophètes (surtout *Ésaïe*) ou encore les élans poétiques des *Psaumes* (1, 8, 18, 29, 65, 74, 96, 104, 147, 148). Même chose pour le Nouveau Testament où les Évangiles nous ont été beaucoup plus utiles que les Épîtres (27 capsules contre 3 seulement). Cela signifie peut-être que la réflexion écologique doit se faire dans l'action, dans la vie de tous les jours, avec les gens (et les êtres vivants) qui vivent et qui bougent autour de nous.

Le long passage des *Proverbes* qui sert de point d'ancrage à cette capsule démontre la sagesse à l'œuvre. On y fait mention, pour la seule fois dans la Bible, de molécules. Avant même la formation de ces assemblages d'atomes, la sagesse de Dieu était une mémoire collective ancestrale au-delà des millénaires, mémoire de la première amibe jusqu'à nous. « Nous sommes tous membres d'une même famille, d'une même communauté vivante et mortelle. Les biologistes disent : le biotope[20]. »

Mais que faisons-nous de cette « sagesse » vis-à-vis des autres membres de ce biotope? Tout être vivant naît, croît, se reproduit et meurt… et entre-temps, il produit (et évacue) des déchets. Les déchets servent parfois à l'existence d'espèces nécrophages (qui se nourrissent de cadavres). Mais notre espèce est la seule à avoir développé de façon hypertrophiée le syndrome du « pas dans ma cour »! Le problème, c'est que nous produisons collectivement de plus en plus de déchets et que ceux-ci sont de plus en plus encombrants. Il faut réduire la production de déchets, d'ordures ménagères. L'une des manières les plus efficaces de les réduire est de faire du compostage. Plusieurs organismes offrent des ateliers d'initiation au compostage; on peut aussi se procurer un guide qui nous en enseignera les rudiments. Le principe d'utilisation est simple. On installe d'abord un bac à compostage dans un coin de la cour. On y place ensuite les résidus de fruits et de légumes, les sachets de thé, le marc de café, les coquilles d'œufs, les feuilles et les résidus des plantes du jardin. On peut même y placer les mouchoirs de papier et les essuie-tout. On ne doit cependant pas y déverser de la viande ou des produits laitiers afin d'éviter les odeurs nauséabondes et la vermine. Ce compost permet de faire des économies, car on n'a plus besoin d'acheter du terreau pour nos plantes! Quant aux feuilles mortes, on ne les met pas à la rue dans des sacs plastiques! Quel paradoxe que d'utiliser pour éliminer des végétaux parfaitement et rapidement biodégradables des sacs fabriqués dans

20. A. Beauchamp, *Devant la création*, Fides, Montréal, 1997, p. 113.

une matière qui prend des centaines d'années à s'éliminer ! On place plutôt les feuilles mortes dans des poubelles qu'on va ensuite vider dans des lieux appropriés. La plupart des municipalités ont ce genre de site. En ce qui concerne le gazon coupé, on le laisse sur place et il devient un fertilisant naturel.

Le problème des déchets, c'est aussi les produits toxiques et le nucléaire. C'est aussi le fait que 2,5 milliards de personnes ne disposent pas d'installations sanitaires décentes, ce qui entraîne la mort de 20 000 enfants chaque jour.

À ce propos, le professeur Steve de Gruchy, de l'Université du KwaZulu-Natal en Afrique du Sud, a proposé une réflexion sur la vie, la mort et la... merde, lors du Forum mondial de théologie et libération de 2009 à Belem, au Brésil, à partir de trois exemples de rivières d'Afrique du Sud polluées et souillées au point de transporter des virus mortels comme ceux du VIH et du choléra. Dans d'innombrables situations de ce genre, les déchets adoptent « l'option préférentielle pour les pauvres » ! Comment déféquons-nous ? a-t-il demandé. Où s'en va le produit de nos poubelles et de nos égouts ? Quels torts toute cette merde que nous y rejetons cause-t-elle ? Ces propos du professeur de Gruchy étaient assez percutants, assez bousculants !

« Notre réflexion sur la durabilité doit inclure les eaux usées parce que nous devons vivre avec nos déjections. Elles ne peuvent pas quitter la Terre. Elles restent là et reviennent nous hanter », a-t-il déclaré. Il a proposé cinq principes éthiques qui devraient guider toute réflexion et toute action : l'acceptation des limites de la Terre, le respect du bien commun, l'imposition de limites légales... aux puissants, la complémentarité des diverses vocations centrées sur la solidarité et la célébration de la promesse de Dieu d'un monde et d'un avenir meilleur.

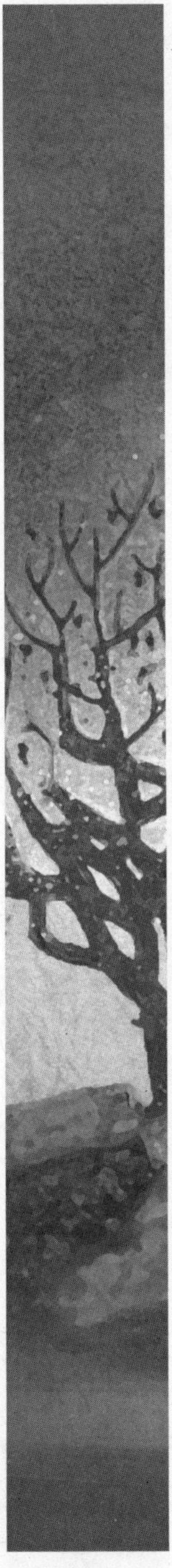

OBJECTIFS

- Ne plus accepter qu'on nous serve du café dans un verre jetable.
- Découvrir le site [www.recyc-quebec.gouv.qc.ca] et entrer le nom de notre ville ou de notre municipalité afin de découvrir comment nous départir de nos déchets de façon responsable : piles électriques, linge, meubles, pneus, métal, peinture, médicaments périmés, etc.
- Relire le dépliant de notre municipalité sur la façon de recycler. On peut sans doute faire mieux…
- Éviter de contaminer les sites d'enfouissement en y jetant les appareils électroniques (cellulaires, lecteurs de vidéo, de DVD et de CD contiennent des métaux lourds), mais en les rapportant plutôt dans un magasin qui les recyclera.

4e SEMAINE D'OCTOBRE

Protégez les arbres

> *Quand tu soumettras une ville à un long siège en la combattant pour t'en emparer, tu ne brandiras pas la hache pour détruire ses arbres, car c'est de leurs fruits que tu te nourriras : tu ne les abattras pas.*
>
> *DEUTÉRONOME* 20, 19

Nous avons déjà souligné le symbolisme et la place de l'arbre dans la Bible (capsule de la 4e semaine d'août). Ne serait-il pas l'occasion, en cette saison d'automne, alors que les arbres des forêts se parent de couleurs magnifiques, d'en célébrer la beauté et la majesté ?

Il est sans doute assez surprenant de voir un conseil écologique surgir d'un énoncé guerrier ! La Bible relate la conquête de la Terre promise par les Israélites après quarante ans d'errance dans le désert. C'est dans l'optique de ces batailles qu'est faite l'ordonnance de ne pas abattre les arbres. Ne détruisez pas les arbres fruitiers, car ils vous serviront de nourriture !

C'est une guerre sainte que de prendre possession de la Terre au nom de Dieu. Et les populations qui rendent un culte aux idoles doivent être éliminées. Ainsi, les païens n'ont pas leur place sur le territoire que Dieu offre à son peuple, mais les arbres ont la leur. Les arbres sont à l'endroit indiqué par Dieu pour nourrir son peuple et les fortifier dans leur combat. C'est dans le stress de la guerre, où la destruction totale semble être la seule option, que Dieu demande de ne pas abattre les arbres. Ces êtres vivants ne méritent pas cette violence, car ils sont là pour aider.

Aujourd'hui, hélas, cette ordonnance divine n'est guère suivie ; bien au contraire, on fait la guerre aux arbres : coupes à blanc par les compagnies forestières, abattages sauvages des arbres en ville pour construire des condominiums de luxe. Pensons encore aux milliers d'oliviers des familles palestiniennes détruits par Israël sous prétexte sécuritaire ou au brûlage à grande échelle de la forêt amazonienne pour l'élevage bovin!

Les forêts tropicales produisent 40 % de l'oxygène de la planète. Elles contiennent une variété de 3 000 fruits différents – 200 d'entre eux font partie de l'alimentation des pays développés et 2 000 de celle du régime des peuples autochtones. Les forêts fournissent 80 % de l'alimentation des pays du « monde développé ». Pourtant en 40 ans, elles sont passées de 14 % à 6 % de la surface terrestre, et elles pourraient bien disparaître complètement dans les prochaines 40 années. Cinquante pour cent de toutes les forêts de la planète ont été détruits en cinquante ans. Des études démontrent qu'on passerait de 387 ppm de CO_2, actuellement, à 500 ppm en quelques années.

Déjà, au XVIe siècle, Jean Calvin s'exclamait, devant l'abattage des arbres : « Aujourd'hui, ce genre de cruauté est encore pire chez ceux qui se nomment chrétiens. Car ils vont partout semant l'incendie dans le pays, ce qui est pire que d'égorger les gens. »

Pour lutter contre l'augmentation des températures et pour diminuer le pourcentage de CO_2 dans l'air, un moyen très efficace est de planter des arbres! Les forêts actuelles captent 25 % du carbone émis par les activités humaines. Bien des scientifiques pensent que « des efforts modestes permettraient qu'elles en retiennent 15 % de plus[21] ».

Malgré les récits de combats brutaux et sanglants de la Bible, l'archéologie a plutôt permis de découvrir un métissage graduel du peuple hébreu avec les Cananéens. Donc, pas de guerre du point de vue de la spiritualité, mais une guerre d'idéologie et de croyances. Du point de vue de la religion, les Israélites se sont distingués par

21. *L'Actualité*, décembre 2009, p. 45.

un culte entièrement dédié à Dieu, contrairement à un culte de la nature. Certains peuples avaient même un culte de l'arbre ; était-ce un peu comme les débordements idéologiques de certains écologistes fondamentalistes ? Quoi qu'il en soit, retrouver le symbole de l'arbre, créature bienfaisante de Dieu, serait certes un enrichissement (voir *Job* 14, 7-10). Prendre soin des arbres n'est donc pas seulement un principe écologique, c'est un commandement de Dieu. Un moine orthodoxe de l'île de Patmos, le père Amphiloque, mort en 1970, affirmait simplement : « Aimez les arbres. Celui qui n'aime pas les arbres n'aime pas Dieu. » Par ses soins, un versant de l'île célébrissime est aujourd'hui entièrement couvert d'un boisé riche et vivant.

Combien d'enfants n'ont-ils pas construit avec enthousiasme une maison dans les arbres ? Je me rappelle qu'à cet âge, j'avais grimpé dans l'arbre derrière chez moi. Je voyais mes parents en bas et le monde de haut. Ça donnait une nouvelle perspective à ma maison et à mon quartier. Je me rappelle les bons parfums provenant de cet arbre, ainsi que les fruits qu'il produisait tout au long de l'été. Cela n'est pas sans rappeler l'histoire de Zachée qui monta dans un arbre afin de mieux voir le Seigneur. Il monta dans l'arbre et ce sont les fruits de l'Esprit qu'il a cueillis.

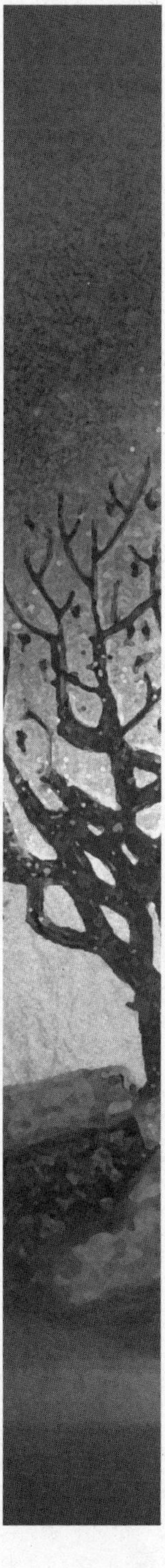

OBJECTIFS

- Planter un arbre ou un arbuste fruitier dans notre cour ou dans celle de l'église. Quelle joie d'y cueillir les fruits !
- Refuser les journaux gratuits distribués dans le métro, ils coûtent trop cher en arbres.
- Cesser d'utiliser des essuie-tout. Choisir plutôt un linge humide pour nettoyer un dégât.
- Se renseigner sur le programme Carbone boréal : une contribution de 28 $ permet d'acheter une tonne de CO_2 en contribuant à financer la plantation d'une forêt de recherche en milieu boréal : [carbone boreal.uqac.ca].
- Indiquer « Publicité : non merci » sur sa boîte aux lettres, car les circulaires et autres publicités coûtent trop cher en arbres.
- Imprimer sur du papier recyclé à 100 % postconsommation.
- Si on ramasse à la pelle les feuilles d'automne, on les porte au centre de compostage.

DERNIÈRE SEMAINE D'OCTOBRE

La tempête apaisée

Ce jour-là, le soir venu, Jésus leur dit : « Passons sur l'autre rive. » Quittant la foule, ils emmènent Jésus dans la barque où il se trouvait, et il y avait d'autres barques avec lui. Survient un grand tourbillon de vent. Les vagues se jetaient sur la barque, au point que déjà la barque se remplissait. Et lui, à l'arrière, sur le coussin, dormait. Ils le réveillent et lui disent : « Maître, cela ne te fait-il rien que nous périssions ? » Réveillé, il menaça le vent et dit à la mer : « Silence ! Tais-toi ! » Le vent tomba, et il se fit un grand calme. Jésus leur dit : « Pourquoi avez-vous si peur ? Vous n'avez pas encore de foi ? » Ils furent saisis d'une grande crainte, et ils se disaient entre eux : « Qui donc est-il, pour que même le vent et la mer lui obéissent ? »

MARC 4, 35-41

La force et la présence du règne de Dieu se manifestaient autant dans l'enseignement de Jésus que dans ses actes. Cet épisode où Jésus dompte une mer déchaînée est placé, dans l'*Évangile de Marc*, entre la présentation de quatre paraboles et une série de guérisons miraculeuses. Et il se retrouve aussi dans les deux autres évangiles synoptiques. Nul doute qu'« il s'est passé quelque chose ».

Quel plan d'eau de toute beauté que ce lac de Tibériade ! Quelle vue en a-t-on quand on l'aborde des collines de la Galilée et qu'on le voit dans toute son étendue en forme de lyre ! Mais il s'agit d'une beauté moins placide qu'on le croirait. Ce lac connaît des tourbillons, des rafales et des tempêtes subites, quand il est pris entre les vents venus de la Méditerranée et ceux qui soufflent du désert syrien. Malheur alors à qui y navigue !

C'est aujourd'hui que je saisis le réalisme des paroles de ce cantique que nous chantions à mon église lorsque j'étais enfant :

Une nacelle en silence vogue sur un lac d'azur.
Tout doucement elle avance dans un ciel tranquille et pur.
Mais soudain, le vent se lève chassant un nuage noir,
Et les vagues qu'il soulève font trembler, car c'est le soir.

Il y a aussi un aspect symbolique au récit de la tempête apaisée. Littéralement, l'évangéliste écrit « un grand séisme survient », qui renvoie au phénomène fabuleux qui accompagne les théophanies : par exemple, au Sinaï (*Exode* 19, 18 et *1 Rois* 19, 11), à l'apparition devant *Job* (38, 1 et 40, 6), à la mort de Jésus (*Matthieu* 27, 51.54) et à sa résurrection (*Matthieu* 28, 2) ainsi qu'à l'approche de la fin des temps (*Aggée* 2, 6; *Hébreux* 12, 16; *Matthieu* 24, 7).

En outre, la mer était considérée comme le repaire des forces maléfiques par les contemporains de Jésus éduqués dans l'enseignement de la *Torah* (par exemple, *Ésaïe* 51, 10; *Daniel* 7, 2-7; *Psaume* 65, 8; 89, 10; 93, 3-4). C'est là que s'ébat le Léviathan (*Psaume* 104, 25-26). Il n'est donc pas surprenant que Jésus domine ces forces terrorisantes, comme il réduira au silence ou à l'impuissance démons et esprits mauvais tout au long de son ministère (*Marc* 1, 25; 1, 34; 3, 11; 5, 2.8-13; 9, 25, etc., et même chose chez *Matthieu* et *Luc*).

Les tempêtes subites et dévastatrices, nous en connaissons : pensons au tsunami de décembre 2004 en Indonésie et à l'ouragan Katrina en 2005 en Lousiane. La saison des ouragans dans l'océan Atlantique s'est allongée de plusieurs semaines ces dernières années et le nombre des ouragans de catégorie 5 augmente.

Le Conseil œcuménique des Églises (COE) a lancé un appel, en avril 2010, en faveur des « réfugiés climatiques », ces grands oubliés de la lutte aux changements climatiques. Il constatait et déplorait que la guerre aux émissions de gaz carbonique était loin d'apporter les résultats nécessaires à la limitation de la détérioration du climat de la Terre (effet de serre et GES) et qu'elle avait obtenu « beaucoup de publicité, mais pas beaucoup de résultats ». Le COE prévoyait aussi qu'à cause des changements climatiques, des millions de personnes seraient déplacées, « déracinées », notamment par l'élévation du niveau de la mer, les phénomènes climatiques extrêmes, les inondations et la raréfaction de l'eau. Il se désolait enfin que la communauté internationale, tout en ayant incorporé ces faits dans ses discours, eût très peu fait pour ces populations menacées.

« Ces populations vulnérables sont à protéger par une essentielle concertation entre les experts, la société civile, les ONG, les gouvernements et les Églises travaillant sur les questions des changements climatiques », selon Guillermo Kerber, coordonnateur des programmes sur le changement climatique au COE. Celui-ci était conscient du « travail titanesque » à accomplir et il donnait en exemple des populations du Bangladesh (voir capsule de la 1re semaine de septembre) qui ont dû fuir leurs lieux de résidence le long des ceintures côtières. Ces personnes qui doivent fuir les éléments sont en nombre grandissant chaque année et il devient impossible de les reloger dans le pays.

Et pour le COE, contrairement aux autres catégories de réfugiés, les réfugiés climatiques ne le seront pas de façon temporaire. Il faut donc changer les lois internationales et faire appel à de nouveaux mécanismes légaux, notamment dans le cadre de la Convention sur le changement climatique des Nations Unies auquel pourrait s'ajouter un protocole qui inclurait la participation des populations visées ainsi que des services d'aide psychologique qui les aideraient à affronter la dure réalité qu'ils ne pourront jamais retourner dans leurs lieux de résidence d'origine.

Des transferts sont déjà en cours. En voici deux exemples : les habitants de l'Île Carteret ont été évacués, en 2003, par le gouvernement de la Papouasie-Nouvelle-Guinée, et au Mozambique, le gouvernement a déplacé des milliers de familles habitant dans des zones fréquemment inondées vers les hauteurs pour, supposément, améliorer leurs conditions de vie. N'entendons-nous pas leur appel : « Ça ne vous fait rien que nous périssions ? » Jésus a répondu à ce cri du cœur par l'action. S'adressant à nous, il pourrait nous dire : « Vous n'avez pas encore de foi ? » Cet appel nous dit d'avoir foi en Jésus comme intermédiaire de la puissance divine, mais aussi foi en nous-mêmes pour changer les choses.

OBJECTIFS

- Pour s'émerveiller devant la force de la nature, visiter le site Internet [www.natureinsolite.com] d'un photographe québécois passionné de météo.
- Découvrir les ressources du Conseil œcuménique des Églises : [www.oikoumene.org/fr] dans le dossier intitulé « changements climatiques ».
- Réduire l'utilisation des séchoirs à cheveux, des fers à friser et des aérosols, et diminuer le nettoyage à sec des vêtements.
- Cesser d'utiliser des papiers essuie-tout ; choisir plutôt un linge humide pour nettoyer un dégât.

1re SEMAINE DE NOVEMBRE

La Création attend

> *J'estime en effet que les souffrances du temps présent sont sans proportion avec la gloire qui doit être révélée en nous. Car la création attend avec impatience la révélation des fils de Dieu : livrée au pouvoir du néant – non de son propre gré, mais par l'autorité de celui qui l'y a livrée –, elle garde l'espérance, car elle aussi sera libérée de l'esclavage de la corruption, pour avoir part à la liberté et à la gloire des enfants de Dieu. Nous le savons en effet : la création tout entière gémit maintenant encore dans les douleurs de l'enfantement.*
>
> *ROMAINS* 8, 18-24

Cette longue et dense épître de Paul à la communauté chrétienne de Rome est sans doute la plus importante de l'apôtre. « Elle est en vérité le cœur et la moelle de tous les livres », selon l'affirmation de Martin Luther, affirmation qui a son importance quand on sait que bien des historiens considèrent son commentaire de l'*Épître aux Romains*, en 1516, comme le véritable point de départ de la Réforme protestante. Quoi qu'il en soit, on y trouve nombre de belles envolées : le jugement de Dieu (chapitre 2), la justice qui vient de la foi (3, 21 et suiv.), la personne justifiée (5, 1 et suiv.), Adam et Jésus Christ (5, 12 et suiv.), la libération de la Loi (7, 1 et suiv.), la libération par l'Esprit (8, 1 et suiv.), l'hymne à l'amour de Dieu (8, 31 et suiv.), le culte spirituel et la vie nouvelle (chapitre 12), l'accueil fraternel (15, 7 et suiv.). Il semble que le but premier de Paul en soit un de conciliation, peut-être entre deux communautés au sein de l'Église naissante, celle des judéo-chrétiens, héritière de la synagogue, et celle des païens convertis qui avaient une attitude quelque peu méprisante à l'égard des premiers. Paul a saisi de façon fulgurante que le salut de Dieu, bien loin d'être individuel, est collectif, et qu'il est aussi universel. C'est Dieu qui a créé les cieux et la Terre, et c'est Dieu qui les habite ; c'est Dieu qui a fait le genre humain, et c'est Dieu qui l'anime. Ainsi, ni l'un ni l'autre, ni la Création ni l'être humain ne peuvent vivre séparés du Créateur. Ainsi, le salut du Dieu Sauveur inclut aussi, indubitablement, la rédemption de toute la Création.

Il n'y a pas de doute que la Création est continuellement et inlassablement humiliée. « Il y a révolte de la terre contre le mal que l'humanité lui inflige : la Création tout entière gémit dans l'attente de la libération que l'homme a reçu la charge d'instaurer[22]. »

De grands scientifiques, David Suzuki par exemple, s'entendent pour dire que les bouleversements écologiques causés par l'être humain à l'échelle de notre planète ont déjà des conséquences graves qui menacent la vie sur Terre. Hubert Reeves, astronome et environnementaliste, va jusqu'à dire que nous sommes entrés dans la sixième grande extinction (la dernière étant celle des dinosaures, il y a soixante millions d'années), et si rien n'est fait pour ralentir notre gourmandise des ressources, l'humain pourrait disparaître avec les autres êtres vivants. C'est ça la crise écologique !

Les femmes qui ont enfanté savent la douleur de mettre un bébé au monde (et leurs conjoints peuvent en avoir une petite idée !). Elles connaissent aussi la joie d'avoir donné la vie et savent comment toute cette douleur disparaît une fois le nouveau-né dans leurs bras. Par analogie, on peut considérer que notre époque de crise est une occasion de faire enfanter la solidarité et la justice écologique dans ce monde. Notre environnement est un réseau de vivants qui dépendent les uns des autres et, en analysant les erreurs du passé, on pourra éviter de plus grandes pertes et même renverser certains déséquilibres. Des accords internationaux ont déjà été signés concernant la lutte contre les pluies acides (Conférence internationale sur les pluies acides, Ottawa, 1984), la protection de la couche d'ozone (Protocole de Montréal, 1987) et la réduction des gaz à effet de serre (Protocole de Kyoto, 1997). De nouvelles pratiques

22. H. et J. Bastaire, *Pour un Christ vert*, Paris, Salvatore, 2009, p. 107.

écologiques ont fait leur apparition, comme le recyclage et les paniers de fruits et légumes issus de l'agriculture biologique, et une majorité de gens les intègrent dans leur quotidien. Après des générations d'oubli, le concept de relation entre les humains et leur environnement refait surface, ce qui est digne d'une révolution de pensée et ouvre la voie à une humanité plus consciente. La crise actuelle est difficile, mais elle est pour nous une occasion favorable d'apprendre, de nous améliorer et de concilier les divers mouvements écologistes.

La Création vit présentement « l'esclavage de la corruption ». Qu'est-ce à dire ? Il serait imprudent de suggérer une seule interprétation à cette phrase. Mais quand on dit que la nature est esclave, on peut penser aux habitats naturels qui rétrécissent ou aux écosystèmes mis à mal par la pollution et les activités humaines. C'est d'actualité ! En entendant l'information véhiculée par les médias à propos des catastrophes environnementales, les gens se campent généralement dans l'une des trois positions suivantes : le désespoir, le déni ou l'espérance. J'ai rencontré des élèves du secondaire qui n'avaient aucun espoir dans l'avenir parce que des adultes leur annonçaient des catastrophes à venir sans leur fournir d'outils pour agir. Ils se sentaient impuissants. De même, plusieurs de nos contemporains ne veulent pas considérer l'urgence de la situation prétextant, notamment, que la science trouvera toujours un moyen de régler les problèmes. J'ai aussi entendu des prophètes de ce temps qui véhiculent de l'espoir (et l'espérance de Paul) aux autres, qui les encouragent et les motivent à agir.

La Création attend « la révélation des fils de Dieu ». Ce que je comprends de cette expression, c'est que la prise de conscience et l'ouverture spirituelle à l'amour de la Création amènent de plus en plus de gens à renouer leurs liens avec la nature et à y découvrir l'harmonie. C'est là une véritable révélation d'être fils et filles d'un même Créateur et un appel à protéger notre environnement.

Citons encore Hélène et Jean Bastaire pour un dernier appel à l'action :

> *Oui, il faut venir au secours de cette création qui gémit et qui a besoin de nous. Il faut venir au secours de l'humanité d'abord, mais aussi il faut venir au secours de la forêt, il faut venir au secours de la ronce qui demande à être une rose, il faut venir au secours de ce grand fleuve qui nous demande que nous l'empêchions de déborder, il faut venir au secours de l'oiseau et de la bête brute et de tous les animaux suivant leur espèce*[23].

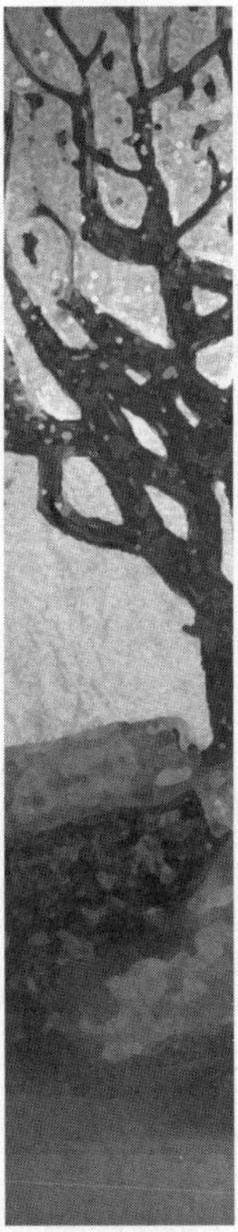

OBJECTIFS

- Utiliser le magnifique texte *Un chant de foi* de l'Église unie du Canada.
- Lire la lettre pastorale *Notre rapport à l'environnement : le besoin d'une conversion* (2008) de la Conférence des évêques catholiques du Canada.
- Les solutions sont dans notre nature. Découvrir la Fondation David Suzuki : [www.davidsuzuki.org/fr].

23. H. et J. Bastaire, *Op. cit.*, p. 117.

2e SEMAINE DE NOVEMBRE

Simplicité et bonheur, regardez les oiseaux...

Voilà pourquoi je vous dis : Ne vous inquiétez pas pour votre vie de ce que vous mangerez, ni pour votre corps de quoi vous le vêtirez. La vie n'est-elle pas plus que la nourriture, et le corps plus que le vêtement ? Regardez les oiseaux du ciel : ils ne sèment ni ne moissonnent, ils n'amassent point dans des greniers et votre Père céleste les nourrit ! Ne valez-vous pas beaucoup plus qu'eux ? Et qui d'entre vous peut, par son inquiétude, prolonger tant soit peu son existence ? Et du vêtement, pourquoi vous inquiéter ? Observez les lis des champs, comme ils croissent ; ils ne peinent ni ne filent, et je vous le dis, Salomon lui-même, dans toute sa gloire, n'a jamais été vêtu comme l'un d'eux ! Si Dieu habille ainsi l'herbe des champs, qui est là aujourd'hui et qui demain sera jetée au feu, ne fera-t-il pas bien plus pour vous, gens de peu de foi ! Ne vous inquiétez donc pas, en disant : «Qu'allons-nous manger ? qu'allons-nous boire ? de quoi allons-nous nous vêtir ?» – tout cela, les païens le recherchent sans répit –, il sait bien, votre Père céleste, que vous avez besoin de toutes ces choses. Cherchez d'abord le Royaume et la justice de Dieu, et tout cela vous sera donné par surcroît. Ne vous inquiétez donc pas pour le lendemain ; le lendemain s'inquiétera de lui-même. À chaque jour suffit sa peine.

MATTHIEU 6, 25-34

Ce n'est pas la première fois – ni la dernière – que Jésus se sert de la nature qui l'entoure pour donner des leçons de vie ; les exemples abondent dans les Évangiles : les poissons, les serpents, les pourceaux, la colombe, les renards, l'agneau, les brebis, les raisins sur un buisson d'épines, des figues sur des chardons, les épis de blé, l'ivraie, la journée d'un semeur, la semence, la graine de moutarde, le levain, la vigne, le figuier, le jardin d'oliviers, les arbres et leurs fruits… tout cela seulement dans l'*Évangile de Matthieu*.

On sait que c'est sur les chemins de Galilée, région agricole et semi-déboisée, sur les chemins de campagne, que Jésus a exercé la plus grande partie de son ministère, passant à travers champs, cueillant quelques grains, croisant les travailleurs de la terre, observant le vol des oiseaux, s'arrêtant devant un figuier improductif. Il était donc normal que cela se reflète dans son enseignement. Sachant qu'il était aussi proche de la Création, comment Jésus réagirait-il devant la crise écologique que nous vivons ? Où puiserait-il son inspiration pour créer des paraboles modernes ?

La Création telle qu'elle nous entoure aujourd'hui est le résultat de millions et de millions d'années de modifications graduelles, parfois rapides, mais la plupart du temps très lentes, qui ont abouti à des myriades d'interactions entre les vivants, les animaux et les végétaux, tous régis par des équilibres essentiels. Notre Dieu, Père et Mère, s'occupe ainsi des oiseaux et des interactions essentielles dans la nature… et l'être humain devrait y vivre et s'y épanouir sans en déranger les équilibres fragiles, complexes et vitaux. Par exemple, si l'on utilise des insecticides qui anéantissent tous les insectes d'un secteur, que feront les oiseaux qui s'en nourrissent ? Ils disparaîtront à leur tour soit en mourant, soit en s'envolant vers d'autres horizons.

C'est une inquiétude de ce genre qui a stimulé l'écriture, en 1962, de l'un des premiers livres sur l'environnement : *Printemps silencieux*, de Rachel Carson. Contrôler la Création par l'insémination, les engrais chimiques, les insecticides, les organismes génétiquement modifiés (OGM) et de bien d'autres façons, c'est déchirer le tissu de la Création et avoir l'arrogance chère à notre modernité de penser que nous sommes des dieux.

À cette arrogance, l'enseignement de Jésus nous dit d'opposer la simplicité et l'humilité. En observant les oiseaux ou les fleurs, il faut repenser comment l'être humain a évolué avec le reste de la Création. Il s'est bien adapté à son milieu, ou même à ses milieux de vie, de l'Arctique au désert de Gobi, et il a survécu un million d'années sans climatisation, sans automobiles et sans TNT. L'idée fondamentale de ce passage de l'*Évangile de Matthieu* est de retrouver ce que Dieu nous a donné, puis de chercher, dans la simplicité, à combler nos besoins. Si on limite nos achats à nos besoins, les dépotoirs se rempliront moins vite et les rivières accumuleront moins de polluants. Si notre salaire sert à acheter ce dont on a besoin, et qu'on refuse le superflu, on aura moins de soucis d'argent ! Bref, en cherchant le bonheur autrement que dans la consommation, on n'a pas besoin de s'inquiéter.

En lisant la charte du bonheur que propose Jésus, il vaut le coup de réfléchir sur le sens qu'on donne à notre vie : Vivre de trésors vides et futiles ? Vivre d'amour et de fraternité avec la Création ? Jésus reste, selon nous, un excellent exemple de simplicité volontaire… et du bonheur qu'on y trouve ! Ce passage de l'*Évangile de Matthieu* est même un reflet du développement durable, c'est-à-dire « faire plus – et mieux – avec moins ».

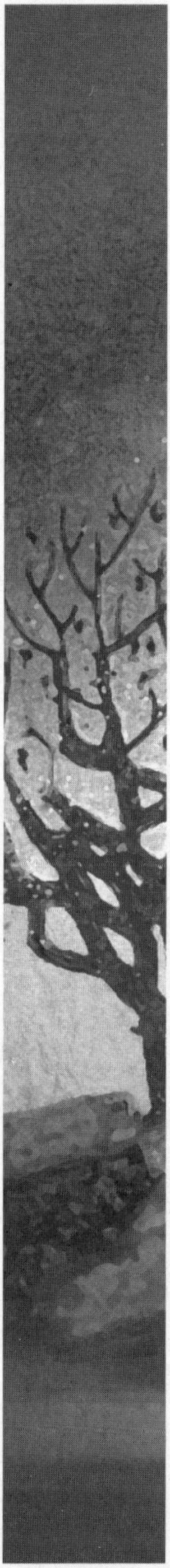

OBJECTIFS

- Pourquoi ne pas chanter durant le culte ou la célébration *Cherchez d'abord le Royaume,* de Robert Lebel ou *Oh ! Regardez les marguerites,* de David Fines ?

- Pourquoi ne pas écouter un enregistrement de chants d'oiseaux ou de la pluie qui tombe sur la forêt amazonienne ?

- Rejoindre le Réseau québécois de la simplicité volontaire : consulter à cet effet le site Internet [www.simplicitevolontaire.org].

- Cesser l'utilisation de pesticides ou d'herbicides nocifs pour l'environnement. Demander plutôt des trucs naturels à un botaniste.

- S'il n'y en a pas, placer quelques plantes vertes dans l'église.

- Pourquoi ne pas construire et installer des maisons d'oiseaux à proximité de l'église ?

3e SEMAINE DE NOVEMBRE

Louanges au Dieu de la neige et de l'hiver

Alléluia !
Qu'il est bon de chanter notre Dieu,
qu'il est agréable de le bien louer ! [...]
Entonnez pour le Seigneur l'action de grâce,
jouez pour le Seigneur avec la cithare ;
c'est [Dieu] qui couvre les cieux des nuages
qui prépare la pluie pour la terre
et fait pousser l'herbe sur les montagnes ;
[Dieu] donne la nourriture au bétail
et aux petits du corbeau qui réclament. [...]
[Dieu] envoie ses ordres à la terre, et aussitôt court sa parole !
[Dieu] répand la neige comme des flocons de neige,
[Dieu] éparpille le givre comme la cendre.
[Dieu] jette ses glaçons comme des miettes ;
devant ses gelées qui résistera ?
[Dieu] envoie sa parole, c'est le dégel ;
[Dieu] fait souffler le vent, les eaux s'écoulent.

PSAUME 147, 1.7-9.15-18

Il est amusant de constater à nouveau que, pour une bibliothèque produite et rassemblée dans une contrée aride au climat semi-désertique, la Bible fait une bonne part à la neige, au frimas et aux giboulées de la saison froide. L'hiver est mentionné 15 fois et la neige pas moins de 24 fois (surtout dans la littérature sapientiale – *Job*, *Psaumes*, *Proverbes*) ! Notons que, même si l'hiver est comme pour nous une saison difficile (*Matthieu* 24, 20 ; *Marc* 13, 18 ; *Cantique des cantiques* 2, 11 ; *Proverbes* 31, 21), la neige, comme dans notre inconscient collectif québécois, est perçue de diverses façons. Parfois utilisée comme signe d'impureté (*Exode* 4, 6 ; *Nombres* 12, 10 et *2 Rois* 5, 27 où les taches blanches de la lèpre sont comme la neige), elle est souvent symbole de grande sagesse (*Daniel* 7, 9 ;

Matthieu 28, 3 ; *L'Apocalypse* 1, 14) et de pureté (*Psaume* 51, 9 : « lave-moi et je serai plus blanc que la neige » ; *Ésaïe* 1, 18 ; *Lamentations* 4, 7 ; *Job* 9, 30). La neige qui tombe se compare à l'action de la parole de Dieu (*Ésaïe* 55, 10) ; elle vient comme une bénédiction (*Jérémie* 18, 14). Le sage des *Proverbes* hésite lui aussi entre « la fraîcheur de la neige au temps de la moisson » (25, 13) et son caractère indésirable (26, 1).

Le Dieu Créateur de la Bible est aussi le Dieu de l'hiver – comme nous l'avons célébré précédemment (voir la capsule de la 4e semaine de janvier) – et de toutes les saisons. Les chapitres 36, 37 et 38 du livre de *Job* présentent successivement le Seigneur de l'automne, le Seigneur de l'hiver, le Seigneur de l'été, le souverain de la terre, le souverain de la mer, le souverain de la tempête – à noter dans ce passage : « Es-tu parvenu jusqu'aux réserves de neige, et les réserves de grêle, les as-tu vues ? (38, 22) ; le souverain de l'automne, le souverain des animaux à qui les éléments obéissent.

Louez le Seigneur depuis la terre :
dragons et vous tous les abîmes,
feu et grêle, neige et brouillard,
vent de tempête exécutant sa parole.

PSAUME 148, 7-8

La neige ne sera pas là encore avant un bon mois, car depuis vingt ans les hivers ne cessent de raccourcir. Que ces versets nous aident cependant à nous rappeler le tort causé à la neige par les activités humaines. Rappelons-nous que les glaciers fondent de façon vertigineuse à cause du réchauffement climatique. Quatre-vingts pour cent d'entre eux sont menacés. Lorsque le Groenland sera atteint, de nombreux pays et plusieurs îles seront submergés. Pour l'instant, les Pyrénées, entre l'Espagne et la France, ont perdu près de 90 % de la couche de glace qui recouvrait leurs glaciers au cours du dernier siècle ; les scientifiques avancent que le réchauffement climatique entraînera probablement la disparition totale des glaciers de cette chaîne de montagnes d'ici quelques décennies. Alors que les glaciers les couvraient, au XIXe siècle, sur 3 300 hectares, les Pyrénées ne comptent plus aujourd'hui que 390 hectares de glaciers, d'après le ministère de l'Environnement de l'Espagne.

La hausse des températures touche aussi l'Himalaya. Avec des températures de 3 à 5 °C supérieures aux normales saisonnières, le Tibet s'inquiète de la fonte des glaciers. Depuis l'an 2000, le Tibet a connu trois fois des records de chaleur durant l'hiver. Au début de juillet 2007, les températures régionales ont dépassé de 5 °C les normales saisonnières et Lhassa a atteint 29 °C pour la première fois en 30 ans. Les autorités craignent que ce réchauffement climatique n'accélère la fonte des glaciers. On calcule qu'au cours des trois dernières décennies, les glaciers ont en moyenne reculé de 131 km^2 par an. Quant au mont Everest, surnommé le « château d'eau » de l'Asie, son massif et ses glaciers alimentent en eau sept des principaux fleuves d'Asie comme le Gange, le Mékong, le Yangzi. C'est dire que 8,6 millions de mètres cubes d'eau, qui coulent chaque année des sommets, fournissent en eau douce des millions et des millions de personnes. Ces eaux sont aussi indispensables à l'agriculture et à l'hydro-électricité. En cinquante ans, l'Everest a tellement fondu qu'il a perdu cinquante kilomètres de hauteur ! On sait que les causes de ce phénomène sont multiples et complexes, mais il est important de dire que cette fonte accélérée des glaciers pourrait entraîner de graves inondations puis, dans un second temps, des périodes de sécheresse. Pour le Gange seulement, la perte de l'eau de fonte glaciaire réduirait son débit de moitié pendant la saison sèche. Cinq cents millions de personnes manqueraient alors d'eau pour la vie courante et pour le travail aux champs.

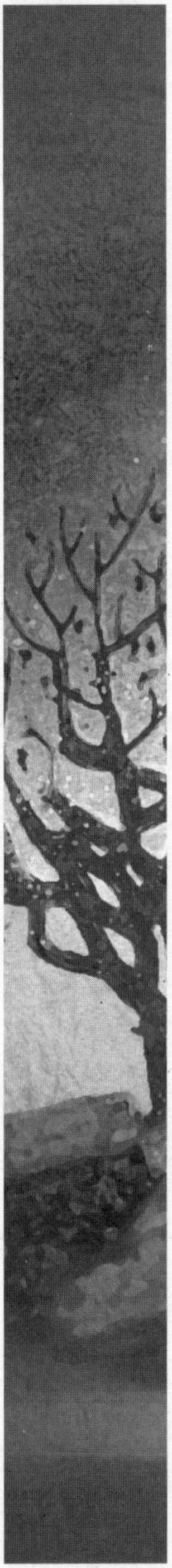

OBJECTIFS

- Ne pas oublier de régler les thermostats à environ 22 °C et de baisser le chauffage dès que possible.
- Améliorer l'isolation de la maison ne peut qu'aider.
- Vérifier l'étanchéité des portes et des fenêtres, c'est fou l'air froid qui peut entrer par une ouverture d'un demi-centimètre.
- Pour une meilleure efficacité énergétique pendant l'hiver, installer dans l'église des lampes à infrarouge au-dessus des bancs afin que les gens puissent être réchauffés directement.

FIN NOVEMBRE – JOURNÉE SANS ACHAT

Église spirituelle, pas matérialiste

La Pâque des juifs était proche et Jésus monta à Jérusalem. Il trouva dans le Temple les marchands de bœufs, de brebis et de colombes ainsi que des changeurs qui s'y étaient installés. Alors, s'étant fait un fouet avec des cordes, il les chassa tous du Temple, et les brebis et les bœufs ; il dispersa la monnaie des changeurs, renversa leurs tables ; et il dit aux marchands de colombes : « Ôtez tout cela d'ici et ne faites pas de la maison de mon Père une maison de trafic. »

JEAN 2, 13-16

Et voici qu'un homme s'approcha de Jésus et lui dit : « Maître, que dois-je faire de bon pour avoir la vie éternelle ? » Jésus lui dit : « Pourquoi m'interroges-tu sur le bon ? Unique est celui qui est bon. Si tu veux entrer dans la vie, garde les commandements. » […] Le jeune homme lui dit : « Tout cela, je l'ai observé. Que me manque-t-il encore ? » Jésus lui dit : « Si tu veux être parfait, va, vends ce que tu possèdes, donne-le aux pauvres, et tu auras un trésor dans les cieux. Puis viens, suis-moi ! » À cette parole, le jeune homme s'en alla tout triste, car il avait de grands biens.

MATTHIEU 19, 16-17 ; 20-22

Les exégètes jugent que ce récit des vendeurs du Temple chassés à coups de fouet était embarrassant pour les premières communautés chrétiennes malgré le fait qu'il fût très certainement historique. On nomme parfois cet extrait la « sainte colère » de Jésus. On retient souvent l'image de violence et on préfère tourner la page. Pourquoi l'évangéliste a-t-il choisi d'inclure ce récit dans son Évangile alors qu'il contient une certaine dose de violence ? Que nous enseigne ce récit ?

Le matérialisme nous éloigne de l'essentiel dans la vie. Pire encore, l'acquisition d'argent devient une obsession dangereuse pour certains. L'argent est associé au bien-être, aux privilèges, aux plaisirs instantanés. Il faut donc en accumuler toujours plus. Et pendant que les vendeurs sont concentrés sur l'accumulation de richesses pour eux-mêmes, ils oublient leur prochain. Ils ne cherchent qu'à l'exploiter… même dans les lieux de pèlerinage ! Sommes-nous aveugles pour ne pas voir les boutiques placées à l'entrée de ces lieux ? L'argent accumulé rend-il service au prochain ? Les profits font-ils avancer le règne de Dieu ? Assurons-nous que les souvenirs qui y sont vendus servent à cultiver la foi des pèlerins, à élever leur cœur vers Dieu.

Comment se justifie la colère d'un homme aussi pacifique que Jésus ? C'est que, parfois, la colère est la manifestation de la grandeur d'âme. Jésus, exempt de tout matérialisme, dénonce avec conviction l'exploitation de la maison de Dieu. C'est aussi un message qui retentit aujourd'hui pour conserver l'aspect sacré de nos lieux de prière. Il serait inacceptable, par exemple, que l'un d'eux soit approché par une compagnie de cellulaires pour y installer des antennes qui émettent des micro-ondes nocives.

Mon grand-père disait : « Pour être heureux, le truc n'est pas d'avoir ce que tu veux, mais d'aimer ce que tu as. » Comme tant de gens de cette époque, il se contentait de peu. Pas besoin d'acheter un nouveau robinet, je vais réparer le vieux. Pas besoin de nouveaux vêtements, les vieux me font encore. Pas besoin d'une grosse télévision, on voit bien sur la petite. Il disait aussi : « Si tu ne gaspilles rien, tu ne manqueras de rien. »

Les gens sont surpris quand on leur dit ne pas posséder de voiture ! L'autobus évite de déneiger en hiver, il ne coûte rien en assurances et entretien, et il rend les mains libres pour la lecture. Donc, moins l'on possède, plus on est libre. Voilà ce que Jésus enseigne dans le récit tiré de l'*Évangile de Matthieu*. Tant que nous sommes attachés aux biens matériels, nous n'arrivons pas à « entrer dans la Vie ».

Bien sûr, on ne dira jamais qu'il faut renier les progrès technologiques, mais on devrait mieux goûter les services qu'ils nous rendent, et surtout, ne pas devenir leurs serviteurs (en servitude). J'ai entendu des jeunes dire : « Je dois faire des heures supplémentaires pour payer ma facture de cellulaire. »

Le jeune homme de l'Évangile avait « de grands biens » et il se pensait heureux ainsi. Les richesses que nous possédons nous donnent du pouvoir, un rang social, une importance sur les autres. L'acte de posséder est proche de celui de dominer. Rappelons-nous la joie de notre dernier grand achat. Ça devient presque enivrant pour quelqu'un qui peut se le permettre. Mais l'argent n'achète pas le bonheur. La joie trouvée dans la prière et le bonheur d'aider quelqu'un sont beaucoup plus durables. Tout écologiste qui suit Jésus serait sans doute prêt à vendre tout ce qu'il a pour éviter de surconsommer, mais avant tout, il n'achèterait pas ce dont il n'a pas besoin.

En 1991 a eu lieu la première Journée sans achat, le dernier vendredi de novembre, dans le but de protester contre ce qu'entraîne l'emprise de la société de consommation, de la dégradation de l'environnement à l'exploitation des populations pauvres en passant par la tyrannie de la publicité. Elle a été aussi décriée la Journée sans voiture (22 septembre) : si les achats sont si nocifs pourquoi ne s'en priver qu'un seul jour? Et combien de gens pauvres dans le monde aspirent à la consommation de luxe des riches? De toute façon, on peut fort bien magasiner deux fois plus le lendemain. Pourquoi pas une semaine ou un mois? Toutes ces objections sont valables, mais le but de cette journée est de contribuer à la conscientisation, à vivre différemment un jour pendant l'année pour se conditionner à des changements.

Méditons sur cette pensée de Marc Lienhard :

> *À vrai dire, les hommes et les femmes qui ne hurlent pas avec les loups ne sont pas plus populaires qu'ils ne l'étaient [au temps de Luther et de Calvin]. Et ceux qui prétendent que l'homme est autre chose qu'un producteur et un consommateur, et qui veulent conserver le dimanche pour autre chose que des achats sont mal vus*[24].

OBJECTIFS

- Se lancer un défi d'une « journée sans... » : une journée sans cellulaire, une journée sans ordinateur, une journée sans télévision, etc.
- Faire le tri des choses superflues dans la maison qui pourraient être vendues ou données.
- Pourquoi ne pas faire du dimanche une journée hebdomadaire sans achat ?
- En cette période de préfrénésie d'achats (avant la folie pure et dure du magasinage de Noël), arrêtons-nous lors de la Journée sans achat. Repensons nos cadeaux de Noël et concentrons-nous sur notre rapport aux marchands du Temple et à nos biens matériels. Et attention ! Les téléviseurs à plasma, que l'on demandera au père Noël, consomment 300 % plus d'énergie que les téléviseurs traditionnels.

24. Marc Lienhard, « Ce que je vous ai dit à l'oreille, criez-le sur les terrasses », *Positions luthériennes*, janvier-mars 2010.

EN GUISE DE CONCLUSION

Nous voilà donc rendus, ensemble, au terme de cette année de réflexions bibliques écologiques, au terme d'une année de mise en place d'actions collectives et de gestes personnels tant dans le but d'améliorer nos comportements écologiques et de réduire l'impact de notre mode de vie sur l'environnement que dans celui de devenir des communautés chrétiennes plus « vertes ». Mais ce n'est pas la fin.

Notre objectif, en écrivant ces réflexions, était de hausser le niveau de conscientisation des Églises quant aux importantes questions environnementales qui se posent à nous et de leur proposer de nouveaux comportements moins dommageables à l'environnement. Avons-nous changé quelque chose ?

Les individus et les groupes qui se seront rendus au bout de la démarche auront-ils changé ? Auront-ils changé quelque chose à leurs pratiques de recyclage, de récupération, de réutilisation, de réduction des déchets, d'utilisation d'énergie ou encore de consommation ? Auront-ils participé par leurs décisions communes et leurs gestes au quotidien à la préservation de la Vie, à la restauration de la Création de Dieu ?

Les informations tant locales qu'internationales nous rappellent chaque jour à quel point l'équilibre de cet extraordinaire écosystème qu'est notre planète Terre est fragile : accélération du changement climatique, destructrice marée noire dans le golfe du

Mexique, tempêtes dévastatrices au Brésil, fonte grandissante du pergélisol, exploitation incohérente des gaz de schiste, diminution considérable la biodiversité, etc. Nous voyons qu'il y a encore beaucoup à faire.

Nous ne voulons pas être des oiseaux de mauvais augure, ni des Cassandre catastrophistes ; pour qui sait écouter, il y a aussi de bonnes nouvelles comme le rétablissement, lent mais continu, de la couche d'ozone au-dessus du pôle Sud. Cependant, nous croyons plus que jamais qu'il y a urgence.

Nous pouvons et devons attendre de nos gouvernements des politiques globales de protection de l'environnement, mais ne faire que cela, attendre que les gouvernements agissent, c'est se déresponsabiliser. Nous ne pouvons pas non plus confier aux seuls groupes écologistes l'entière charge de dénoncer, de convaincre et d'agir. Nous avons chacun et chacune notre part à accomplir, un devoir et une mission que notre foi chrétienne nous dicte, pour lesquels elle nous guide et nous soutient. En tant que membres de communautés chrétiennes engagées, nous n'avons guère le choix d'œuvrer à la protection de ce magnifique jardin que Dieu nous a offert en nous demandant d'en être les gardiens.

Plusieurs individus, comme le théologien André Beauchamp ou le chercheur Alain Vaillancourt de l'Université de Sherbrooke, plusieurs groupes comme Kairos, Développement et Paix ou le programme *Église verte* se sont engagés dans la cause écologique corps et âme au nom de leur foi. Néanmoins, les Églises institutionnelles n'ont que trop tardé à se lancer avec autant de passion et de conviction dans la préservation de l'environnement. On observe enfin un éveil dans toutes les dénominations chrétiennes.

Soulignons la campagne de trois ans *Soul, Community and Creation* de la modératrice de l'Église unie, Mardi Tindal. *Evangelical Environmental Network* a fait un travail considérable, récemment, dans l'éducation aux changements climatiques. Le pape Benoit XVI a intitulé son message du 1er janvier 2010 « Si tu veux construire la paix, protège la Création ». Le patriarche de Constantinople, Bartholomée Ier est surnommé le « patriarche vert » depuis qu'il a réuni des climatologues et des théologiens sur un même bateau pour un congrès. Évidemment, nos chefs religieux nous transmettent cet appel à pendre soin de la Création.

Ainsi, au terme de cette période de réflexion et d'action, nous croyons qu'il est temps pour les communautés locales d'assumer leur rôle de prophètes en développant un virage écologique sur le plan de la spiritualité, de la sensibilisation et de l'action. Contribuons à la pastorale de la Création (ou la pastorale de l'environnement), afin que nos paroisses soient des phares d'espérance dans un monde en crise écologique. C'est un réel ministère vert qui commence à l'Église, mais se poursuit dans la vie de tous les jours. L'écologie, comme la foi, n'est pas réservée aux dimanches matins !

Nous n'avons certes pas tout dit ni tout écrit sur les *Pages vertes de la Bible*. Au fur et à mesure que nous avancions dans notre travail de recherche et d'écriture, nous découvrions toujours plus de passages bibliques qui auraient très bien pu convenir à nos capsules. Pensons aux dix plaies d'Égypte (*Exode* 7, 14 à 11, 10), à la guérison de Naamân (*2 Rois* 5, 1-19a), à l'hymne au printemps du *Cantique des cantiques* (2, 10-14), aux « consacrés » des *Lamentations* (4, 7-8), à plusieurs autres *psaumes* (11, 15, 23, 24, 42, 72, 75, etc.), à la parabole du semeur dans *l'Évangile de Matthieu* (13, 1-9), à la leçon du figuier dans l'*Évangile de Marc* (13, 28-31), à la relecture « écologique » de la prière de Jésus et jusqu'à la source d'eau vive dans le livre de *L'Apocalypse* (22, 17) et à tant d'autres passages encore.

Peut-être feront-ils l'objet d'un deuxième volume de méditations bibliques à saveur écologique, mais, en attendant, nous vous invitons à poursuivre ce travail de réflexion que vous venez d'entamer et à découvrir par vous-mêmes ces autres « pages vertes de la Bible ».

Déclaration spirituelle sur les changements climatiques

par les participants et participantes des communautés de foi au cours de la Conférence des Nations Unies sur les changements climatiques (COP11 et COP/MOP1) à l'oratoire Saint-Joseph de Montréal, le 4 décembre 2005.

Nous entendons le cri de la Terre.

Nous croyons que le soutien de la vie sur Terre est un impératif spirituel.

Les peuples de la Terre et les autres espèces ont le droit de vivre sans être menacés par la convoitise et les gestes destructeurs des humains.

La pollution, en particulier celle qui résulte de la consommation intensive d'énergie par les riches pays industrialisés, réchauffe l'atmosphère et entraîne des changements climatiques majeurs. Ce sont les plus vulnérables, les plus pauvres du monde et les générations futures qui en paieront le prix.

Nous nous engageons « à faire notre part » pour réduire cette menace des changements climatiques par des mesures dans nos propres vies, par des pressions sur les gouvernements et les industries et par notre solidarité avec les personnes les plus affectées par les changements climatiques.

Nous prions pour obtenir le soutien spirituel nécessaire, afin de répondre au cri de la Terre.

LES « PAGES VERTES » DE LA BIBLE

Selon les saisons

1re partie : Avent, Noël, Épiphanie

1re semaine de l'Avent – *Genèse* 1, 1-5.31a : Au commencement...

2e semaine de l'Avent – *Genèse* 9, 1-3.7-11.14-16 : Vivre l'Alliance

3e semaine de l'Avent – *Jean* 6, 5-13 : Du pain pour tout le monde

4e semaine de l'Avent – *Luc* 9, 57-58 : La simplicité volontaire de Jésus

Noël – *Luc* 2, 15-19 : Joyeux Noël vert !

Dimanche après Noël – *Daniel* 3, 52a.56-82.89-90 : La Création bénit le Seigneur

Épiphanie – *2 Pierre* 3, 12-13 : Une Terre de justice

2e semaine de janvier – *Qohéleth* 3, 1-8 : Un temps pour chaque chose

3e semaine de janvier – *Job* 38, 1-7 : Omniprésence de Dieu dans la Création

4e semaine de janvier – *Job* 38, 22-30 : Dieu présent en hiver

1re semaine de février – *Luc* 12, 54-56 et *Matthieu* 16, 1-3 : Les signes du temps

2e semaine de février – *Psaume* 8 : Les œuvres de tes mains

3e semaine de février – *Proverbes* 22, 1-3 : Le principe de précaution

4e semaine de février – *Siracide* 16, 24 à 17, 10 : La sagesse divine dans la Création

2e partie : Carême, Semaine sainte et Pâques

1re semaine de mars – *Joël* 2, 21-22 : La Terre et les animaux seront sauvés

2e semaine de mars – *Ésaïe* 55, 1-3a : Une vie radicalement transformée

Mercredi des Cendres – *Exode* 16, 14-20.22a et 25-31 : L'avidité, le partage et la frugalité

1re semaine du Carême – *Jean* 9, 1-7 : Ouvrir ses yeux à la réalité

2e semaine du Carême – *Genèse* 1, 26-28 : Mission : être de bons gestionnaires

3e semaine du Carême – *Genèse* 1, 29-31 : Fils de Dieu, végétariens ?

4e semaine du Carême – *Genèse* 2, 19-20a : Appelé par son nom

5e semaine du Carême – *Lévitique* 25, 1-7 : L'année de repos pour le sol

22 mars, Journée mondiale de l'eau – *Jean* 4, 5-7 : Jésus au puits

Dimanche des Rameaux – *Genèse* 9, 7 et *Matthieu* 21, 8 : La surpopulation humaine

Jeudi saint – *Marc* 14, 22-25 : Le pain et le vin locaux

Vendredi saint – *Matthieu* 27, 22-24 : Le lavement des pieds… ou s'en laver les mains

Dimanche de Pâques – *Jean* 20, 11-18 : Quelles résurrections !

3e partie : Saison après Pâques et saison de Pentecôte

2e semaine d'avril – *Colossiens* 1, 15-17 : Le Christ cosmologique

3e semaine d'avril – *Luc* 12, 42-48 : L'intendant fidèle

22 avril, Jour de la Terre – *Exode* 3, 6-8 : La (belle) Terre promise

4e semaine d'avril – *Genèse* 2, 8-9 et 15 : Adam, gardien de la Création

1re semaine de mai – Mai, mois de l'environnement – *Psaume* 104 : Hymne au Dieu Créateur

8 mai, Journée internationale du commerce équitable – *2 Rois* 4, 38-41 : La soupe empoisonnée

1re et 2e semaines de mai – Quinzaine du commerce équitable – *Deutéronome* 24, 14-15 : Ce qui est juste et équitable

3e semaine de mai – Mai, mois de l'environnement – *Psaume* 65, 9-14 : Dieu comble la Terre de richesses

22 mai – Journée internationale de la biodiversité – *Genèse* 6, 19-20 : Noé conserve la biodiversité

4e semaine de mai – *Qohéleth* 3, 19 : L'interdépendance

Dernière semaine de mai – *Deutéronome* 22, 6-7 : Protéger les oisillons

Du 1er au 7 juin, Semaine canadienne de l'environnement – *Luc* 10, 29-37 : Le bon Samaritain écolo

2e semaine de juin – *Psaume* 24, 1-5 : Des vacances écolos

3e semaine de juin – *Marc* 16, 14-15 : Proclamez l'Évangile aux créatures

4e semaine de juin – *Matthieu* 13, 31-32 : Le grain de sénevé

5 juin – Journée mondiale de l'environnement – *Psaume* 96 : Toute la Terre chante au Seigneur

7 juin – Journée mondiale de l'air pur – *Genèse* 2, 4b-7 : Le souffle des narines de Dieu

8 juin – Journée mondiale des océans – *Luc* 5, 2-7 : La pêche miraculeuse

Pentecôte – *Psaume* 29 : Des lames de feu pour transformer le monde

17 juin – Journée mondiale de lutte contre la désertification et la sécheresse – *Ésaïe* 41, 17-20 : Dieu transforme les déserts en étangs

21 juin – Fête des peuples autochtones – *Lévitique* 25, 23 : La Terre appartient à Dieu

4e partie : Saison après la Pentecôte et saison d'Action de grâce

1re semaine de juillet – *Psaume* 18a, 1-7 : Le Soleil, symbole de Dieu

2e semaine de juillet – *Proverbes* 30, 24-28 : Vive les fourmis et les sauterelles !

3e semaine de juillet – *Job* 12, 7-8 : La nature enseigne

4e semaine de juillet – *Job* 31, 38-40 : La Terre proteste

1re semaine d'août – *Ésaïe* 24, 4-6 : La pollution rompt l'Alliance

2e semaine d'août – *Exode* 15, 22-25 : Moïse et l'eau polluée

3e semaine d'août – *Genèse* 41, 28-36 : Les signes du temps

4e semaine d'août – *Psaume* 1 : Comme un arbre près des courants d'eau

Dernière semaine d'août – *Ésaïe* 55, 10-13 : Jubilez sur cette belle Terre

1er septembre – Journée de prière pour la protection de l'environnement – *Psaume* 148 : Louez Dieu depuis les cieux et la terre

1re semaine de septembre – *Luc* 16, 13 : Servir Dieu ou l'argent ?

2e semaine de septembre – *Osée* 6, 6 : L'horreur du sacrifice animal

22 septembre – Journée sans voiture – *Job* 39, 19-22 : Le cheval, brave créature

3e semaine de septembre – *Lévitique* 26, 3-6 : Écoute mes commandements

4e semaine de septembre – *Matthieu* 7, 15-20 : Les mauvais prophètes et les mauvais fruits

1re semaine d'octobre – *Jonas* 3, 1-3a : Prophète de l'environnement

Premier lundi d'octobre – Journée mondiale de l'habitat – *L'Apocalypse* 21, 1-4 : Une nouvelle Terre

2e semaine d'octobre – *Deutéronome* 26, 1-3; 10-12 : L'Action de grâce et le marché

15 octobre – Journée mondiale de l'alimentation – *Matthieu* 10, 42 : Un simple verre d'eau… et plus

3e semaine d'octobre – Semaine québécoise de réduction des déchets – *Proverbes* 8, 12.22-26 : La sagesse à l'œuvre

4e semaine d'octobre – *Deutéronome* 20, 19 : Protéger les arbres

Dernière semaine d'octobre – *Marc* 4, 35-41 : La tempête apaisée

1re semaine de novembre – *Romains* 8, 18-24 : La Création attend

2e semaine de novembre – *Matthieu* 6, 25-34 : Simplicité et bonheur, regardez les oiseaux…

3e semaine de novembre – *Psaume* 147, 1.7-9.15-18 : Louanges au Dieu de la neige et de l'hiver

Fin novembre – Journée sans achat – *Jean* 2, 13-16 et Matthieu 19, 16-17 ; 20-22 : Église spirituelle, pas matérialiste

Selon les livres du Premier Testament

Genèse 1, 1-5.31a : Au commencement… (1re semaine de l'Avent)

Genèse 1, 26-28 : Mission : être de bons gestionnaires (2e semaine du Carême)

Genèse 1, 29-31 : Fils de Dieu, végétariens ? (3e semaine du Carême)

Genèse 2, 4b-7 : Le souffle des narines de Dieu (7 juin – Journée mondiale de l'air pur)

Genèse 2, 8-9 et 15 : Adam, gardien de la Création (4e semaine d'avril)

Genèse 2, 19-20a : Appelé par son nom (4e semaine du Carême)

Genèse 6, 19-20 : Noé conserve la biodiversité (22 mai – Journée internationale de la biodiversité)

Genèse 9, 1-3.7-11.14-16 : Vivre l'Alliance (2e semaine de l'Avent)

Genèse 9, 7 et *Matthieu* 21, 8 : La surpopulation humaine (Dimanche des Rameaux)

Genèse 41, 28-36 : Les signes du temps (3e semaine d'août)

Exode 3, 6-8 : La (belle) Terre promise (22 avril – Jour de la Terre)

Exode 15, 22-25 : Moïse et l'eau polluée (2e semaine d'août)

Exode 16, 14-20.22a et 25-31 : L'avidité, le partage et la frugalité (Mercredi des Cendres)

Lévitique 25, 1-7 : L'année de repos pour le sol (5e semaine du Carême)

Lévitique 25, 23 : La Terre appartient à Dieu (21 juin – Fête des peuples autochtones)

Lévitique 26, 3-6 : Écoute mes commandements (3e semaine de septembre)

Deutéronome 24, 14-15 : Ce qui est juste et équitable (1re et 2e semaines de mai – Quinzaine du commerce équitable)

Deutéronome 20, 19 : Protégez les arbres (4e semaine d'octobre)

Deutéronome 22, 6-7 : Protéger les oisillons (dernière semaine de mai)

Deutéronome 26, 1-3; 10-12 : L'Action de grâce et le marché (2e semaine d'octobre)

2 Rois 4, 38-41 : La soupe empoisonnée (8 mai – Journée internationale du commerce équitable)

Ésaïe 24, 4-6 : La pollution rompt l'Alliance (1re semaine d'août)

Ésaïe 41, 17-20 : Dieu transforme les déserts en étangs (17 juin – Journée mondiale de lutte contre la désertification et la sécheresse)

Ésaïe 55, 1-3a : Une vie radicalement transformée (2e semaine de mars)

Ésaïe 55, 10-13 : Jubilez sur cette belle Terre (Dernière semaine d'août)

Osée 6, 6 : L'horreur du sacrifice animal (2e semaine de septembre)

Joël 2, 21-22 : La Terre et les animaux seront sauvés (1re semaine de mars)

Jonas 3, 1-3a : Prophète de l'environnement (1re semaine d'octobre)

Job 12, 7-8 : La nature enseigne (3e semaine de juillet)

Job 31, 38-40 : La Terre proteste (4e semaine de juillet)

Job 38, 1-7 : Omniprésence de Dieu dans la Création (3e semaine de janvier)

Job 38, 22-30 : Dieu présent en hiver (4e semaine de janvier)

Job 39, 19-22 : Le cheval, brave créature (22 septembre – Journée sans voiture)

Psaume 1 : Comme un arbre près des courants d'eau (4e semaine d'août)

Psaume 8 : Les œuvres de tes mains (2e semaine de février)

Psaume 18a, 1-7 : Le Soleil, symbole de Dieu (1re semaine de juillet)

Psaume 24, 1-5 : Des vacances écolos (2e semaine de juin)

Psaume 29 : Des lames de feu pour transformer le monde (Pentecôte)

Psaume 65, 9-14 : Dieu comble la Terre de richesses (3e semaine de mai)

Psaume 96 : Toute la Terre chante au Seigneur (5 juin – Journée mondiale de l'environnement)

Psaume 104 : Hymne au Dieu Créateur (1re semaine de mai – Mai, mois de l'environnement)

Psaume 147, 1.7-9.15-18 : Louanges au Dieu de la neige et de l'hiver (3e semaine de novembre)

Psaume 148 : Louez Dieu depuis les cieux et la terre (1er septembre – Journée de prière pour la protection de l'environnement)

Proverbes 8, 12.22-26 : La sagesse à l'œuvre (3e semaine d'octobre, Semaine québécoise de réduction des déchets)

Proverbes 22, 1-3 : Le principe de précaution (3e semaine de février)

Proverbes 30, 24-28 : Vive les fourmis et les sauterelles ! (2e semaine de juillet)

Qohéleth 3, 1-8 : Un temps pour chaque chose (2e semaine de janvier)

Qohéleth 3, 19 : L'interdépendance (4e semaine de mai)

Daniel 3, 52a.56-82.89-90 : La Création bénit le Seigneur (Dimanche après Noël)

Siracide 16, 24-17, 10 : La sagesse divine dans la Création (4e semaine de février)

Selon les livres du Deuxième Testament

Matthieu 6, 25-34 : Simplicité et bonheur, regardez les oiseaux… (2e semaine de novembre)

Matthieu 7, 15-20 : Les mauvais prophètes et les mauvais fruits (4e semaine de septembre)

Matthieu 10, 42 : Un simple verre d'eau… et plus (15 octobre – Journée mondiale de l'alimentation)

Matthieu 13, 31-32 : Le grain de sénevé (4e semaine de juin)

Matthieu 16, 1-3 : Les signes du temps (1re semaine de février)

Matthieu 19, 16-17 ; 20-22 : Église spirituelle, pas matérialiste (Fin novembre, Journée sans achat)

Matthieu 21, 8 : La surpopulation humaine (Dimanche des Rameaux)

Matthieu 27, 22-24 : Le lavement des pieds… ou s'en laver les mains (Vendredi saint)

Marc 4, 35-41 : La tempête apaisée (Dernière semaine d'octobre)

Marc 14, 22-25 : Le pain et le vin locaux (Jeudi saint)

Marc 16, 14-15 : Proclamez l'Évangile aux créatures (3e semaine de juin)

Luc 2, 15-19 : Joyeux Noël vert ! (Noël)

Luc 5, 2-7 : La pêche miraculeuse (8 juin – Journée mondiale des océans)

Luc 9, 57-58 : La simplicité volontaire de Jésus (4e semaine de l'Avent)

Luc 10, 29-37 : Le bon Samaritain écolo (Du 1er au 7 juin – Semaine canadienne de l'environnement)

Luc 12, 42-48 : L'intendant fidèle (3e semaine d'avril)

Luc 12, 54-56 : Les signes du temps (1re semaine de février)

Luc 16, 13 : Servir Dieu ou l'argent ? (1re semaine de septembre)

Jean 2, 13-16 : Église spirituelle, pas matérialiste (Fin novembre – Journée sans achat)

Jean 4, 5-7 : Jésus au puits (22 mars, Journée mondiale de l'eau)

Jean 6, 5-13 : Du pain pour tout le monde (3e semaine de l'Avent)

Jean 9, 1-7 : Ouvrir ses yeux à la réalité (1re semaine du Carême)

Jean 20, 11-18 : Quelles résurrections ! (Dimanche de Pâques)

Romains 8, 18-24 : La Création attend (1re semaine de novembre)

Colossiens 1, 15-17 : Le Christ cosmologique (2e semaine d'avril)

2 Pierre 3, 12-13 : Une Terre de justice (Épiphanie)

L'Apocalypse 21, 1-4 : Une nouvelle Terre (Premier lundi d'octobre – Journée mondiale de l'habitat)

Ce livre est imprimé sur un papier certifié Éco-Logo, blanchi sans chlore, contenant 100 % de fibres recyclées postconsommation et fabriqué à partir de biogaz récupérés.